教育部哲学社会科学研究后期资助项目（编号：24JHQ035）

中小企业供应链金融前沿问题研究：基于多方法视角

贾　甫　郑小雪　宋彦伍◎著

RESEARCH ON CUTTING-EDGE ISSUES IN
SUPPLY CHAIN FINANCE FOR SMES

From a Multimethod Perspective

科学出版社

北　京

内 容 简 介

本书是一部针对当前中小企业供应链金融领域的前沿问题进行深入研究的专著。书中通过多种研究方法，包括案例研究、实证研究和建模仿真，探讨中小企业在供应链金融领域所面临的挑战和机遇，以及各种新兴趋势和创新解决方案。从供应链平台构建、区块链技术在供应链金融平台中的应用、绿色创新应用、可持续供应链金融等方面展开讨论，旨在为中小企业提供实用性的参考和指导，促进其在供应链金融领域的发展和提升。

本书汇聚最新研究成果与行业趋势，提供丰富的案例与理论分析，并提出切实可行的建议与解决方案。特别适合供应链金融领域的专业人士、学者及中小企业经营者阅读。

图书在版编目（CIP）数据

中小企业供应链金融前沿问题研究：基于多方法视角 / 贾甫，郑小雪，宋彦伍著. -- 北京：科学出版社，2025. 5. -- ISBN 978-7-03-081005-2

Ⅰ. F276.3

中国国家版本馆 CIP 数据核字第 2025PA5568 号

责任编辑：王丹妮 / 责任校对：贾娜娜
责任印制：张 伟 / 封面设计：有道设计

科学出版社 出版
北京东黄城根北街 16 号
邮政编码：100717
http://www.sciencep.com

北京天宇星印刷厂印刷
科学出版社发行 各地新华书店经销
*
2025 年 5 月第 一 版 开本：720×1000 1/16
2025 年 5 月第一次印刷 印张：11 1/4
字数：227 000
定价：176.00 元
（如有印装质量问题，我社负责调换）

序一
供应链金融助力提升中小企业产业链供应链韧性

当前，世界百年未有之大变局加速演进，国际环境错综复杂，世界经济陷入低迷期，全球产业链供应链面临重塑，习近平总书记以高远的历史站位、宽广的国际视野、深邃的战略眼光，就推动产业链现代化做出一系列重要论述，为新时代推动产业链发展提供了根本遵循和行动指南。党的二十大报告指出，"着力提升产业链供应链韧性和安全水平""推动创新链产业链资金链人才链深度融合"[①]，进一步明确了产业链现代化的重点任务。2024年中央经济工作会议强调，要实施更加积极的财政政策和适度宽松的货币政策，充实完善政策工具箱，加强超常规逆周期调节。供应链金融作为促进产业链供应链稳定的重要工具，对完善政策工具箱，加强超常规逆周期调节具有重要意义。

供应链金融作为一种重要的金融创新模式，正日益成为推动中国经济发展的关键力量。大力发展供应链金融有利于缓解中小企业融资难题、提升产业链整体效率、增强供应链韧性和抗风险能力、推动实体经济发展、支持可持续发展，还能推动产业链上下游的协同发展，为经济高质量发展提供重要支撑。长期以来，中小微企业作为就业的"蓄水池"和社会的"稳定器"，在实现共同富裕方面发挥了不可替代的重要作用。但中小企业由于缺乏抵押资产、信用评级较低，往往难以从传统金融机构获得足够的资金支持，即使能获得贷款，利率较高也会加重企业负担，面临着融资难、融资贵的问题。

如何解决中小企业融资难、融资贵的问题，从而从整体上促进产业链供应链韧性和安全水平？供应链金融提供了一个重要的解决方案，它依托核心企业的应收账款、订单或存货，为中小企业提供多样化的融资模式，降低了对抵押物的需求，并通过线上化操作简化流程，提升融资效率。此外，供应链金融通过优化资金流动和风险分担机制，降低了融资成本，增强了中小企业的资金流动性和抗风险能力，从而保障供应链上下游企业的协同稳定性，提升了供应链的韧性和安全水平。

---

① 《习近平：高举中国特色社会主义伟大旗帜 为全面建设社会主义现代化国家而团结奋斗——在中国共产党第二十次全国代表大会上的报告》，https://www.gov.cn/xinwen/2022-10/25/content_5721685.htm，2022 年 10 月 25 日。

怎样深层次认识供应链金融助力中小企业发展，解决中小企业融资难、融资贵的"痛点"问题，有的放矢、助力提升产业链供应链韧性与安全水平？这是摆在当前供应链金融发展道路上的重大课题。贾甫教授和郑小雪教授带领团队从供应链金融这一领域入手，采用了多种研究方法，写出《中小企业供应链金融前沿问题研究：基于多方法视角》一书，值得推荐。《中小企业供应链金融前沿问题研究：基于多方法视角》一书聚焦于中小企业供应链金融的核心问题，深入探讨了供应链金融的数字化与平台化转型，以及其在助力供应链绿色发展等国家战略方向中的重要作用。同时，该书采用了多种研究方法，采用了来自不同来源的数据，进行定性和定量相结合方面的分析，系统地、科学地研究了当前供应链金融在促进中小企业供应链稳定和韧性过程中存在的问题，并提出了针对性的解决方案。

在我看来，《中小企业供应链金融前沿问题研究：基于多方法视角》一书有三大亮点。第一，该书聚焦于中小企业，深入剖析了中小企业在供应链金融中面临的独特挑战与机遇，针对性强，具有较高的实践价值。第二，该书研究了供应链金融平台、供应链可持续等相关战略深入布局的前沿问题，对提升产业链供应链韧性与安全水平，促进经济高质量发展，助力实现社会主义现代化具有重要意义。第三，采用了多种研究方法，结合定性分析、定量分析、案例研究等多维度视角，对中小企业供应链金融的前沿问题进行了全方位的探索。这种多方法的应用不仅提升了研究的深度和广度，也使得书中的结论更具实证性和可操作性，为学术界和实践界提供了更加全面的理论框架与实践指导。研究者的结论具有针对性、可行性、执行性、易落地，可以直接赋能于政策制定者、企业管理者和供应链金融领域研究者。

该书的作者贾甫教授和郑小雪教授所带领的团队长期致力于供应链金融、可持续供应链等领域的研究，已在国际和国内知名期刊如 *Journal of Operations Management*、*International Journal of Operations & Production Management* 以及《系统工程理论与实践》上发表了多篇关于供应链金融管理的研究文章。多篇文章被 *Elsevier* 评为高被引文章，并广泛受到国内外学术界的引用。同时，他们的研究成果也被包括中国邮政储蓄银行在内的多家企业成功应用于实际操作，获得了业界的高度认可和赞誉。《中小企业供应链金融前沿问题研究：基于多方法视角》一书，经过三位作者的精心打磨，必将为读者带来深刻的启发和宝贵的参考。

吴卫星

2025 年 2 月 5 日

序二
聚焦中小企业：供应链金融创新与实践的多维探索

在全球化及数字经济的背景下，中小企业作为经济的"毛细血管"和"稳定器"，在国家经济中扮演着至关重要的角色。然而，长期以来，中小企业融资难、融资贵的问题始终没有得到有效解决。而中小企业在传统金融体系下，往往存在信息不对称、缺乏抵押品等问题，导致贷款审批流程严苛，融资渠道狭窄。这不仅限制了中小企业的快速发展，也在一定程度上影响了供应链的效率和稳定性。供应链金融的出现，正是在这种背景下提供了一种创新的融资解决方案。通过基于供应链数据的信用评估，供应链金融能够有效降低融资风险，为银行和金融机构提供更加全面与客观的评估依据。这种模式不仅使得中小企业能够更容易获得资金支持，也帮助金融机构更好地控制风险，从而推动供需双方的合作与共赢。

然而，尽管供应链金融为中小企业提供了新的融资途径，但在实际应用中仍面临诸多问题。首先，中小企业在供应链金融中的参与度依然有限，许多企业因缺乏足够的信用信息和金融技术支持，未能充分利用这一模式。其次，现有的供应链金融平台和服务体系还未完全满足中小企业的需求，尤其是在数字化转型和可持续发展的背景下，许多平台尚未实现全面的数字化服务，且未能有效整合绿色创新和社会责任等新兴要素。这些问题亟待解决，以促进中小企业在供应链金融领域的深入发展。

正是在这样复杂且充满挑战的背景下，《中小企业供应链金融前沿问题研究：基于多方法视角》应运而生。该书通过多种研究方法，包括案例研究、实证研究和建模仿真，深入探讨了中小企业在供应链金融中的实际问题，特别是在数字化转型和可持续供应链金融等前沿问题上的挑战与机遇。书中提出的创新解决方案，旨在为学术界、行业从业者及中小企业经营者提供切实可行的参考和指导，帮助他们克服当前的瓶颈，推动供应链金融的进一步发展。

在我看来，该书的主要特点如下。

首先，该书的最大特色在于其紧密结合中小企业的实际需求。中小企业在供应链金融中的地位通常被忽视，而该书专门探讨中小企业所面临的融资困境及其解决方案，填补了学术研究中的重要空白。通过深入分析中小企业在融资中的挑战，书中提出了基于供应链的信用评估模型，突出供应链金融在解决融资难题中的独特优势。与传统的供应链金融研究相比，该书更注重实践性，提出的解决方案具有较强的现实意义。

其次，该书的另一大特色是其采用了多种研究方法。通过结合定性与定量分析、案例研究、建模仿真等多种方法，书中为读者提供了一个多维度的供应链金融解决方案。这种方法不仅帮助读者从不同角度深入理解供应链金融的复杂性，还能够在理论和实践之间架起桥梁。

再次，该书聚焦于数字化以及可持续等供应链金融研究的前沿问题。数字经济的迅速发展使数字化技术成为供应链金融的重要驱动力，书中对区块链、大数据、物联网等数字技术在供应链金融中的应用进行了详细探讨，阐述了数字化平台如何提升融资效率、降低成本并增强供应链的透明度。同时，书中也深入探讨了可持续发展方面，尤其是绿色创新和碳金融在供应链金融中的实际应用，强调了可持续供应链金融的重要性。随着全球对环境问题的关注日益加深，书中深入探讨了如何通过供应链金融实现绿色发展和碳减排，展现了该书在当下与未来行业趋势中的前瞻性。

最后，该书不仅理论深刻，还通过丰富的案例分析帮助读者理解实际应用中的挑战与机遇。通过多个案例，书中详细阐述了不同类型供应链金融平台的搭建过程及其运作模式，特别是电商平台、第三方平台和碳金融领域的案例，极大丰富了读者对供应链金融的理解。此外，书中提供的解决方案与政策建议，不仅帮助中小企业提升融资能力，还为相关政府部门和金融机构提供了政策建议，促进了金融生态系统的改善和创新。

总而言之，《中小企业供应链金融前沿问题研究：基于多方法视角》是一本内容丰富、实用性强的专业书籍。书中深入探讨了供应链金融在中小企业融资中的应用，并通过多种研究方法呈现了前沿的理论与实践。尤其是书中对数字化供应链金融平台和可持续发展的关注，符合我国中小企业供应链金融未来发展的趋势。无论是供应链金融的从业者、学者，还是中小企业的经营者，都能从该书中获得有价值的启示和解决方案。该书不仅为中小企业的融资实践提供了理论指导和操作参考，也为供应链金融领域的研究者提供了深刻的理论支持，是一部具有重要学术和实践价值的著作。

朱庆华

2025 年 2 月 10 日

前　言

长期以来，中小企业作为中国经济的"蓄水池"和"稳定器"，发挥了重要作用，中小企业融资问题也一直是近年两会的重点、热点议题。中小企业作为经济的重要组成部分，融资问题一直是制约其发展的主要瓶颈之一。在传统金融体系下，中小企业由于信息不对称、抵押品不足等问题，往往难以获得贷款支持，在资金周转、供应链管理等方面面临较大困难。而供应链金融的出现，则为这一难题提供了新的思路和解决方案。

传统的金融机构往往对中小企业的信用评估较为谨慎，使得中小企业难以获得必要的融资支持。而供应链金融通过基于供应链的信用评估模型，将企业的供应链数据纳入考量范围，为银行和金融机构提供了更加全面、客观的评估依据。这种基于供应链的信用评估模型，不仅能够提高中小企业的融资可获得性，还能够降低金融机构的风险承担，促进供需双方的合作和共赢。除此之外，随着数字经济时代的到来，尤其是2023年以来，区块链、大数据、物联网等数字科技快速发展，供应链金融科技平台借助数字化服务模式，快速扩大了供应链金融的服务范围，在降低 B 端（business，企业）融资成本与风险的同时，各种精细化的融资解决方案都大幅度提升了供应链金融服务的效能，更加快速地落实了"金融为民"精神，让普惠金融成果惠及每一个中小企业。

本书从多个角度，采用多种方法对中小企业供应链金融前沿问题进行深入研究和探讨，旨在为读者提供一份全面、系统的研究资料，帮助他们更好地理解和应用供应链金融的理论与实践。同当前现有供应链金融教材相比，本书具有以下特色。

（1）本书聚焦于中小企业，这是其与当前现有供应链金融教材相比所具有的显著特色之一。相比于大型企业，中小企业在融资方面面临着更为严峻的挑战，因此深入探讨中小企业供应链金融的理论和实践，对于填补学术空白和满足实践需求具有重要意义。

（2）本书着眼于供应链金融的前沿问题，尤其是数字化供应链金融平台的搭建和可持续供应链金融。随着数字化技术的迅猛发展，数字化供应链金融平台已成为未来发展的趋势，而可持续发展也是各行各业必须面对的重大挑战。本书对这些前沿问题进行深入探讨，为读者提供了领先的思路和实践经验。

（3）本书采用多种研究方法。与单一方法相比，多种研究方法的应用能够更全面、多角度地理解和分析供应链金融的复杂性问题。本书结合定性和定量分析、案例研究、建模仿真等多种方法，旨在为读者呈现一份全面、深入的研究成果，使其能够更好地理解和应用供应链金融的理论与实践。

　　本书第 1 章从中小企业供应链金融前沿问题开始，分别阐述了中小企业发展困境与供应链金融解决方案、供应链金融前沿问题以及当前主流的研究方法，提出了本书的研究框架。第 2 章分别从基础理论、研究现状和发展方向的角度介绍了中小企业供应链金融前沿问题，为全书的书写奠定了理论基础和写作依据。第 3 章对本书所用的研究方法进行了系统的介绍，涵盖研究框架、数据收集与分析方法，以及模型的选择与应用。第 4 章和第 5 章采用案例研究的方法研究了供应链金融平台的搭建以及区块链技术在供应链金融平台运用的问题。第 6 章采用实证研究的方法研究了影响供应链平台运转效率的主要因素，并提出了提高供应链平台运营效率的建议。第 7 章研究了碳金融的相关问题。第 8 章对全书的内容进行了总结与展望。

　　本书是贾甫、郑小雪和宋彦伍所带领团队的研究成果，获教育部哲学社会科学研究后期资助项目（24JHQ035）支持。

　　研究团队在研究工作及本书中的贡献如下：贾甫、郑小雪及宋彦伍对研究工作和本书的逻辑框架进行深入细致的讨论，形成研究大纲和本书的撰写提纲。三位作者分工合作完成全书的撰写，对书中的每一个细节进行详细的打磨，对存在的问题进行多轮会议的讨论。在本书撰写的过程中，博士生胡守峰、郭霁广、张诗苑、潘婷和李冉协助完成研究及书写工作，特此感谢。最后，由贾甫完成全书的统稿工作，郑小雪和宋彦伍完成全书的审定工作。

　　作者能力有限，书中可能存在一些不足之处。欢迎读者提供宝贵意见和建议，帮助完善和改进本书内容。读者的反馈对于作者的学习和进步至关重要，也有助于提升本书的质量和价值。感谢读者的理解和支持，期待与读者共同努力，使本书达到更高的水平。

贾　甫　郑小雪　宋彦伍
2024 年 10 月 20 日

目　　录

第 1 章　绪论 ·· 1
1.1　中小企业发展困境与供应链金融解决方案 ·························· 1
1.2　供应链金融前沿问题研究 ··· 2
1.3　研究方法应用 ·· 6
1.4　研究内容、创新点及技术路线 ··· 8
参考文献 ·· 11

第 2 章　理论概述与文献回顾 ··· 13
2.1　基础理论 ··· 13
2.2　研究现状分析 ··· 17
2.3　发展方向探讨 ··· 20
2.4　研究方法概况 ··· 25
2.5　本章小结 ··· 27
参考文献 ·· 28

第 3 章　应用研究方法介绍 ·· 34
3.1　案例研究法 ·· 34
3.2　面板数据模型的固定效应和随机效应 ···································· 38
3.3　合作博弈与非合作博弈 ··· 43
3.4　本章小结 ··· 52
参考文献 ·· 53

第 4 章　中小企业供应链金融平台构建——基于案例研究方法 ········· 54
4.1　供应链金融平台与供应链金融生态 ······································· 54
4.2　研究方法 ··· 55
4.3　跨案例分析 ·· 59
4.4　研究结论 ··· 64
4.5　本章小结 ··· 68
参考文献 ·· 69

第 5 章　中小企业供应链平台数字化——基于案例研究方法 ············ 71
5.1　区块链在供应链金融中的应用 ··· 71
5.2　研究方法 ··· 72
5.3　案例内分析 ·· 76

5.4　跨案例分析 ··· 77
　　5.5　讨论 ··· 85
　　5.6　本章小结 ··· 91
　　参考文献 ··· 92
第 6 章　中小企业电商平台供应链金融——基于实证研究方法 ·········· 95
　　6.1　中小企业电商平台供应链金融 ··· 95
　　6.2　问题描述与相关假设 ·· 96
　　6.3　研究方法 ··· 100
　　6.4　研究结论 ··· 103
　　6.5　本章小结 ··· 108
　　参考文献 ··· 109
第 7 章　供应链中核证减排质押融资——基于两型博弈的建模仿真 ·········· 113
　　7.1　可持续供应链金融与核证减排质押融资 ································· 113
　　7.2　供应链金融与碳抵消机制 ··· 114
　　7.3　问题描述 ··· 117
　　7.4　模型设置 ··· 119
　　7.5　供应链成员的最优选择 ··· 124
　　7.6　融资策略的选择 ··· 126
　　7.7　结论 ··· 133
　　7.8　本章小结 ··· 134
　　参考文献 ··· 135
第 8 章　总结与展望 ··· 138
附录 A ·· 141
附录 B ·· 146
附录 C ·· 148
附录 D ·· 152
附录 E ·· 158
附录 F ·· 163

第1章 绪 论

1.1 中小企业发展困境与供应链金融解决方案

在全球经济体系中，中小企业一直扮演着至关重要的角色，其作为经济增长和就业机会的主要来源，无疑是现代经济的支柱之一。然而，尽管其重要性被广泛认可，但中小企业在发展过程中常常面临着各种挑战与困境，这些困境不是局限于特定国家，而是全球性的难题[1]。

与大型企业相比，它们通常没有稳定的现金流或充足的资本储备，这使得它们更加依赖外部融资来支撑业务运营和发展[2]。然而，传统的融资渠道往往对中小企业不够友好，由于缺乏抵押品或信用记录等问题，中小企业往往难以获得银行贷款或其他形式的融资支持。因此，中小企业在扩大生产规模、技术升级和市场拓展等方面受到限制，从而影响了其长期发展的可持续性[3]。除此之外，供应链中的不确定性也是中小企业面临的重要挑战之一。中小企业往往作为供应链中的重要一环，但受限于规模和资源等方面的限制，它们难以有效管理供应链中的风险和波动[4]。突发事件、原材料价格波动、交付延误等问题常常会对中小企业的生产计划和成本造成不利影响，进而影响到企业的盈利能力和市场竞争力[5]。同时，市场竞争的压力也给中小企业带来了巨大挑战。全球化和数字化的发展加剧了市场竞争的激烈程度，中小企业不仅需要面对来自国内外同行的竞争，还需要应对新兴科技和新业态的冲击。在这种情况下，中小企业需要不断提升自身的创新能力、产品质量和市场营销水平，以赢得市场份额并保持竞争优势。

正是在这样的背景下，供应链金融作为一种新兴的金融模式，为中小企业提供了有力的解决方案。供应链金融是指金融机构通过与供应链上的核心企业合作，为其上下游企业提供融资服务的一种模式。这种模式的核心思想是通过整合供应链资源，将资金流、物流和信息流有机地结合起来，为企业提供更加高效、便捷的融资服务[6]。与传统融资模式相比，供应链金融具有以下几个显著的特点：首先，它更加注重供应链的整体协同效应，通过优化资源配置，提升整个供应链的运营效率；其次，它能够有效缓解中小企业的融资难题，降低融资成本；最后，它还能够帮助企业提升风险管理能力和市场竞争力。

供应链金融通过整合供应链上的各个环节，将金融服务直接提供给中小企业及其合作伙伴，为其提供融资支持和风险管理工具。与传统金融渠道相比，供应链金融具有更灵活、更高效的特点，能够更好地满足中小企业的融资需求，提高其资金利用效率，降低融资成本。同时，通过供应链金融，中小企业还能够优化供应链管理，加强与供应商和客户之间的合作，提高整体供应链的效率和稳定性。

综上所述，中小企业发展困境与供应链金融解决方案密切相关，供应链金融为中小企业提供了一种可行的途径来解决融资难题，应对供应链中的不确定性，并提升其在市场中的竞争力。因此，对于中小企业和金融机构而言，深入研究和探索供应链金融的前沿问题，对于推动经济的可持续增长具有重要意义。通过不断创新和完善供应链金融模式，为中小企业提供更加便捷、高效的金融服务，将有助于释放中小企业的发展潜力，推动经济的健康发展。

1.2　供应链金融前沿问题研究

在探讨中小企业发展困境与供应链金融解决方案的基础上，我们将进一步深入研究供应链金融领域的前沿问题。本节将聚焦于几个关键议题，包括第三方平台在构建供应链金融生态系统中的应用、区块链技术如何提升供应链金融平台的服务绩效、中小企业电商平台供应链金融研究以及可持续供应链金融实践。通过对这些问题的深入探讨，我们旨在拓展对供应链金融领域的认识，以期为促进供应链金融的发展与实践做出更大的贡献。

1.2.1　第三方平台在构建供应链金融生态系统中的应用

虽然供应链金融作为一种创新的金融服务模式，已经在很大程度上缓解了中小企业的融资难题。然而，在实际应用过程中，它也暴露出了一些不足之处。主要表现在融资渠道相对单一、融资周期较长和融资门槛较高三个方面[2]。

为了解决这些问题，建立供应链平台成了一种有效的解决方案。首先，供应链平台可以将金融机构、供应商、采购商等多方资源整合在一起，形成一个完整的融资生态系统。这样，中小企业可以根据自身的需求选择合适的融资方式，如应收账款融资、库存融资等，从而降低融资成本，缩短融资周期。其次，供应链平台可以利用大数据、人工智能等技术手段，对中小企业的信用状况进行实时监控和分析。通过对中小企业的经营状况、财务状况、信用记录等进行综合评估，可以为金融机构提供更加准确的决策依据，降低中小企业的融资门槛。最后，供应链平台可以实现企业间的信息互通和数据共享，帮助企业及时了解市场动态、优化生产计划、降低库存成本等。同时，供应链平台还可以通过引入第三方服务机构，为企业提供物流、仓储、报关等一站式服务，进一步提高供应链的整体效率和稳定性。

供应链金融平台的搭建可以在很大程度上缓解可持续供应链金融发展存在的

问题，但供应链金融平台的搭建也面临着各种各样的问题。第一，技术问题是供应链金融平台搭建需要解决的首要问题，建立一个高效的供应链金融平台需要先进的技术支持，包括安全的数据管理系统、智能的风险评估模型以及高效的交易处理系统，应对这些技术挑战需要大量的资金投入和专业技术团队的支持。第二，需要面对法律和监管障碍，金融领域的监管环境复杂多变，建立供应链金融平台需要遵循严格的法律法规和监管要求。这可能需要耗费大量时间和精力来确保平台的合规性，并应对监管机构可能提出的各种要求和审查。第三，还要面临市场认可和合作困难问题，建立供应链金融平台需要获得市场的认可和各方的合作。这可能涉及与金融机构、供应链管理公司、企业等各方进行谈判和合作，协调各方利益，并解决可能出现的合作难题。第四，风险管理是供应链金融平台搭建需要面临的又一挑战，供应链金融涉及复杂的供应链网络和多方利益相关者，因此风险管理是一个重要而复杂的挑战。平台需要建立有效的风险评估和管理机制，以及拥有应对不同类型风险的能力，如信用风险、市场风险和操作风险等。第五，信息不对称问题也是在供应链金融平台搭建过程中不可避免的问题。在供应链金融领域，信息不对称是一个普遍存在的问题，中小企业往往缺乏足够的信息来评估风险和做出决策。因此，建立信息共享机制成为一个重要的挑战，需要平台设计有效的信息共享和透明度机制，以提高供应链金融的效率和可信度。

总的来说，建立供应链金融平台需要克服各种技术、法律、市场和风险管理等方面的困难，需要充分的准备和资源投入，并且需要持续不断的努力和创新才能取得成功。

1.2.2 区块链技术如何提升供应链金融平台的服务绩效

在实际应用过程中，供应链金融平台面临数据安全隐患、交易透明度不足和信用评估效率低等问题。区块链技术作为一项创新型信息技术，在提升供应链金融平台服务绩效方面发挥了重要作用。因此，引入区块链技术成为解决这些问题的有效途径。

首先，区块链技术通过去中心化和分布式账本，实现了数据的透明化和不可篡改，有效降低了供应链金融中的信息不对称问题。这样，金融机构可以更准确地评估企业信用状况，提升融资审批效率，同时减少因数据造假导致的信用风险。其次，智能合约的应用可以实现自动化交易与结算，减少人工干预，提高交易效率，并降低操作成本。例如，供应链上的应收账款融资、订单融资等模式可以通过智能合约自动触发付款，大幅缩短融资周期。

其次，区块链能够保障供应链各环节的数据安全，防止欺诈行为，提高整体金融生态的稳定性。区块链的分布式存储方式确保了数据的完整性，即使某个节点出现问题，整个系统仍能稳定运行。与此同时，区块链技术还可以促进供应链各方的信息共享，提高供应链协同效率，帮助企业优化生产和库存管理，降低整体运营成本。

然而，区块链技术在供应链金融平台的应用仍面临诸多挑战。首先，技术实现需要强大的计算能力和数据管理系统，涉及底层架构的开发、智能合约的安全性测试等，这些均需要大量的资金投入和专业团队支持。其次，法律和监管问题也是区块链技术落地的重要障碍，区块链涉及跨境支付、数字资产管理等领域，可能需要符合不同国家和地区的监管要求。最后，市场认可度和生态建设也是关键问题，区块链技术的推广需要各方企业、金融机构和政府部门的共同参与，推动标准化和互操作性建设。

总体而言，区块链技术能够有效提升供应链金融平台的服务绩效，提高交易透明度，降低信用风险，优化运营效率。然而，区块链的广泛应用仍须克服技术、监管和市场等多方面的挑战，只有通过持续的创新和实践，才能充分发挥其在供应链金融领域的潜力。

1.2.3　中小企业电商平台供应链金融研究

当前，业界已经对供应链金融平台进行了广泛的实践，并取得了许多显著成果，特别是中小企业电商平台的供应链金融实践引起了众多学者的关注。作为供应链金融平台的实践者，电商平台正在重新定义传统供应链金融的模式与范式。这一实践不仅拓展了供应链金融的深度和广度，更有效地解决了信息不对称等问题，为中小企业提供了更为便捷、高效的融资渠道。

首先，电商平台作为供应链金融平台的实践者，借助先进的科技手段和强大的数据分析能力，积极构建覆盖供应链各个环节的金融服务体系。通过电商平台，供应链金融可以实现对供应商和采购商的全程监控与服务，为中小企业提供融资、风险管理、结算等一站式金融解决方案。例如，阿里巴巴的"供应链金融"服务，就是典型的中小企业电商平台供应链金融模式的代表，它通过深度挖掘交易数据和交易网络，为中小企业提供灵活、定制化的融资服务，助力其扩大生产规模、提升竞争力。

其次，中小企业电商平台供应链金融的前沿性体现在其对供应链金融平台的深度和广度的拓展。传统的供应链金融往往局限于单一的金融产品或服务，难以满足中小企业多样化、个性化的金融需求。电商平台作为供应链金融平台，则能够提供更加多元化、全方位的金融服务。除了传统的融资产品外，还可以提供供应链管理、供应链风险防控、供应链智能化等方面的金融服务，从而实现对供应链全生命周期的金融支持。

最后，尤其值得关注的是，中小企业电商平台供应链金融在解决信息不对称问题方面发挥了重要作用。传统上，供应链金融往往面临着信息不对称的困扰，导致金融机构难以准确评估中小企业的信用风险，从而限制了对中小企业的融资支持。而电商平台通过积累大量的交易数据、供应商信息和采购商信用记录，构建了完善的风控模型和信用评估体系，从根本上解决了信息不对称问题。这使得金融机构能够更加准确地评估中小企业的信用风险，降低了金融机构的信用风险和成本，为中小企业提供了更为便捷、低成本的融资服务。

综上所述，中小企业电商平台供应链金融作为供应链金融的前沿实践，为中小企业提供了更为便捷、高效的融资渠道，对于促进中小企业的发展和经济的健康增长具有重要意义。未来，随着科技的进步和金融创新的不断推进，中小企业电商平台供应链金融有望发挥更大的作用，成为推动供应链金融发展的重要引擎。在中小企业电商平台供应链金融的研究中，如何不断拓展供应链的深度和广度，并通过供应链金融平台解决信息不对称等问题值得我们进行更深一步的研究和探索。

1.2.4 可持续供应链金融实践

除了缓解中小企业的财务压力、降低融资难度外，供应链金融还在推动中小企业可持续发展、提升供应链减排效率等方面发挥着重要作用。在众多可持续供应链金融实践中，碳金融作为一种新兴的可持续供应链金融实践已经得到了业界的广泛应用，并对相关领域产生了深远影响。

碳金融是指将碳排放权作为金融资产进行交易和投资的金融活动。随着全球对气候变化和环境保护的日益关注，碳金融作为一种新兴的金融领域，正逐渐成为供应链金融前沿研究的一个重要方向。在供应链金融前沿，碳金融与供应链金融的融合将为可持续发展提供更加全面和深入的解决方案。

碳金融的第一个作用是可持续促进供应链的绿色转型。供应链是企业间相互关联的生产和供应网络，而其中的碳排放往往是造成环境影响的主要来源之一。通过引入碳金融机制，如碳交易市场和碳定价机制，可以对供应链中的碳排放进行定量和定价，从而激励企业减少碳排放并采取更环保的生产方式。这不仅有助于企业实现绿色生产，降低环境风险，还能提升企业的品牌形象和市场竞争力。碳金融的第二个作用在于促进企业的低碳转型。通过碳金融工具，企业可以将碳排放权作为一种金融资产进行交易和投资，从而形成了一种低碳激励机制。基于这一机制，企业可以通过减少碳排放来获取额外的收益或融资支持，从而推动企业向低碳发展方向转型。这将促进企业改善生产工艺、提高资源利用效率，进而实现可持续发展。除此之外，碳金融的第三个作用在于提升供应链的风险管理能力。随着碳排放成本和环境监管的逐渐加强，企业面临的碳排放风险也在不断增加。通过引入碳金融工具，企业可以更好地识别、评估和管理碳排放风险，降低碳排放对企业经营的不利影响。这将有助于提高供应链的整体稳定性和抗风险能力，促进供应链的可持续发展。

在碳金融发展的过程中，也发现了一系列的问题，包括碳市场波动性大、市场透明度不足、碳定价不准确等。这些问题制约了碳金融的发展和应用，如何解决上述问题是供应链金融前沿研究的一个重要方向。

通过将碳金融机制与供应链金融模式相结合，可以推动供应链的绿色发展，促进企业的低碳转型，提升供应链的风险管理能力，从而为可持续发展提供更加全面和深入的解决方案。这将对未来的供应链金融实践和研究产生积极的推动作用，为构建绿色、低碳、可持续的供应链体系提供重要支持。

1.3　研究方法应用

对现有供应链金融文献进行回顾，我们发现大多数研究者都采用了定性和定量的方法来解决供应链金融相关问题。这些方法主要包括案例研究、实证研究和建模仿真。这些方法各有其独特的优势和适用性，综合运用可以提供更全面、深入的研究视角，为供应链金融领域的理论和实践提供更为丰富的探索。

1.3.1　案例研究

案例研究方法是一种深入研究特定对象或现象的质性研究方法。在案例研究中，研究者通过详细地描述、分析和解释个别案例，以获取对研究对象的深入理解。案例研究可以帮助研究者深入理解和解释复杂的现象或事件，揭示其中的内在机制和影响因素，还可以用来验证或修正已有理论，通过实际案例来检验理论的适用性和可靠性。除此之外，案例研究还可用于提出新的假说或理论，从实际案例中获取启发，为后续研究提供理论基础。

在供应链金融领域，许多学者都采用案例研究方法来探索不同类型的供应链金融实践和平台。这些研究者通过对特定企业、平台或项目的案例进行分析，来了解供应链金融的运作机制、影响因素和实践经验。Nguyen 等[7]的研究就采用多案例研究法研究了以六个越南企业为核心的可持续供应链金融计划。Li 等[8]以苏宁的农产品供应链金融为例，讨论了依靠大数据的电商公司如何采用农产品供应链金融实践促进精准扶贫。

从这些研究中可以看出，案例研究方法在供应链金融领域具有显著的优势。它能够提供详尽的背景信息和具体细节，使研究者能够从多个角度分析供应链金融案例。此外，案例研究可以根据研究目标和问题进行灵活的选择，具有很强的实用性和适用性。最重要的是，案例研究能够将供应链金融的理论与实践相结合，为该领域的理论发展和应用提供有力的实证支持。因此，案例研究方法是研究供应链金融的主流方法之一。

1.3.2 实证研究

在对供应链金融的研究中，实证研究方法也占据着重要的比重。实证研究方法是一种基于事实和数据的科学研究方法，旨在通过收集、分析和解释真实的观察数据来验证理论假设或回答研究问题。其内涵包括使用定量或定性数据，以实证数据为基础进行分析，以验证或否定假设，并提供科学依据支持决策。实证研究的作用在于提供客观的、可靠的、基于事实的证据，用以验证理论、检验假设或解决实际问题。通过实证研究，可以深入了解现象的本质、探索因果关系，并为实践提供指导和建议。

研究者通过收集、分析供应链金融相关的数据，验证和解释供应链金融理论、模型或政策的有效性与影响。这些方法包括大规模数据分析、统计分析、实地调查等，而实证研究也因其客观性、可靠性和科学性被经济学家、金融学家、管理学者等专业人士广泛使用。在过往的研究中，Qiao 和 Zhao[9]通过对中国 286 家中小企业的调查数据应用结构方程模型，探讨了供应链风险管理能力作为中小企业改善供应链融资绩效的先决条件的重要作用。Cheng 等[10]使用在线问卷收集了来自长三角地区制造企业的数据，然后通过高级结构方程建模进行分析，探讨了动态能力是否能够为制造企业提供融资优势，并进一步增强供应链效能。

总的来说，通过实证研究供应链金融相关问题的好处主要有以下几点：一是可以使用真实的数据进行分析，确保研究结果的客观性和可靠性；二是可以提供多样化的视角和研究方法，增加研究的多样性和可比性；三是可以为实践提供实用的建议和指导，提高研究的实用性。

1.3.3 建模仿真

建模仿真方法是一种基于数学模型或计算机模拟的科学研究方法，旨在模拟和分析现实世界中的复杂系统与事件。其主要内涵包括构建数学模型或计算机模拟来模拟现实世界的行为和事件，以便评估各种情况下的可能性和影响。建模仿真方法的作用在于能够帮助研究者理解系统行为，通过建立模型或模拟，可以深入了解系统内部的行为和相互作用，帮助研究人员理解系统的运作机制。而且建模仿真方法可以帮助预测不同情况下的可能结果，为决策提供科学依据和预测。建模仿真还可以评估政策和策略，通过模拟不同政策和策略的实施效果，可以评估其对系统的影响，从而指导政策制定和战略规划。

在研究供应链金融方面，建模仿真方法被广泛应用。研究人员利用建模仿真方法来模拟不同的供应链金融机制和政策对供应链效率、企业绩效、整体经济的影响，以及评估不同因素对供应链金融系统的影响。这些研究可以为政府、企业和金融机构提供决策支持，指导它们设计和实施更加有效的供应链金融方案。例如，Ma 等[11]通过改进基于区块链的 Practical Byzantine Fault Tolerance（实用拜占庭容错）共识算法，利用区块链的去中心化和防篡改特性以及中小微企业在供应链中的资产流通，建立了供应链融资的区块链通行模型。Dong 等[12]开发了一个三层供应链模型，并采用博弈论方法来比较区块链启用的深层融资方案如何影响资金受限的供应链的最佳风险缓解和财务策略。

建模仿真方法在供应链金融的研究中被广泛应用，其优点也是显而易见的。首先，相对于实地实验或长期观察，建模仿真方法可以在较短的时间内获取大量数据和结果。其次，建模仿真方法可以在控制条件下进行，从而更好地理解特定条件下的系统行为。再次，建模仿真方法可以根据需要调整模型的参数和假设，以适应不同的研究目标和情境。最后，建模仿真方法的过程可以重复进行，以验证结果的准确性和稳健性。

在本节中，我们系统地回顾了供应链金融研究中常用的三种研究方法，从方法的内涵、特点、应用和优点等方面分析了不同研究方法如何应用于供应链金融的相关研究中。在本书的研究中，我们采用上述方法来研究供应链金融前沿问题。这是因为多种方法的应用可以在不同层面、不同维度上深入探索供应链金融的前沿问题，为相关领域的理论和实践提供更为全面与深入的了解，为未来的研究和决策提供科学依据。

同时，多种方法的应用也是我们撰写这本书的重要角度，因为基于方法论的角度来撰写全书不仅为研究提供了清晰的框架，还提供了一种系统的方法来解决研究问题。从方法论的角度来撰写全书，可以确保研究的科学性和可信度。通过明确定义的方法论，读者可以了解研究是如何设计和执行的，从而更好地理解研究结果的可靠性和适用性，并指导研究过程中的数据收集、分析和解释，确保研究的严谨性和一致性，使读者能够清晰地理解研究的方法和结果。通过基于方法论的写作，可以向读者展示研究者在研究过程中所遵循的科学原则和方法。这有助于提高读者对研究的信任和理解，使他们能够更好地评估和运用研究成果。因此，从方法论的角度撰写这本书可以确保研究的科学性、可靠性和透明度，使读者能够更好地理解和运用研究成果。

1.4 研究内容、创新点及技术路线

1.4.1 研究内容

本书以中小企业供应链金融前沿为研究背景，运用案例研究、实证研究以及建模仿真等方法综合地考量供应链金融理论与实践。本书先是在综合分析供应链金融、数字化供应链金融与供应链金融平台、可持续供应链金融、博弈论与两型

博弈等文献的基础上，确定了研究的重点。之后采用案例研究的方法探索了基于第三方平台的供应链金融生态系统的构建以及区块链技术在供应链金融平台中的应用问题，然后采取实证研究的方法考察了绿色创新在B2B（business to business，企业对企业）供应链金融中的中介作用。在这之后我们又采用建模仿真的方法探讨了一种供应链金融实践（核证减排质押融资）的机制。本书的研究丰富了可持续供应链金融研究的相关理论，对可持续供应链决策者与政府监管者制定合理的供应链金融管理策略与规制策略，促进供应链金融健康良好、可持续发展具有较大的参考意义。

本书主要内容如下。

第1章简要介绍了本书的背景和意义、研究内容、创新点以及所采用的技术路线。

第2章通过文献分析介绍了供应链金融、数字化供应链金融与供应链金融平台、可持续供应链金融、博弈论与两型博弈的基础理论与研究方向。

第3章分别从案例研究法、面板数据模型和博弈论三个方面对本书应用的研究方法进行了综合的介绍。

第4章通过采用多案例研究方法，对四个代表性的供应链金融平台进行了调查，探讨了第三方供应链金融平台如何借助自身能力构建供应链金融网络，从而推动供应链金融生态系统的发展。

第5章通过采用多案例研究方法，在第4章的基础上，进一步探讨了如何通过区块链技术实现供应链平台数字化，并最终使其得到广泛接受，以提供有效的供应链金融服务。

第6章我们使用了2011年至2020年间中国科技型中小企业的423个观察面板数据集，通过描述性、相关性统计和回归分析探讨了电商供应链金融对中小企业融资绩效的影响，研究了供应链金融平台的覆盖广度和使用深度对中小企业融资的影响。除此之外，还重点研究了绿色创新在电商平台供应链金融对中小企业融资绩效影响的中介作用。

第7章采用建模仿真的方法研究了一种新的可持续供应链金融机制——核证减排质押融资。我们在研究中考虑了一个具有资本约束的基准场景以及两种融资策略：核证减排质押融资的模型和基于两型博弈的核证减排质押融资的模型。核证减排质押融资资金受限的新能源企业有潜力开发核证减排，并通过向高排放企业出售核证减排量来产生收入以抵消其碳排放，从而部分减轻其财务负担。为了协调这样一个多代理供应链，我们采用了融合非合作博弈与合作博弈的两型博弈结构来探讨最优融资策略。

第8章对全书的内容进行了总结分析，并对未来的研究前景进行了展望。

1.4.2 创新点

本书吸收、借鉴国内外最新相关研究成果，系统深入研究了供应链金融相关问题。本书的创新点主要表现在以下四个方面。

（1）多方法视角的综合应用。本书采用了多种研究方法，如定量分析、定性研究和案例分析等，综合运用不同方法，从多个角度深入探讨中小企业供应链金融的问题。这种多方法视角的综合应用可以更全面地理解中小企业供应链金融的现状、问题和挑战，为研究提供了更加丰富的数据和更准确的结论。

（2）关注供应链金融平台的构建。构建供应链金融平台是实现供应链金融高质量发展的必然要求，也是数字化供应链金融的重要内容。加强供应链金融平台建设，可以极大地提高供应链金融覆盖的深度和广度，提高供应链金融运营效率。本书采用案例研究和实证研究的方法探讨了供应链金融平台的搭建与优化问题，为供应链金融平台的搭建和优化提供了理论借鉴。

（3）关注可持续发展。本书着重关注中小企业供应链金融在可持续发展方面的作用。通过深入分析供应链金融对可持续发展的影响机制，揭示了其在促进企业可持续发展、应对外部风险等方面的重要意义，为相关领域的理论研究和实践应用提供了新的思路与方法。

（4）对政策和制度环境的考察。本书还关注了政策和制度环境对中小企业供应链金融发展的影响。通过对政策法规、金融体系和市场环境的分析，揭示了政策环境对中小企业供应链金融发展的制约因素和潜在机遇，为相关政策的制定和调整提供了参考依据。

1.4.3 技术路线

本书整合了管理学、经济学、博弈论、行为学等多种理论，并运用了数值分析、计算机仿真等计算实验的分析方法，对供应链金融的发展方向和实现路径及其系统复杂性进行了深入研究。本书不仅是对供应链金融运营决策的理论探讨，也是对实际市场竞争与合作应用的研究。本书遵循的技术路线和研究框架如图1.1所示。

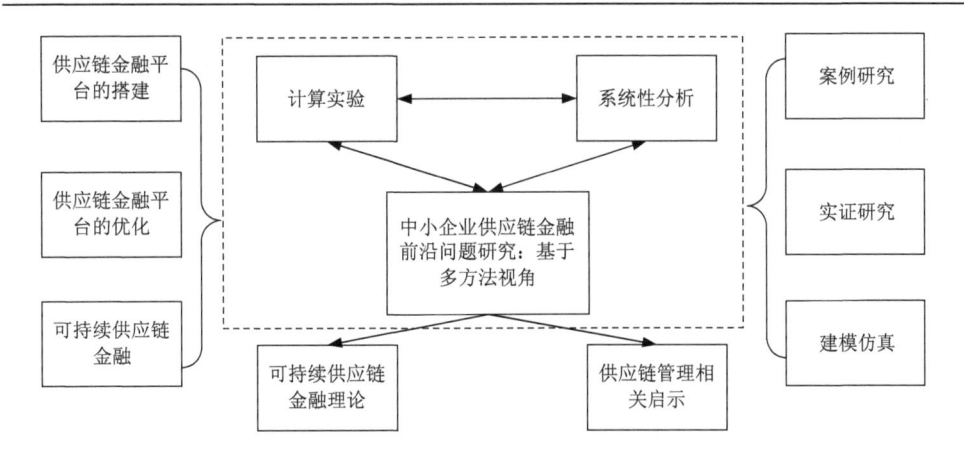

图 1.1　本书的技术路线

参 考 文 献

[1] 周博, 梁蕴佳. 融资平台债务扩张对中小企业信贷融资与资源配置的影响. https://doi.org/10.19795/j.cnki.cn11-1166/f.20240008.003 [2024-08-15].

[2] Caniato F, Henke M, Zsidisin G A. Supply chain finance: historical foundations, current research, future developments. Journal of Purchasing and Supply Management, 2019, 25(2): 99-104.

[3] Hofmann E. Supply chain finance: some conceptual insights//Lasch R, Janker C G. Logistik Management-Innovative Logistikkonzepte. Wiesbaden: Deutscher Universitätsverlag, 2005: 203-214.

[4] Liang X D, Zhao X L, Wang M, et al. Small and medium-sized enterprises sustainable supply chain financing decision based on triple bottom line theory. Sustainability, 2018, 10(11): 4242.

[5] Du M X, Chen Q J, Xiao J, et al. Supply chain finance innovation using blockchain. Ieee Transactions on Engineering Management, 2020, 67(4): 1045-1058.

[6] Pfohl H C, Gomm M. Supply chain finance: optimizing financial flows in supply chains. Logistics Research, 2009, 1: 149-161.

[7] Nguyen A H, Hoang T G, Ngo V M, et al. Sustainability-oriented supply chain finance in Vietnam: insights from multiple case studies. Operations Management Research, 2023, 16(1): 259-279.

[8] Li S L, Yan S, Liu L W. Supply chain finance for targeted poverty alleviation: a case study of suning. International Conference on Modern Management based on Big Data, 2020.

[9] Qiao R L, Zhao L D. Highlight risk management in supply chain finance: effects of supply chain risk management capabilities on financing performance of small-medium enterprises. Supply Chain Management-an International Journal, 2023, 28(5): 843-858.

[10] Cheng J Y, Bi G B, Shahzad U. Influence of dynamic capabilities and supply chain finance on

supply chain effectiveness in environmental dynamism: a conditional process analysis. Operations Management Research, 2024, 17(1): 307-323.

[11] Ma Y F, Liu X Z, Deng X F. Blockchain token model for supply chain financing of SMMEs. Journal of Information & Knowledge Management, 2022, 21(2): 1-16.

[12] Dong L X, Qiu Y Z, Xu F S. Blockchain-enabled deep-tier supply chain finance. Manufacturing & Manufacturing & Service Operations Management, 2023, 25(6): 2021-2037.

第 2 章 理论概述与文献回顾

本章梳理或重新界定供应链金融、可持续供应链金融等本书涉及的相关概念，以统一本书的理论语境，奠定本书的理论性基础。同时，探讨学术界对于可持续供应链金融的研究现状以及发展方向，奠定本书的研究框架。

2.1 基础理论

2.1.1 供应链金融

供应链金融是一种涉及货物流通过程中资金流动的金融形式，它涵盖了从生产商到最终消费者的整个供应链范围内的金融活动。广义上来说，供应链金融不仅包括了供应链上的各种金融服务和产品，还包括了通过金融手段来优化供应链管理和资金流动的各种策略[1]。而狭义上的供应链金融更侧重于通过金融工具来解决供应链上的资金周转问题[2]。

在传统的供应链中，资金流动往往不够高效。生产商需要提前支付供应商的成本，而在产品销售后，需要等待客户支付款项才能回笼资金。这种资金流动不畅常常会导致供应链各方的资金紧张，影响到整个供应链的正常运转。供应链金融的出现为解决这一问题提供了有效的手段。

供应链金融的概念首次在 20 世纪 90 年代被提出，并在全球范围内迅速发展。其核心理念是通过金融手段，优化供应链中的资金流动，减少资金周转时间，提高供应链的效率和透明度。在广义上，供应链金融包括了多种金融产品和服务，如供应链融资、供应链支付、供应链风险管理等，这些服务和产品为供应链上的不同参与方提供了多样化的金融解决方案[3]。

从狭义上来看，供应链金融更关注于解决供应链上的资金周转问题。其中，供应链融资是供应链金融的核心内容之一。供应链融资包括了各种金融工具和产品，如应收账款融资、库存融资、订单融资等，这些融资方式都旨在帮助企业解决资金周转不畅导致的资金短缺问题。通过将供应链上的资产（如应收账款、库存等）作为抵押，企业可以获得相应的融资支持，从而缓解资金压力，提高经营效率[4]。

文献中的研究表明，供应链金融的应用可以显著提高企业的资金利用效率和供应链的整体效率。例如，一项由 McKinsey & Company（麦肯锡公司）进行的研究指出，供应链金融的应用可以将企业的资金周转时间缩短 50%以上，显著降低企业的运营成本。另外，根据世界银行的研究，供应链金融还可以帮助中小企业获得更多的融资支持，促进经济的可持续发展。

通过综合之前的研究成果，我们将供应链金融定义为：金融机构通过与供应链上的核心企业合作，为其上下游企业提供融资服务的一种模式。这种模式的核心思想是通过整合供应链资源，将资金流、物流和信息流有机地结合起来，为企业提供更加高效、便捷的融资服务。供应链金融在广义和狭义上都具有重要意义，它不仅为供应链上的各个参与方提供了多样化的金融解决方案，还可以显著提高供应链的效率和透明度，促进经济的可持续发展。

2.1.2　数字化供应链金融与供应链金融平台

数字化供应链金融是指利用信息技术和数字化平台来改进与优化供应链金融服务与流程的过程[5]。而供应链金融平台则是为数字化供应链金融服务提供支持的技术平台，通过整合各种金融工具和服务，为供应链上的各个参与方提供高效便捷的金融解决方案。在过去几年里，随着信息技术的迅速发展，数字化供应链金融和供应链金融平台已经成了供应链金融领域的重要发展方向[5]。

数字化供应链金融的出现，旨在解决传统供应链金融中存在的诸多问题，如信息不对称、流程烦琐、风险高等。通过利用大数据、人工智能、区块链等技术手段，数字化供应链金融可以实现对供应链上各种信息的实时监控和分析，提高金融服务的精准度和效率。例如，大数据分析可以帮助金融机构更准确地评估供应链上的风险，降低资金周转过程中的风险损失；而区块链技术则可以实现对供应链上交易的安全追溯和可信认证，提高交易的透明度和安全性。

供应链金融平台作为数字化供应链金融的关键支撑，旨在为供应链上的各个参与方提供全方位的金融服务。这些平台通常会整合多种金融工具和服务，如供应链融资、应收账款管理、供应链支付等，提供统一的数字化平台，简化供应链金融服务的流程，降低服务成本，提高服务效率。例如，一些供应链金融平台可以通过智能算法和数据分析，快速匹配企业的资金需求和供应链上的资金来源，实现资金的快速流转，缓解供应链上的资金压力。

根据最近的研究，数字化供应链金融和供应链金融平台的发展已经取得了显著的成果。一份由 PricewaterhouseCoopers（PwC，普华永道）发布的报告显示，全球数字化供应链金融市场规模预计将在未来几年内保持较高的增长率，而供应链金融平台作为数字化供应链金融的关键支撑，也将成为金融科技领域的重要发展方向。另外，一些互联网巨头和金融科技公司也纷纷加大对数字化供应链金融与供应链金融平台的投入，加速推动其在全球范围内的普及和应用。例如，阿里巴巴旗下的蚂蚁金服推出了"供应链金融"服务，通过整合自身的电商平台资源和金融科技能力,为商家提供融资、结算、风控等一站式供应链金融服务。而京东也通过建设"京东金融"平台,为供应链上的中小企业提供融资和金融解决方案,促进其在电商平台上的业务发展。

电商平台是供应链金融平台的一种具体形式。电商平台供应链金融是指利用电子商务平台作为交易载体,结合供应链金融的理念和技术手段,为电商平台上的商家和供应链上的各个参与方提供融资与金融服务的过程[6]。随着电子商务的快速发展,电商平台供应链金融已经成了数字化供应链金融的一个重要分支,对于促进电子商务产业链的稳定和健康发展起到了重要作用。

电商平台供应链金融的出现,旨在解决传统电商模式下的供应链金融问题,如中小企业融资难、资金周转慢等。通过利用电子商务平台的信息优势和数据积累,电商平台可以为商家提供多样化的金融服务,如供应链融资、应收账款管理、库存融资等,帮助商家解决资金瓶颈问题,促进销售和生产的顺利进行。同时,电商平台还可以通过大数据分析和风险评估模型,为金融机构提供可靠的供应链金融服务,降低金融机构的信贷风险,促进供应链金融市场的健康发展。

综上所述,数字化供应链金融和供应链金融平台作为供应链金融领域的重要发展方向,具有巨大的潜力和市场前景。随着信息技术的不断进步和应用,数字化供应链金融和供应链金融平台将进一步推动供应链金融服务的创新与发展,为供应链上的各个参与方带来更加高效便捷的金融解决方案。

2.1.3 可持续供应链金融

可持续供应链金融是一种综合性的金融服务模式,旨在促进供应链上的各参与方采取更加环保、社会责任和经济可持续的经营方式。它通过各种金融工具和机制,如绿色贷款、ESG(environment, social, governance, 环境, 社会, 治理)标准等,为可持续发展目标提供资金支持和金融保障[7]。在可持续供应链金融的推动下,企业意识到了环境可持续性的重要性,并开始寻求减少其碳排放和环境影响的途径。

碳金融是可持续供应链金融的一个重要分支,它关注的是企业的碳排放和碳足迹,并通过金融手段鼓励和支持企业减少碳排放[8]。碳金融可以通过碳交易、碳抵消、碳税等机制,为企业提供经济激励,鼓励其采取减排措施,降低碳排放量。同时,碳金融也为金融机构提供了新的商机,如碳资产管理、碳信贷等,推动了金融行业向低碳发展的转型。

在碳金融的框架下,核证减排机制成了一种重要的减排机制。核证减排机制通过对企业、项目或国家的温室气体排放量进行核证和认证,实现排放量的减少,并为减排行为提供金融激励或者认证。企业可以通过实施减排项目、节能减排措施或者购买碳排放权来降低其碳排放量,通过核证减排机制获得相应的减排认证,进而获取金融奖励或者减少负面影响。这种机制推动了企业更加积极地参与减排行动，促进了碳排放的减少和环境的改善。

综上所述，可持续供应链金融为企业提供了实现环保目标的金融支持，而碳金融和核证减排机制则是其中重要的衍生与实践。通过这些机制的应用，企业不仅可以降低自身的环境影响，还可以获得经济激励和认可，实现了经济效益和环境可持续发展的双赢局面。

2.1.4 博弈论与两型博弈

博弈论是研究决策者在相互影响中做出选择的数学理论。它源于 20 世纪初期，由数学家、经济学家和社会学家共同推动。博弈论的核心思想是分析参与者的决策行为，以及这些行为对其他参与者的影响和反馈。在博弈论中，参与者通过选择不同的策略来达到他们的目标，而这些策略的选择又会受到其他参与者的影响。博弈论研究的主要概念包括博弈形式、策略、解和均衡等[9]。

两型博弈是博弈论中的一种常见形式，其中每个参与者都有两种可选的策略。这种博弈形式可以描述为合作与背叛、高价格与低价格、采取行动与不采取行动等。经典的两型博弈案例是囚徒困境，其中两个囚犯面临合作与背叛的选择。如果两者都背叛，那么都会受到最严厉的惩罚；如果两者都合作，那么都能获得较轻的处罚；但如果其中一个背叛而另一个合作，那么背叛者将获得最大的收益，而合作者将遭受最严重的损失[10]。

博弈论与两型博弈在可持续发展与环境保护领域具有重要意义。在这个背景下，考虑到气候变化和环境污染等全球性挑战，企业、政府和国际组织之间的决策往往呈现出博弈的特征。例如，在核证减排机制中，企业面临着采取减排措施和不采取减排措施之间的选择。如果一个企业单方面采取了减排措施，但其他企业没有跟进，那么这家企业可能会面临额外的成本和竞争劣势。这种情况下，就形成了两型博弈的局面，每个企业都面临着最大化自身利益和共同实现环境可持续发展之间的冲突。

博弈论与两型博弈可以帮助我们理解与优化这些复杂的决策过程。通过分析参与者的策略选择和可能的结果，可以找到促进合作和可持续发展的最佳策略。例如，政府可以通过制定政策和法规，鼓励企业采取环保措施，并对减排行为进行激励和奖励。国际组织可以通过促进跨国合作和知识共享，推动全球环境保护事业向前发展。

综上所述，博弈论与两型博弈为理解与解决可持续发展领域中的利益冲突和合作问题提供了有力的工具。通过深入分析各利益相关方的行为和选择，可以找到促进合作和可持续发展的最佳路径，推动全球朝着更加环保、承担社会责任和经济可持续的方向前进。

2.2 研究现状分析

2.2.1 供应链金融概述

供应链金融研究的历史可以追溯到 20 世纪 70 年代，早在供应链管理这个术语普及之前。例如，Budin 和 Eapen[11]研究了现金规划期间业务运营中产生的现金净流动，以及这种净流入如何受到有关贸易信贷和存货政策变化的影响。Haley 和 Higgins[12]在基本批量模型的背景下，探讨了库存政策与贸易信贷政策之间的关系。

但是直到 21 世纪，供应链金融的正式定义首次出现。Stemmler[13]发现，供应链金融的关键特征是将财务流动整合到实物供应链中，并且供应链金融是供应链管理的重要组成部分。Hofmann[14]认为供应链金融是物流、供应链管理和金融三者的交汇点，并将其定义为供应链中的两个或多个组织（包括外部服务供应商）通过规划、引导和控制组织间的财务资源的流动共同创造价值的一种方法。Pfohl 和 Gomm[15]将供应链金融定义为公司间的融资优化，以及与客户、供应商和服务提供商的融资过程的整合，以提高所有参与公司的价值。Gomm[16]指出，供应链金融的目标是通过优化跨公司的融资来降低资本成本并加速现金流。

在供应链金融不断发展的过程中，多位学者从不同的角度对供应链金融的概念进行了升华，形成了对供应链金融新的更深一步的认识。我们参考学术界最新的研究成果并结合供应链金融的发展实际，认为供应链金融旨在通过金融机构或技术提供商实施的解决方案来优化财务流动。供应链金融的主要目标是使资金流动与产品和信息流保持一致，并最终通过实施金融或技术服务提供商提供的广泛解决方案来优化现金流管理[17-20]。目前在经营与生产管理领域中，供应链管理的研究主题主要围绕着四大主题。

（1）买方主导融资。在买方主导的融资模式下，小型供应商往往面临融资难题，特别是在发展中国家。为了降低渠道成本，大型买家开始采取自创的融资方式，充当供应商与融资机构之间的桥梁[21]。这一领域的研究主要涉及反向保理的先行因素和障碍[22]、影响反向保理效果的因素[23]、反向保理对供应链绩效的积极作用[24]，以及反向保理与其他替代解决方案（如库存融资或动态贴现）的潜在整合[25]。此外，这一领域还拓展至探讨供应商在采纳反向保理解决方案时的视角[26]。

（2）供应商主导融资（如贸易信贷）。供应商主导融资通常是企业之间的短期贷款，其时间和价值与它们之间的货物交换密切相关[27]。贸易信贷在全球经济中的作用广泛，因此在供应链融资领域引起了相当大的关注[5]。这个研究类别调查了诸如最佳贸易信贷条件[28]、贸易信贷对运营决策的影响以及贸易信贷对供应链的整体益处等方面[29,30]。

（3）供应链融资风险管理。风险评估和缓解是供应链融资文献中的另一个主要关注点。交易的风险在很大程度上取决于购买方贸易伙伴的财务可行性[31]。因此，在这方面的研究强调针对信息不对称和道德风险的风险评估，以及供应商评估，以确定供应商违约风险[32]。

（4）与供应链融资相关的利益相关方。信息技术的迅猛发展使得不同供应链成员之间的连接性和信息流动更加便利，因此，围绕信息和资金流动的供应链融资解决方案涉及越来越多的利益相关方[33]。这个类别涉及公司内不同组织职能在实施供应链融资解决方案中的角色、不同供应链参与者在供应链融资中的作用，以及供应链融资对网络绩效的影响[34,35]。

尽管自2000年以来，与供应链融资相关的文献数量不断增加，但与供应链管理领域的其他主题相比，它仍然只有较少的研究，只提供有限的实际和理论启示。供应链融资存在一些潜在的研究空白，同时，通过对近些年的研究分析发现，数字化在供应链金融领域的应用以及供应链金融在可持续供应链中的作用受到了越来越多的关注。接下来，我们将重点研究数字化和可持续与供应链金融之间的交集。

2.2.2 数字化在供应链金融中的作用

在待挖掘的供应链融资研究领域，数字技术在实际和理论层面所扮演的角色无疑是一个极具吸引力的课题，被视为最具关键性和价值性的方向之一，数字技术有望在供应链融资活动中创造出更多的卓越组织价值。在这个数字化和信息化的时代，数字化已被公认是提升供应链管理的关键趋势之一。目前，已有一些基于数字技术的供应链融资理论文章或概念性数学模型问世。例如，Hofmann[14]探讨了区块链技术在提高供应链融资中货物物流透明度方面的潜在应用；Choi 等[36]和Wang 等[37]则研究了数据分析在通过优化决策过程降低财务风险方面的作用。

然而，当前关于数字技术支持的供应链融资研究仍较为分散，大多专注于提出由某一特定技术支持的创新供应链融资方案。因此，有必要采取综合视角，系统探讨不同数字技术相互作用下的供应链融资未来发展。更为重要的是，受新冠疫情影响，供应链融资解决方案的应用得到了加速推进，以支持供应链各环节的财务流动性。例如，在2020年2月发布的《工业和信息化部关于应对新型冠状病毒肺炎疫情帮助中小企业复工复产共渡难关有关工作的通知》中明确提出："创新融资产品和服务。积极推动运用供应链金融、商业保理、应收账款抵质押、知识产权质押等融资方式扩大对中小企业的融资供给。"由此可见，基于数字技术的这些措施正极大地推动着这一领域的发展。

人工智能、区块链、智能合约、电子发票、物联网和大数据分析只是可能的技术趋势之一,这些趋势可能会推动供应链金融解决方案的普及,减轻相关风险并挖掘潜在收益。创新技术可能使供应链金融解决方案超越二元观点,利用现有解决方案的多级应用或涉及新的参与者(如金融科技玩家、物流服务提供商、保险公司等)。在这方面,当前文献中的一个显著差距是缺乏由数字转型驱动的供应链金融实践,因为目前的焦点仍然集中在对运营和供应链管理的影响上,而供应链金融并未得到优先考虑。因此,未来的研究需要提供更多实证研究并为数字化供应链金融构建一般性理论。

此外,将研究范围扩大到反向保理之外,并考虑创新解决方案(如动态贴现、发票拍卖、库存融资、分销融资、订单融资等)对供应链管理影响的理论模型,具有巨大的潜力。目前,现有文献缺乏理论支持。大多数供应链金融解决方案都是基于概念性论文提出的,没有任何管理理论的支持。这表明该话题仍处于早期发展阶段;因此,未来的研究应将适当的理论纳入这一领域。

最后,考虑到供应链金融在供应链中的协调功能,需要进一步研究供应链金融与运营管理主题和数据之间的潜在联系。通过利用信息技术,结合由供应链中不同参与者衡量的公司的财务和运营绩效,可以开发出创新的模型,以提高对供应链各参与者违约概率的预测能力,从而支持特定的风险缓解策略。

因此,我们旨在通过提出一些关于数字技术驱动的供应链金融的新研究方向来解决供应链金融研究中的一些不足,以理解数字转型在帮助可持续供应链金融发展中的作用。

2.2.3 可持续供应链金融概况

对企业来说,供应链中的可持续性挑战既被视为风险,也被视为潜在的机遇;因此,制定和实施可持续性计划已经成为企业管理其供应链内的环境、社会与经济问题的常见做法[38,39]。尽管过去几十年可持续供应链管理或绿色供应链管理的研究取得了显著的进展,但环境和社会问题仍然存在,越来越多的学者呼吁采用创新解决方案,如可持续供应链金融[40]。Rajeev 等[41]对供应链管理中的可持续性进行了文献综述,他们指出,尽管当前文献主要集中于企业可持续性战略,但更广泛地考虑激励供应链参与者促进整体可持续供应链至关重要。上述观点也得到了 Zhan 等[42]的支持,后者表示创新方法可以进一步促使供应链可持续发展。

金融障碍被认为是阻碍供应商参与可持续性的主要障碍[43-45]。尤其是对于个别供应商或中小型企业供应商来说,由于它们在供应链中的弱势地位,这些供应商往往面临现金紧张的问题,或者难以以可承受的利率从银行获得贷款,这限制了它们提高可持续性绩效的能力。从买方的角度来看,供应商在可持续性参与方面的较低水平可能会严重影响整个供应链的效率和可持续性。

鉴于需要采取创新的方法来刺激供应链的可持续性,以及金融障碍对确保供应链一体化可持续性改进的负面影响，学术研究开始认识到将供应链金融视为可持续性推动力的潜力和必要性[46,47]。在企业界，越来越多的核心公司开始认识到使用新颖方法确保其供应链可持续性的重要性。例如，全球服装行业的巨头彪马已经开始将可持续性的概念整合到其供应链金融项目中。彪马的供应链金融项目的预评估不仅专注于经济，而且还扩展到其他可持续性标准，这激励了供应链中的可持续性[48]。同样，在阿里巴巴的农业供应链金融（蚂蚁金融）中也可以观察到类似的行为。在这个项目中，供应链金融作为更好的可持续性行为的奖励，如果供应商使用的化肥和农药符合阿里巴巴的企业可持续性标准，那么阿里巴巴就为它们提供廉价且方便的金融资源。

总的来说，可持续供应链金融是指在供应链管理和金融领域结合可持续发展原则的一种金融模式。它旨在通过提供融资和金融服务，支持企业采取可持续性措施，减少对环境的负面影响，并在社会和经济层面实现更加平衡与可持续的发展。可持续供应链金融发展的目标是通过提供融资支持和金融工具，促使企业在供应链中采取更加环保、社会负责和经济可持续的做法。这包括减少碳足迹、提高资源利用效率、促进社会公正和提升整体供应链的韧性。同时，可持续供应链金融还具有促进环境可持续性、关注社会责任、提高供应链韧性和强调利益相关者参与的特征。

2.3 发展方向探讨

2.3.1 数字化供应链金融的未来趋势

2017年10月，《国务院办公厅关于积极推进供应链创新与应用的指导意见》发布，首次对供应链创新发展做出重要部署，以此作为推动供给侧结构性改革的重要抓手。2020年10月，习近平总书记在中央财经委员会第七次会议上发表了《国家中长期经济社会发展战略若干重大问题》讲话，进一步指出①："优化和稳定产业链、供应链。产业链、供应链在关键时刻不能掉链子，这是大国经济必须具备的重要特征。"要促进产业链供应链稳定发展、优化升级，关键是要推动供应链中各企业间金融资本的有效衔接，围绕供应链众多中小企业的融资难点痛点，积极稳妥地开展供应链金融服务与产品创新。当下，云计算、物联网、人工智能等数字化技术的飞速发展，极大地促进了社会生产组织方式变革与供应链管理模式创新，为供应链金融发展带来新的变化，也为商业银行带来了新的业务机遇与

---

① 《国家中长期经济社会发展战略若干重大问题》，https://www.gov.cn/xinwen/2020-10/31/content_5556349.htm，2020年10月31日。

挑战。

人工智能、区块链、云计算与大数据等数字技术的日益成熟和创新运用,导致社会生产组织形式、商业运行模式发生巨大改变。产业链供应链运行效率提升,为供应链金融市场需求、业务组织与风险管理带来新的变化,主要体现在以下三个方面。

(1) 供应链金融市场需求规模显著扩大。数字技术在电商平台、物流服务和企业运营方面的应用极大地提高了产业链供应链的整体效率。电商平台应用大数据分析极大提高了商品推送的精准度,提高了顾客的消费意愿;物流综合服务商利用大数据优化配送服务,提高配送效率;供应商利用销售数据进行市场分析等。随着供应链间各要素的流动速度进一步加快,各环节企业间的业务合作更加密切频繁,基于信任的赊销行为增多,供应链市场金融规模不断扩大。

(2) 供应链金融业务模式效率明显提升。交易流程标准化、线上化、自动化、系统化加快了信息审查、合约签订、交易结算等的完成速度,有助于减少商业银行与企业间的线下沟通成本,降低商业银行在信贷审查、审批和监管方面的人工、资金与时间成本,从银行成本定价角度来看,这也提升了商业银行的放贷意愿与支持力度,进一步降低了中小微企业获取信贷资源的进入门槛。

(3) 供应链金融风险管理能力持续增强。银行和供应链金融提供商可以利用大数据、区块链、人工智能技术降低信息不对称、不完整带来的风险,同时可以实时把控整个交易过程,核验交易真实性,同时结合大数据对借款企业的业务、资金等相关指标持续进行跟踪分析,可以有效识别和预警企业逆向选择、道德风险等行为倾向,及时采取资产保全等措施来规避风险。

上述变化表明,数字化在供应链金融的发展中发挥了重要作用,而学术界对数字技术在供应链中的应用也做出了众多有益的探索。Deng 等[49]研究了区块链技术成熟度对参与者的影响,从而找到了区块链技术支持的在线供应链的最优激励合同。Du 等[50]采用建模的方法对区块链技术在供应链中的应用进行了探讨。Lahkani 等[51]使用二手数据分析的方法阐述了区块链技术在 B2B 平台的应用。Song 等[52]探讨了金融服务提供商在评估中小企业供应链信用中的作用,以及它们如何通过一个已建立的数字化平台,利用大数据分析帮助中小企业获得供应链金融。

同时在这个过程中,我们也发现了数字化在助推供应链金融发展的过程中出现的一些问题:高度依赖核心企业的物权、债权和信用;金融服务和产业链优化的协同效应较弱;"数据鸿沟"现象仍未得到有效缓解;金融科技应用的能力有待提升。所以,在未来一段时间内,数字化技术,尤其是供应链金融数字化平台的搭建在供应链金融中更好地应用仍然是主流的研究方向。

2.3.2 可持续供应链金融的前景展望

通过对相关文献的整理和分析，我们发现，驱动实施可持续供应链金融的四类动机分别是：可持续导向的动机；金融导向的动机；技术导向的动机；道德导向的动机。

可持续导向的动机主要来自两方面。首先是来自利益相关者，当利益相关者（如非政府组织、地方政府和客户）意识到跨国公司的供应链对环境和社会公正产生了负面影响时，它们通常会要求公司承担更高级别的企业社会责任。这给公司带来了巨大的压力，迫使它们管理供应链的环境和社会表现[53]。其次是在发展中国家解决社会问题的迫切需求。为了降低生产成本，公司倾向于将生产阶段外包给劳动力成本或材料成本较低的发展中国家[54]。然而，发展中国家和地区通常法律法规不完善，导致严重的社会问题。因此，为了确保整个供应链的可持续性，焦点公司必须确保它们的所有供应商都按照可持续性标准进行工作，特别是在发展中国家和地区运营的供应商[55]。

金融导向的动机表现在中小企业有着获得更便宜的金融资源的迫切需求[56]。Liang 等[47]发现，中小企业的发展受到多种因素造成的财务困难的限制，包括企业规模和业务增长周期。缺乏获取金融资源的途径不仅给中小企业发展核心竞争力带来巨大压力，而且还阻碍了它们参与可持续实践[43,57]，在这种情况下，焦点公司和中小企业供应商都被鼓励实施可持续供应链金融来解决供应商的流动性问题，并为供应商提供更多的可用资本投资于可持续性改进[58]。

技术导向的动机并不经常被讨论。然而，Zhou 等[40]关于阿里巴巴的案例研究发现，技术的使用与可持续供应链金融的实施之间存在正相关关系。这是因为技术使金融服务提供商能够简化金融服务流程，帮助降低成本，并增加它们服务的能力和意愿。此外，Wuttke 等[59]发现，技术的实施增加了供应链金融程序的自动化，并提高了供应链中的信息透明度，这反过来又降低了管理和评估供应商可持续行为的难度。因此，采用技术可以实现创新的供应链金融解决方案，并促进可持续供应链金融的实施。

除了那些外在动机（可持续性、金融和技术），我们还注意到，有一种新兴的观点认为，激励企业可持续倡议的因素不仅是外在的，还有内在的[60,61]，也就是道德导向的动机。Muller 和 Kolk[60]认为，企业社会表现与管理道德承诺高度相关，因此，组织价值观和道德原则可以作为企业可持续表现背后的驱动力。这一观点得到了 Morais 和 Silvestre[61]的呼应，他们基于六个案例研究认为，企业对供应链可持续性的承诺可能是存在内在动机的，并可能是鼓励加强供应链管理的可持续表现。因此，道德导向的因素可以推动可持续供应链金融的发展和实施，因为可持续供应链金融是实现更好的供应链可持续表现和焦点公司与它们的利益相关者之间的合作关系的一种创新方法。

除了驱动因素外,学术界还发现了可持续供应链发展的障碍主要表现在金融障碍、短期收益和糟糕的供应商管理三个方面。

(1)金融障碍。供应链金融解决方案能够通过为中小企业供应商缓解财务障碍来促进供应链的可持续发展。缺乏方便且低成本的金融资源的获取是危及中小企业供应商可持续发展的主要障碍之一[62]。资本对于可持续发展是必不可少的,因为它可以被用来购买绿色技术,这将丰富环境可持续性,或者被用来参与慈善活动,为社会可持续性做出积极贡献。整个供应链管理是由核心公司推动的,而核心公司倾向于设定可持续战略并确保供应链上所有参与者的合规性[63]。核心公司通常在经济上有实力,并与政府和金融机构合作。然而,由于在供应链中的地位较弱,一些中小企业供应商与核心公司相比议价能力相对较低,因此在缩短现金转换周期方面存在问题。受到商业规模和财务状况等因素的影响,这些中小企业供应商既无法通过传统融资方式获得可用且负担得起的贷款,也不在金融机构的贷款名单上优先,因此无法缓解它们的现金流问题。这种流动性问题限制了这些中小企业可用于可持续发展的资源。

(2)短期收益。供应链金融可以通过解决可持续性计划中短期回报不足的问题来提高可持续性表现。可以明确的是,可持续性的短期回报不足也是中小企业供应商参与可持续行为的障碍。为了确保整个供应链的可持续性,核心公司要求供应商参与可持续性活动。这就要求供应商拒绝较少可持续的商业做法,并参与保持经济、环境和社会绩效平衡的实践。然而,由于缺乏对这些可持续活动的短期回报的保证,中小企业供应商可能会面临将资源分配给与其核心业务以外的业务的困难。有财务问题的中小企业供应商可能会认为可持续发展是一项不必要的开支[64]。因此,提高可持续行为的预期短期收益对于加强供应商的可持续性参与至关重要。

(3)糟糕的供应商管理。采用供应链金融可以改善供应商评估和监控,以解决供应链中供应商管理不佳的问题,从而促进更好地实现供应链可持续性表现,特别是在企业位于发展中国家时效果尤其明显。公司全球市场的扩张意味着核心公司的供应链遍布世界各地,越来越多的供应商位于发展中国家。这些供应商遵守可持续实践对整个供应链的可持续性表现至关重要,因为供应商的可持续实践与购买公司的可持续表现密切相关,直接贡献于整个供应链的可持续性表现。然而,由于发展中国家和地区缺乏制度规定,一些非正式活动在供应链上游出现[65]。此外,地理和文化的多样性使得与不同地区的供应商沟通更加复杂,从而导致供应商管理不佳。各地区供应商数量的增加加剧了供应链的功能复杂性,这助长了供应链内的不当行为(如腐败),从而降低了整个供应链的可持续性[66]。供应链金融通过改善沟通以及供应商评估和监控来帮助解决供应商管理问题。供应链金融程序促进了供应商和核心公司之间的关系建立,因为它们增加了双方之间的沟通频率[66],这反过来又加强了供应商管理,并有助于控制供应链腐败[67]。双方之间的沟通频率也通过在供应链金融中的技术实施得到了增强,这使得供应链参与者之间的信息透明度更高。

当前,业界的供应链实践方式主要有两种,第一种是通过在供应链金融计划中设定可持续标准,将可持续供应链金融用作供应链中可持续表现的激励措施。这种做法将供应链金融计划预评估的重点从纯粹的经济评估扩展到考虑供应链金融接受者的可持续表现。在这种实践中,供应商的可持续参与程度可能会影响从供应链金融计划中获得收益的能力(如应收账款更好的折扣率)。例如,彪马使用一个系统来评估供应商在环境和社会标准方面的表现;彪马还启动了一个名为"彪马供应商融资计划"的可持续供应链金融项目,为那些达到更高可持续评级或致力于绿色制造的供应商提供更好的融资,以确保彪马供应链的表现。这种做法为公司提供了更全面的供应商评估机制,并加强了与供应商在可持续供应链管理中的合作关系。因此,通过在供应链金融计划中设定可持续标准,将供应链金融用作激励措施,有效地促进了供应链的可持续表现。

文献中详述的另一种具体的可持续供应链金融实践是,通过为供应商的可持续倡议提供贷款,将可持续供应链金融用作供应链中可持续表现的奖励。阿里巴巴的农业供应链金融(蚂蚁金融)使用了这种实践,如果供应商选择符合企业可持续标准的材料(如肥料和农药),它们可以获得融资。Zhou 等[40]认为,这种做法使公司能够确保供应商在生产阶段的可持续行为,从而导致一个更严格的供应商监控系统,最终促进供应链的可持续发展。此外,这种做法解决了缺乏短期有形收益影响供应商可持续参与的问题。因此,通过为供应商或零售商的可持续倡议提供贷款,将供应链金融用作奖励,有效地促进了供应链的可持续表现。

早在 2018 年就已经有了可持续供应链金融的概念,在不断的发展过程中,业界也产生一些结果,主要表现在环境效益、社会效益和经济效益三个方面。

(1)环境效益。将可持续供应链金融作为一种激励手段,可以促使供应商在上游供应链中推广绿色产品,从而带来环境效益。以阿里巴巴的农业行业供应链金融计划(蚂蚁金融)为例,Zhou 等[40]的研究显示,供应商被鼓励使用"购买信用"来购买环保肥料和其他生产材料。这一计划有效地限制了供应商的材料选择,从而减少了它们对受污染材料的消费,提升了整个供应链的环境表现。在供应链金融的支持下,供应链内的碳排放也能得到减少。例如,贸易信贷政策等解决方案有助于降低碳排放[68],因为在这些政策的推动下,买家倾向于增加每次订单的数量,从而减少了订单总数[69]。这种变化反过来又减少了年度发货次数,提高了卡车容量的利用率,进而直接导致了用于运输卡车数量的减少[70]。因此供应链的总碳排放量得以降低[71]。

（2）社会效益。除了环境成果之外，通过可持续供应链金融还可以实现社会可持续性。由于供应链金融计划的实施，欠发达地区的供应商有了更多的机会获取金融资源[72]。在更便宜的贷款的帮助下，供应商的盈利能力有可能得到提升。因此，供应商拥有更多可支配的资金来接受更好的教育或扩大它们的业务[73]。除此之外，供应链金融对于减轻贫困，尤其是针对个人供应商而言，是非常有益的。同时，通过实施供应链金融计划，社会平等也得到了加强。在农业行业中，传统金融方式对抵押品的高要求将那些有融资需求的小型供应商排除在外；然而，供应链金融解决方案为这些供应商提供了负担得起且可获得的贸易信贷，这在一定程度上缓解了社会不平等。

（3）经济效益。鉴于供应链金融的主要目标是管理供应商的财务问题，供应链金融的经济成果在文献中的讨论远比环境和社会成果更为广泛。Tseng 等[58]指出，对于供应商来说，接受供应链金融服务可以缓解流动性问题，并导致公司利润和经济增长。对于核心公司来说，实施可持续供应链金融提高了供应商对公司可持续性策略的合规程度，并增强了供应链中的信任，从而产生了更好的供应链关系[63]。同时，采用可持续供应链金融也可以实现一体化的可持续供应链和有利的公司形象，从而获得更大的竞争优势[74]。竞争优势和改进的供应链关系促进了公司的可持续经济发展。

施耐德电气商业价值研究院、清华大学全球共同发展研究院联合发布供应链洞察报告《迈向以客户为中心的一流供应链——精益、韧性、绿色、数字化》指出，企业供应链必须及时转型，才能应对重重挑战。报告通过调研和深访多家行业领军企业的供应链管理实践，发掘出中国企业供应链转型的"最优解"——打造"以客户为中心的一流供应链"，以及精益、韧性、绿色和数字化四大转型趋势。其中，精益是供应链高效运营的基础，是提升企业竞争力的内生动力。韧性是供应链稳定运营的保障，能转移、降低、消除企业经营中的不确定风险。绿色是企业可持续发展的重要部分，是国家和社会稳定发展的动力源泉。数字化是供应链转型的重要手段，能优化运作流程，提高管理水平。通过我们上述的分析也可以得出类似的结论，数字化和绿色在当代供应链发展中发挥着重要的作用。

2.4 研究方法概况

在本节，我们采用主流的文献分析方法对当前供应链金融研究所采用的研究方法进行重点研究。为了最大限度检索出我们所需的文献，我们将检索目标定在供应链金融、数字化与可持续性之间的交集。为了扩大范围，以识别与可持续性背景下的供应链金融相关的文章，本书采用了 Tranfield 等[75]提出的系统文献综述方法。

为了捕捉数字化供应链金融与可持续供应链金融中的所有主题，我们首先确定了（"supply chain""logistics""value chain""sourcing""inventory""procurement"或"purchasing"）和（"financ""trade credit""bank credit""early payment""dela* payment""advanc* payment""capital constraint""fifinancial constraint""factoring""limited liability"或"cash conversion cycle"），以及（"digital""platform blockchain""big data artificial intelligence"）、（"corporate social responsibility""CSR""triple bottom line""environment""sustainab"）之间所有可能的组合。其次，我们将代表不同概率的三类字符串放在一起进行搜索，以获得我们的初步结果。与供应链或金融相关的关键词基于 Xu 等[5]的研究，与可持续性相关的关键词基于 Jia 等[76]的研究。

在我们对文献中采用的研究方法的回顾中，我们发现建模方法是用于检查供应链金融的主要方法，占研究的 68.5%，而定性方法排名第二，占研究的 21.0%。在当前研究中，实证方法（即调查或二级数据分析）是最不常用的方法（10.5%）。

在调查的文献中，一手数据大多来自对企业的访谈和问卷，它们大多采用邮件的方式向企业管理者和一线人员发送问卷，并对结果进行统计学分析。Guo 等[77]就采用问卷的方法调查了不同省份可持续供应链金融对企业绩效的影响。而 Olan 等[78]采用访谈的方法探讨了供应链网络中的人工智能理论和全球食品与饮料行业的可选供应链融资。在二手数据的收集中，财务数据主要来自 CSMAR（China Stock Market & Accounting Research Database，中国经济金融研究数据库），所有权属性来自 CCER①中国金融数据库。数字金融指数数据来自北京大学数字金融研究中心发布的"北京大学数字普惠金融指数（the Peking University digital financial inclusion index of China，PKU-DFIIC）"，金融发展数据则主要来自《中国统计年鉴》。

目前在供应链金融研究中，建模占据主导地位，但在研究中应用的实证方法有限。这可能是由于数字化供应链金融和可持续供应链金融目前都处于理论发展阶段，缺乏足够的数据或实证研究来支持实证方法的应用。在这种情况下，研究者可能会更多地依赖于理论模型构建和质性研究来探索与解释供应链金融前沿的相关现象。但也有部分学者采用了实证的研究方法，Li 等[79]就使用来自中国一家银行的二次调查数据研究了信息数量和信息质量，以及对供应商的依赖和对客户的依赖如何影响供应链协作与供应链金融采用之间的关系。Yu 等[80]实证检验了数字普惠金融与建筑企业财务绩效之间的关系。

---

① CCER 即 China Certified Emission Reduction，中国核证自愿减排量。

2.5 本章小结

本章首先对本书所涉及的关键概念进行了梳理，分别对供应链金融、数字化供应链金融与供应链金融平台、可持续供应链金融、博弈论与两型博弈等概念进行了界定。其次介绍了这些概念在实践中的应用以及它们的发展前景，为本书的研究奠定了理论基础。

在 2.2 节中，我们首先从数字化给供应链金融带来的新变化出发，认为数字化使供应链金融市场需求规模显著扩大、金融业务模式效率明显提升和风险管理能力显著增强，同时发现了数字化在助推供应链金融发展的过程中出现的一些问题，如高度依赖核心企业的物权、债权和信用；金融服务和产业链优化的协同效应较弱；"数据鸿沟"现象仍未得到有效缓解以及金融科技应用的能力有待提升的问题。其次，我们从可持续供应链金融的驱动因素出发，发现驱动可持续供应链金融发展的主要有可持续导向的动机、金融导向的动机、技术导向的动机和道德导向的动机。同时发现了可持续供应链发展中的金融障碍主要有缺乏方便且低成本的金融资源，还有短期回报不足与供应链中供应商管理不佳等表现。在此基础上进一步探讨了可持续供应链实践及其作用。由此，从数字化赋能供应链金融和可持续供应链金融的驱动力、障碍等方面探讨了数字化赋能可持续供应链金融的发展趋势。

在 2.3 节中，我们主要认识了数字化赋能可持续供应链金融符合供应链韧性、数字化和绿色的发展趋势，并从数字化与可持续供应链的关联性以及可持续供应链概念的角度探讨了数字化赋能可持续供应链的方面以及存在的障碍，并总结了当前供应链金融文献中对于可持续供应链金融概念的探讨。

在 2.4 节中，我们采用了系统的文献分析方法对当前主流的供应链金融文献进行了回顾，目的是研究当前学术界对于供应链金融的主流研究方法。结果发现，建模方法是用于检查可持续供应链金融的主要方法，占研究的 68.5%，而定性方法排名第二，占研究的 21.0%。在当前研究中，实证方法（即调查或二级数据分析）是最不常用的方法（10.5%）。同时，在文献分析的过程中，确定了供应链金融未来的研究方向。

总的来说，经过深入分析现有的供应链金融相关文献，可以明确地看出，数字化供应链金融是这一领域的前沿趋势，同时也是未来一段时间内的主要研究方向。特别值得关注的是数字化供应链金融平台的建设以及供应链内部碳金融的研究。然而，目前针对供应链金融的研究方法主要集中在案例研究、实证研究和建模仿真这三种类型，其中实证研究的运用相对较少。因此，在接下来的研究中，本书将采用质性研究（案例研究）、实证检验（实证研究）和建模仿真相结合的综合方法，更为深入地探讨供应链金融领域的热点问题。

参 考 文 献

[1] Christopher M, Peck H. Building the resilient supply chain. The International Journal of Logistics Management, 2004, 15(2): 1-14.

[2] Pagell M, Shevchenko A. Why research in sustainable supply chain management should have no future. Journal of Supply Chain Management, 2014, 50(1): 44-55.

[3] Bowersox D J, Closs D J. Logistical Management: The Integrated Supply Chain Process. New York: McGraw-Hill, 1996.

[4] Simchi-Levi D, Kaminsky P, Simchi-Levi E. Designing and Managing The Supply Chain. New York: McGraw-Hill Higher Education, 2000.

[5] Xu X H, Chen X F, Jia F, et al. Supply chain finance: a systematic literature review and bibliometric analysis. International Journal of Production Economics, 2018, 204: 160-173.

[6] Chen X F, Liu C J, Li S T. The role of supply chain finance in improving the competitive advantage of online retailing enterprises. Electronic Commerce Research and Applications, 2019, 33: 100821.

[7] 徐荣贞，王淼，何婷婷．绿色供应链金融视角下中小企业可持续发展的动力机制研究．金融理论与实践, 2022, (1): 76-86.

[8] Zhou K L, Li Y W. Carbon finance and carbon market in China: progress and challenges. Journal of Cleaner Production, 2019, 214: 536-549.

[9] von Neumann J, Morgenstern O. Theory of Games and Economic Behavior. Princeton: Princeton University Press, 1944.

[10] Dixit A K, Nalebuff B J. Thinking strategically: The Competitive Edge in Business, Politics, and Everyday Life. New York: W. W. Norton & Company, 1993.

[11] Budin M, Eapen A T. Cash generation in business operations: some simulation models. The Journal of Finance, 1970, 25(5): 1091-1107.

[12] Haley C W, Higgins R C. Inventory policy and trade credit financing. Management Science, 1973, 20(4-part-i): 464-471.

[13] Stemmler L. The role of finance in supply chain management//Seuring S, Goldbach M. Cost Management in Supply Chains. Heidelberg: Physica-Verlag HD, 2002: 165-176.

[14] Hofmann E. Supply chain finance: some conceptual insights. Logistic Management, 2005, (1): 203-214.

[15] Pfohl H C, Gomm M. Supply chain finance: optimizing financial flows in supply chains. Logistics Resserch, 2009, 1: 149-161.

[16] Gomm M L. Supply chain finance: applying finance theory to supply chain management to enhance finance in supply chains. International Journal of Logistics: Research and Applications,

2010, 13(2): 133-142.

[17] Suharsono J, Candra S D. Murabaha in sharia added value, an effort to increase probolinggo shallot farmers' economic scale and spirituality. SSRN Electronic Journal, 2013.

[18] Wuttke D A, Blome C, Henke M. Focusing the financial flow of supply chains: an empirical investigation of financial supply chain management. International Journal of Production Economics, 2013, 145(2): 773-789.

[19] Gelsomino L M, Mangiaracina R, Perego A, et al. Supply chain finance: a literature review. International Journal of Physical Distribution & Logistics Management, 2016, 46(4): 348-366.

[20] Jia F, Blome C, Sun H, et al. Towards an integrated conceptual framework of supply chain finance: an information processing perspective. International Journal of Production Economics, 2020, 219: 18-30.

[21] Tunca T I, Zhu W. Buyer intermediation in supplier finance. Management Science, 2018, 64(12): 5631-5650.

[22] Liebl J, Hartmann E, Feisel E. Reverse factoring in the supply chain: objectives, antecedents and implementation barriers. International Journal of Physical Distribution & Logistics Management, 2016, 46(4): 393-413.

[23] Iacono U D, Reindorp M, Dellaert N. Market adoption of reverse factoring. International Journal of Physical Distribution & Logistics Management, 2015, 45(3): 286-308.

[24] Lekkakos S D, Serrano A. Supply chain finance for small and medium sized enterprises: the case of reverse factoring. International Journal of Physical Distribution & Logistics Management, 2016, 46(4): 367-392.

[25] Gelsomino L M, de Boer R, Steeman M, et al. An optimisation strategy for concurrent supply chain finance schemes. Journal of Purchasing and Supply Management, 2019, 25(2): 185-196.

[26] Martin J, Hofmann E. Towards a framework for supply chain finance for the supply side. Journal of Purchasing and Supply Management, 2019, 25(2): 157-171.

[27] Ferris J S. A transactions theory of trade credit use. The Quarterly Journal of Economics, 1981, 96(2): 243-170.

[28] Kouvelis P, Zhao W H. Financing the newsvendor: supplier vs. bank, and the structure of optimal trade credit contracts. Operations Research, 2012, 60(3): 566-580.

[29] Robb D J, Silver E A. Inventory management under date-terms supplier trade credit with stochastic demand and leadtime. Journal of the Operational Research Society, 2006, 57(6): 692-702.

[30] Luo J W, Zhang Q H. Trade credit: a new mechanism to coordinate supply chain. Operations Research Letters, 2012, 40(5): 378-384.

[31] Dyckman B. Supply chain finance: risk mitigation and revenue growth. Journal of Corporate Treasury Management, 2011, 4(2): 168-173.

[32] Zhu Y, Zhou L, Xie C, et al. Forecasting SMEs' credit risk in supply chain finance with an enhanced hybrid ensemble machine learning approach. International Journal of Production

Economics, 2019, 211: 22-33.
[33] Bals C. Toward a supply chain finance (SCF) ecosystem: proposing a framework and agenda for future research. Journal of Purchasing and Supply Management, 2019, 25(2): 105-117.
[34] Silvestro R, Lustrato P. Integrating financial and physical supply chains: the role of banks in enabling supply chain integration. International Journal of Operations & Production Management, 2014, 34(3): 298-324.
[35] Carnovale S, Rogers D S, Yeniyurt S. Broadening the perspective of supply chain finance: the performance impacts of network power and cohesion. Journal of Purchasing and Supply Management, 2019, 25(2): 134-145.
[36] Choi T M, Wallace S W, Wang Y L. Big data analytics in operations management. Production and Operations Management, 2018, 27(10): 1868-1883.
[37] Wang L K, Yan J, Chen X H, et al. Do network capabilities improve corporate financial performance? Evidence from financial supply chains. International Journal of Operations & Production Management, 2021, 41(4): 336-358.
[38] Carter C R, Easton P L. Sustainable supply chain management: evolution and future directions. International Journal of Physical Distribution & Logistics Management, 2011, 41(1): 46-62.
[39] Gopalakrishnan K, Yusuf Y Y, Musa A, et al. Sustainable supply chain management: a case study of British Aerospace (BAe) Systems. International Journal of Production Economics, 2012, 140(1): 193-203.
[40] Zhou Q, Chen X F, Li S T. Innovative financial approach for agricultural sustainability: a case study of Alibaba . Sustainability, 2018, 10(3): 891.
[41] Rajeev A, Pati R K, Padhi S S, et al. Evolution of sustainability in supply chain management: a literature review. Journal of Cleaner Production, 2017, 162: 299-314.
[42] Zhan J Z, Li S T, Chen X F. The impact of financing mechanism on supply chain sustainability and efficiency. Journal of Cleaner Production, 2018, 205: 407-418.
[43] Birkin F, Cashman A, Koh S C L, et al. New sustainable business models in China. Business Strategy and The Environment, 2009, 18(1): 64-77.
[44] Côté R P, Lopez J, Marche S, et al. Influences, practices and opportunities for environmental supply chain management in Nova Scotia SMEs. Journal of Cleaner Production, 2008, 16(15): 1561-1570.
[45] Glover J L, Champion D, Daniels K J, et al. An institutional theory perspective on sustainable practices across the dairy supply chain. International Journal of Production Economics, 2014, 152: 102-111.
[46] Aljazzar S M, Gurtu A, Jaber M Y. Delay-in-payments : a strategy to reduce carbon emissions from supply chains. Journal of Cleaner Production, 2018, 170: 636-644.
[47] Liang X D, Zhao X L, Wang M, et al. Small and medium-sized enterprises sustainable supply chain financing decision based on triple bottom line theory. Sustainability, 2018, 10(11): 4242.
[48] BNP PARIBAS. How it's made is as important as the brand. https://cib.bnpparibas/how-its-

made-is-as-important-as-the-brand/[2018-12-30].

[49] Deng L R, Li Y T, Wang S G, et al. The impact of blockchain on optimal incentive contracts for online supply chain finance. Environmental Science and Pollution Research International, 2023, 30(5): 12466-12494.

[50] Du M X, Chen Q, Xiao J, et al. Supply chain finance innovation using blackchian. IEEE Transactions on Engineering Management, 2020, 67(4): 1045-1058.

[51] Lahkani M J, Wang S Y, Urbański M, et al. Sustainable B2B E-commerce and blockchain-baseal supply chain finance. Sustainability, 2020, 12(10): 3968.

[52] Song H, Li M Y, Yu K K. Big data analytics in digital platforms: how do financial service providers customise supply chain finance? International Journal of Operations & Production Management, 2021, 41(4): 410-435.

[53] Seuring S, Sarkis J, Müller M, et al. Sustainability and supply chain management: an introduction to the special issue. Journal of Cleaner Production, 2008, 16(15): 1545-1551.

[54] Mani V, Gunasekaran A, Delgado C. Supply chain social sustainability: standard adoption practices in Portuguese manufacturing firms. International Journal of Production Economics, 2018, 198: 149-164.

[55] Awaysheh A, Klassen R D. The impact of supply chain structure on the use of supplier socially responsible practices. International Journal of Operations & Production Management, 2010, 30(12): 1246-1268.

[56] Wuttke D A, Blome C, Foerstl K, et al. Managing the innovation adoption of supply chain finance: empirical evidence from six European case studies. Journal of Business Logistics, 2013, 34(2): 148-166.

[57] Patil S, Aditya, Jha A K. Role of financial agencies in integrating small farmers into a sustainable value chain: a synthesis-based on successful value chain financing efforts. Current Science, 2016, 110(10): 2082-2090.

[58] Tseng M L, Wu K J, Hu J Y, et al. Decision-making model for sustainable supply chain finance under uncertainties. International Journal of Production Economics, 2018, 205: 30-36.

[59] Wuttke D A, Rosenzweig E D, Heese H S. An empirical analysis of supply chain finance adoption. Journal of Operations Management, 2019, 65(3): 242-261.

[60] Muller A, Kolk A. Extrinsic and intrinsic drivers of corporate social performance: evidence from foreign and domestic firms in Mexico. Journal of Management Studies, 2010, 47(1): 1-26.

[61] Morais D O C, Silvestre B S. Advancing social sustainability in supply chain management: lessons from multiple case studies in an emerging economy. Journal of Cleaner Production, 2018, 199: 222-235.

[62] Crals E, Vereeck L. The affordability of sustainable entrepreneurship certification for SMEs. International Journal of Sustainable Development & World Ecology, 2005, 12(2): 173-183.

[63] Grimm J H, Hofstetter J S, Sarkis J. Exploring sub-suppliers' compliance with corporate sustainability standards. Journal of Cleaner Production, 2016, 112: 1971-1984.

[64] Upstill-Goddard J, Glass J, Dainty A, et al. Implementing sustainability in small and medium-sized construction firms: the role of absorptive capacity. Engineering, Construction and Architectural Management, 2016, 23(4): 407-427.

[65] Silvestre B S, Monteiro M S, Viana F L E, et al. Challenges for sustainable supply chain management: when stakeholder collaboration becomes conducive to corruption. Journal of Cleaner Production, 2018, 194: 766-776.

[66] Arnold U, Neubauer J, Schoenherr T. Explicating factors for companies' inclination towards corruption in operations and supply chain management: an exploratory study in Germany. International Journal of Production Economics, 2012, 138(1): 1361-47.

[67] Azevedo S G, Carvalho H, Duarte S, et al. Influence of green and lean upstream supply chain management practices on business sustainability. IEEE Transactions on Engineering Management, 2012, 59(4): 753-765.

[68] Qin J J, Bai X J, Xia L J. Sustainable trade credit and replenishment policies under the cap-and-trade and carbon tax regulations. Sustainability, 2015, 7: 16340-16361.

[69] Tsao Y C. Design of a carbon-efficient supply-chain network under trade credits. International Journal of Systems Science: Operations & Logistics, 2015, 2(3): 177-186.

[70] Aliabadi L, Yazdanparast R, Nasiri M M. An inventory model for non-instantaneous deteriorating items with credit period and carbon emission sensitive demand: a signomial geometric programming approach. International Journal of Management Science and Engineering Management, 2019, 14(2): 124-136.

[71] Sarkar B, Ahmed W, Kim N. Joint effects of variable carbon emission cost and multi-delay-in-payments under single-setup-multiple-delivery policy in a global sustainable supply chain. Journal of Cleaner Production, 2018, 185: 421-445.

[72] Sim J, Prabhu V. A microcredit contract model with a Black Scholes model under default risk. International Journal of Production Economics, 2017, 193: 294-305.

[73] Bhuiyan A B, Siwar C, Ismail A G, et al. The Islamic microfinancing contributions on sustainable livelihood of the borrowers in Bangladesh. International Journal of Business and Society, 2017, 18: 79-96.

[74] Beske-Janssen P, Johnson M P, Schaltegger S. 20 years of performance measurement in sustainable supply chain management–what has been achieved?. Supply Chain Management: An International Journal, 2015, 20(6): 664-680.

[75] Tranfield D, Denyer D, Smart P. Towards a methodology for developing evidenc-informed management knowledge by means of systematic review. British Journal of Management, 2003, 14(3): 207-222.

[76] Jia F, Zuluaga-Cardona L, Bailey A, et al. Sustainable supply chain management in developing countries: an analysis of the literature. Journal of Cleaner Production, 2018, 189: 263-278.

[77] Guo X L, Xia W L, Feng T W, et al. Sustainable supply chain finance adoption and firm performance: is green supply chain integration a missing link?. Sustainable Development, 2022,

30(5): 1135-1154.

[78] Olan F, Liu S F, Suklan J, et al. The role of artificial intelligence networks in sustainable supply chain finance for food and drink industry. International Journal of Production Research, 2022, 60(14): 4418-4433.

[79] Li L X, Wang Z Q, Chen L J, et al. Supply chain collaboration and supply chain finance adoption: the moderating role of information transparency and transaction dependence. Supply Chain Management, 2023, 28(4): 710-723.

[80] Yu W, Huang H Q, Zhu K Y. Enhancing construction enterprise financial performance through digital inclusive finance: an insight into supply chain finance. Sustainability, 2023, 15(13): 10360.

第 3 章　应用研究方法介绍

本章主要对本书应用的研究方法进行介绍，这些方法是本书进行理论探索与实证分析的重要工具。具体而言，主要包括案例研究、实证分析中的面板数据模型和博弈论建模分析。以上方法相辅相成，共同构成了本书研究工作的核心支撑，确保研究结论的科学性和可信性。本书在 1.3 节中已经对采用的研究方法进行了初步介绍，而在本章中，我们将对这些研究方法进行更为详尽的阐释，使读者能够更清楚地了解应用这些方法的原因、具体操作过程以及所依据的理论原理，从而更好地理解本书的研究逻辑与成果。

3.1　案例研究法

案例研究是一种深入研究特定个体、群体、事件、组织或现象的方法。它通过详细分析具体案例，探讨其特性、内在机制及影响因素，旨在描述、理解和解释复杂的现实问题。案例研究通常以定性研究为主，但也可以结合定量方法，用于验证理论假设、提出新理论或为实践提供解决方案。

这一研究方法因其灵活性和多样性，广泛应用于社会科学、教育、医学、商业和管理等领域，尤其适合研究动态复杂、情境化显著的问题[1]。所以，在本书的研究中，我们将案例研究法应用于对中小企业供应链金融平台搭建与区块链技术在中小企业供应链金融服务中的作用这两个方面。通过对这两个领域的案例进行深入研究，我们不仅分析了现有实践的成功经验，还识别了潜在问题与改进空间。案例研究法的运用，使本书能够从实际场景出发，总结具有普适性的理论见解，同时为政策制定者、平台设计者和技术开发者提供建设性建议。

3.1.1　案例研究法的组成要素

案例研究法的基本组成要素包括以下几个关键部分。

（1）研究问题或目标。案例研究首先需要明确研究的问题或目标。这是整个研究的核心，决定了案例选择的标准及研究过程的方向。研究问题通常需要具有探索性，能够帮助深入理解研究对象及其背景。

（2）案例选择。选择具有代表性或特殊性的案例是案例研究的重要环节。研究者需要根据研究目标和问题，选择适合的案例进行分析。案例可以是单一的复杂案例，也可以是多个案例的比较研究。

（3）数据收集。案例研究通常依赖多种数据收集方法，如访谈、问卷调查、观察、文献分析和档案资料等。通过多元化的数据来源，研究者能够全面了解案例的各个方面，确保研究结论的可靠性和有效性。

（4）数据分析。收集到的数据需要进行系统分析，常用的方法包括内容分析、模式识别、跨案例比较等。通过分析数据，研究者可以揭示案例中的关键现象、关系及其背后的逻辑。

（5）理论框架。案例研究通常依据一定的理论框架进行分析，或者通过案例发现并发展新的理论。理论框架为研究提供了一个分析视角，并有助于在案例研究过程中保持一致性和科学性。

（6）研究结果与结论。最后，研究者需要总结案例研究的结果，提出对理论、实践和政策的启示。结论应对研究问题提供解答，并在理论和实践之间架起桥梁。

通过以上基本要素的系统整合，案例研究法能够为复杂问题提供深入的见解，尤其适合研究情境化强、涉及多因素的复杂问题。

3.1.2 案例研究法的分类

（1）根据研究的目的，可以将案例研究法分为描述性案例研究、解释性案例研究、探索性案例研究和评估性案例研究。描述性案例研究的重点是对案例的详细描述，旨在呈现案例的背景、特点和发展过程，而不进行深入的因果分析。其特点是用于提供全面的背景信息，适合初步研究，帮助理解复杂现象。解释性案例研究的重点是关注案例中的因果关系，探讨某些现象的产生原因及其影响机制。其特点是适用于已有理论框架的验证，强调深度分析。探索性案例研究的重点是用于探讨未知领域或生成研究假设，为进一步研究提供方向。其特点是常用于理论尚不成熟的领域，方法灵活，数据来源多样。评估性案例研究的重点是用于评估某一政策、项目或措施的实施效果。其特点是注重对实践的成效分析，可用于指导决策或改进策略。

（2）根据时间的维度，可以将案例研究法分为横向案例研究和纵向案例研究。横向案例研究是在特定时间点对案例进行分析，关注案例在某一阶段的表现。其特点是数据收集周期短，适合描述当前现象，难以揭示长期变化趋势。纵向案例研究是对案例进行长期跟踪，观察其在时间维度上的发展与变化。其能揭示动态过程和变化规律，但是数据收集周期长，资源需求较高。

（3）根据案例的数量，可以将案例研究法分为单案例研究和多案例研究。单案例研究集中研究一个具有代表性或特殊性的案例。其特点是深入性强，适合研究独特现象，结论的外部有效性较低。多案例研究研究多个案例，通过对比分析揭示其共性与差异性。其特点是提高研究结果的普适性，数据收集和分析复杂度较高。

第一，单案例研究法。单案例研究法是一种集中对一个具体案例进行深入分析和研究的研究方法。该方法适用于探索独特的、复杂的或关键的案例，通过对单个案例的详细描述，揭示其内在特征、背景和机制，进而深入理解其影响因素和运行规律[2]。

其一，单案例研究法的特点。单案例研究法聚焦单一案例，它将研究重点放在一个特定的案例上，通常是一个具有代表性、典型性或独特性的案例。通过详细分析该案例，研究者能够深入了解案例背后的原因、过程以及影响。与多案例研究相比，单案例研究强调对案例的深入探讨。研究者能够从多个维度（如历史背景、环境因素、社会文化、政策影响等）全方位分析案例，揭示其复杂性和多样性。在研究的过程中，单案例研究常常用于理论生成、假设验证或对现有理论进行扩展。研究者通过对单一案例的详细分析，可以发现新的现象、模式和机制，进而提出或调整相关理论。同时，单案例研究通常侧重于在具体情境中理解现象，特别适用于探索动态复杂的社会、经济或组织问题。它能够为研究者提供具体的实践经验，帮助理论与实践相结合。

其二，单案例研究法的优点。单案例研究法的优点主要来自三个方面，首先是深入洞察：通过对单一案例的深入分析，能够获取更加详细和精确的数据，揭示复杂的因果关系和动态变化。其次是灵活性高：单案例研究不需要大量的样本，可以集中资源进行更为全面和深入的研究。最后是情境化强：能够在特定情境下，理解案例中的细节和背景。

其三，单案例研究法的缺点。单案例研究法的缺点主要有，首先，外部有效性有限：由于研究仅限于单一案例，其研究结论的普适性较低，可能无法广泛推广到其他案例或情境中。其次，主观性较高：单案例研究容易受到研究者个人判断和选择偏差的影响，数据的解释和分析可能存在主观因素。最后，缺乏比较性：相比多案例研究，单案例研究没有进行横向对比，难以揭示不同案例之间的异同或普遍性规律。

其四，单案例研究法的步骤。采用单案例研究法进行研究时，首先要确定研究问题：明确研究目标和问题，确定单案例研究的核心方向。然后选择合适案例：选择一个具有代表性、独特性或典型性的案例，以便深入分析。之后是进行收集数据：通过多种方式（如访谈、观察、文献资料等）收集案例的相关数据。下一步是分析数据：对收集的数据进行细致分析，识别关键问题、关系和机制，揭示其背后的深层次原因。最后得出结论：总结案例研究的发现，提炼出对理论、实践或政策的启示，并考虑如何将其应用到更广泛的领域。

单案例研究法因其深入性和灵活性，广泛应用于探索独特现象、理论验证或扩展等方面。尽管其结论的外部有效性可能受限，但通过精心设计和深入分析，单案例研究能够为学术界和实践领域提供深刻的洞察与有价值的建议。

第二，多案例研究法。多案例研究法是一种通过对多个案例的比较和分析，揭示其共同点与差异性的研究方法。这种方法可以更加全面地理解研究问题，并提高研究结论的可靠性和普适性。它适合研究复杂、动态或多样化的现象，尤其是在需要验证理论或探索不同情境下的表现时表现得更加出色[2]。

其一，多案例研究法的特点。多案例研究法的特点主要有多样性、比较性和适合理论验证与发展。多案例研究选取多个具有代表性、典型性或差异性的案例，通过对比分析不同案例中的关键特征，为研究结论提供更为广泛的支持。另外，多案例研究强调跨案例的比较，通过分析多个案例的异同点，揭示特定现象的内在机制和普遍规律，从而提高结论的可信度和推广性。最后，通过对多个案例的综合分析，多案例研究能够验证现有理论的适用性，也可以在不同情境中发展新理论，为学术和实践提供双重价值。

其二，多案例研究法的优点。多案例研究法的优点主要有四个方面，首先是增强结论的普适性：通过分析多个案例，多案例研究法能够验证研究结论是否在不同情境下成立，提高研究结果的外部有效性。其次是提供多维度视角：多案例研究法允许研究者从多个视角理解研究问题，捕捉现象的复杂性和动态变化。再次是减少偏倚：单一案例可能存在样本选择偏差，而多案例研究通过选择多个案例，能够平衡个别案例的特殊性，得出更加可靠的结论。最后是灵活性强：研究者可以根据研究目标选择不同数量和类型的案例，使研究设计更具适应性。

其三，多案例研究法的缺点。多案例研究法的缺点主要有时间与资源需求高：多案例研究需要分析多个案例，收集、处理和分析数据的工作量较大，可能耗费更多时间和资源。复杂性增加：随着案例数量的增加，研究设计和数据分析的复杂性也会显著提高，可能导致研究者难以全面掌握。案例选择具有挑战：多案例研究需要精心选择案例，以确保它们的代表性和可比性，否则可能影响研究结论的有效性。

其四，多案例研究法的步骤。采用多案例研究法进行研究时，一要明确研究问题和目标：确定研究的核心问题，明确需要通过多个案例来回答的问题或验证的理论。二要选择案例：根据研究目标和问题，选择具有代表性、典型性或差异性的案例，确保案例的多样性和可比性。三要设计研究框架：制定统一的研究框架和数据收集方案，以便对所有案例进行一致性分析。这可能包括制定访谈提纲、观察记录表或数据分类标准。四要收集数据：通过多种方法（如访谈、观察、问卷、文献分析）对每个案例进行数据收集，确保数据的全面性和可靠性。五要跨案例分析：对所有案例的数据进行横向比较，识别共同点和差异点，揭示各案例中相似的规律性和独特性特征。六要理论总结与验证：将分析结果与理论框架进行对比，验证现有理论的适用性或发展新理论，并提出具体的研究结论和建议。

总的来说，多案例研究法适用于探索研究问题的多样性，它适合研究需要在多个情境下验证的复杂问题，如跨行业或跨国企业的管理实践；验证理论的普适性,适用于验证理论是否适用于不同情境,或探讨理论在不同条件下的表现;比较分析不同案例的表现,例如,研究不同企业在供应链风险管理中的策略异同,或不同国家政策对特定行业的影响。

综上,多案例研究法以其多样性、比较性和灵活性,成为探索复杂问题和验证理论的重要工具。尽管其实施成本较高,但通过合理设计和严谨分析,能够为学术研究和实际应用提供更广泛的洞察与启示。

3.2 面板数据模型的固定效应和随机效应

面板数据模型是一类常见于经济学、社会科学等领域的计量经济模型,广泛用于分析具有时间维度和个体维度的多维数据。相比于传统的横截面数据模型或时间序列模型,面板数据模型能够更好地处理个体之间的异质性问题,并且提高模型的估计精度。通过对同一组个体(如公司、国家或个人)在不同时期的观测,面板数据模型可以同时捕捉个体内的时间变化和个体间的差异。在经济学研究中,面板数据模型常被用于研究企业行为、政策效果等动态过程。由于面板数据既有时间维度,又有个体维度,因此在构建模型时需要特别考虑个体异质性的问题。为此,面板数据模型引入了固定效应模型和随机效应模型两种不同的方法,来处理个体特有的特征或随机影响。这里我们将详细介绍这两种模型的基本结构、参数估计方法和假设检验步骤。

3.2.1 面板数据的特点

面板数据,也称为纵向数据,是一种包含多个个体在多个时间点上的观测值的数据类型。它结合了时间序列数据和截面数据的特征,既能够反映不同时点的动态变化,又能展示不同个体之间的横向比较。典型的面板数据结构包括两种维度:时间维度(如年份、季度)和个体维度(如公司、家庭、国家)。这使得面板数据能够更全面地描述和分析社会、经济等系统中的复杂动态过程[3]。

与单一时点的截面数据相比,面板数据可以通过对时间和个体的双重维度观测,为研究提供丰富的信息。例如,在经济学研究中,学者可以使用面板数据研究企业的生产效率如何随着时间变化,并且在不同企业之间是否存在显著差异。

同时相比于截面数据和时间序列数据,面板数据存在多方面的优势。面板数据的显著优势之一是其强大的动态分析能力。由于它记录了相同个体在不同时间点的变化,研究者可以分析变量的动态关系和因果效应。例如,政策实施前后企业的碳排放变化,或教育水平提高对收入增长的长期和短期影响。面板数据为研究提供了捕捉时间序列趋势的可能。例如,政策干预的效果可能在短期内不显著,但随着时间推移，可能会逐渐显现。通过分析动态变化，面板数据能够揭示某些现象的复杂内在规律，这种能力在经济政策、市场行为和环境管理等领域的研究中尤为重要。

控制个体差异是面板数据的另一优势。个体异质性指的是不同个体之间固有的、不可观测的特征，如企业的文化、家庭的价值观等。这些特征可能对研究变量产生影响，若未加以控制，可能导致模型估计结果的偏差。面板数据通过固定效应模型或随机效应模型能够有效地控制个体异质性，从而提高研究结果的可靠性。例如，在研究不同企业的碳排放政策影响时，个体异质性（如企业规模、产业类型）可能是无法直接观测的变量。面板数据通过在模型中引入个体固定效应，可以剔除这些不可观测因素的干扰，确保研究聚焦于政策本身的影响。

除此之外，面板数据还具备信息量和效率优势。面板数据的双重维度使其能够提供比单纯的截面数据或时间序列数据更多的信息量和更高的自由度。由于每个个体在多个时间点都有数据观测，这种数据结构能够更好地反映数据的全貌。例如，在包含 100 家企业、连续 10 年的面板数据中，研究者可以获得 1000 条观测值，这显著提升了统计分析的效率。这种信息丰富性使得面板数据在小样本研究中也能够产生稳健的估计结果。相比之下，单纯的截面数据可能因为样本不足，结果不够精确；而时间序列数据可能因为个体数量少而难以推广到更大范围。

最后，面板数据的双维特性决定了其多样化的应用场景。它既可以用于探索个体之间的差异，也能用于分析时间序列上的变化规律。例如，在社会学研究中，可以通过面板数据观察家庭收入随经济周期的变化趋势；在环境科学中，可以分析不同国家的碳排放在国际协议签署后的长期变化。此外，面板数据特别适合用于政策评估。通过跟踪政策实施前后的个体表现，研究者可以评估政策的因果效应。例如，研究某税收政策对企业利润的影响时，可以通过面板数据剖析政策实施前后利润的动态变化，以及不同企业的反应差异。

随着数据采集和存储技术的发展，面板数据的应用前景愈发广阔。特别是在大数据时代，面板数据的规模和维度正在不断扩大，为研究者提供了更多机会。例如，社交媒体数据、物联网数据都可以构建成大规模面板数据，用于研究用户行为和设备性能。与此同时，面板数据分析的工具和技术也在不断进步。机器学习与面板数据结合的应用逐渐兴起，使得研究者可以更高效地处理大规模复杂数据，并挖掘其中的深层规律。

面板数据以其双重维度的特点，提供了其他数据形式难以替代的动态分析能力和控制个体异质性的优势。它的广泛应用提升了研究的深度和精确性，特别是在政策评估、经济增长分析和环境研究等领域。

3.2.2 固定效应模型

1. 固定效应模型的形式

固定效应模型被用于研究解释变量对被解释变量的因果关系，同时控制不可观测但时间不变的个体特定特征（如企业规模、地区差异）[4]。其核心思想是通过剔除这些固定特征的影响，专注于变量在时间维度上的变化，从而降低遗漏变量偏差，提高估计结果的准确性。固定效应模型的基本表达形式如下。

对于面板数据（$i=1,2,\cdots,N$；$t=1,2,\cdots,T$），固定效应模型可以写为

$$y_{it} = \alpha_i + \beta x_{it} + u_{it} \tag{3.1}$$

其中，y_{it} 为第 i 个个体在第 t 时间点的被解释变量（因变量）；x_{it} 为第 i 个个体在第 t 时间点的解释变量（自变量）；α_i 为个体固定效应，表示个体 i 固有的、时间不变的特定特征（如企业规模、地区环境等）；β 为解释变量 x_{it} 的回归系数，表示 x_{it} 对 y_{it} 的影响；u_{it} 为随机误差项。

在固定效应模型中，我们假设误差项可以拆解为两部分：

$$u_{it} = u_i + \varepsilon_{it} \tag{3.2}$$

其中，u_i 为个体特定的效应，且在所有时间点上不变；ε_{it} 为随机误差项，且满足经典线性回归模型的假设。

因此，固定效应模型的形式可以写为

$$y_{it} = \alpha + \beta x_{it} + u_i + \varepsilon_{it} \tag{3.3}$$

在该模型中，个体的异质性通过 u_i 反映，而不需要显性建模。

2. 固定效应模型的估计方法

固定效应模型的估计方法主要有以下两种。

（1）差分法。对于时间序列较短的面板数据，可以采用差分法消除个体效应。假设 t 和 $t-1$ 是两个连续的时间点，将两个时间点的观测值作差：

$$y_{it} - y_{i,t-1} = \beta(x_{it} - x_{i,t-1}) + (\varepsilon_{it} - \varepsilon_{i,t-1}) \tag{3.4}$$

通过差分消除了 u_i 的影响，然后用普通最小二乘法（ordinary least squares，OLS）对模型进行估计。

（2）去均值法。将个体 i 的观测值减去其平均值，消除个体固定效应 α_i：

$$y_{it} - \bar{y}_i = \beta(x_{it} - \bar{x}_i) + (\varepsilon_{it} - \bar{\varepsilon}_i) \tag{3.5}$$

其中，$\bar{y}_i$、$\bar{x}_i$、$\bar{\varepsilon}_i$ 分别为个体 i 在时间维度上的平均值。

3. 假设检验

为了确定是否采用固定效应模型，我们通常需要进行以下 F 检验，用于判断是否存在显著的个体固定效应。其检验原理是将固定效应模型与无个体效应的 OLS 模型进行比较：

$$H_0 : u_i = 0 \text{（所有个体效应均为 0）}$$
$$H_1 : u_i \neq 0 \text{（至少存在一个个体效应不为 0）}$$

通过 F 检验，如果拒绝原假设 H_0，则表明固定效应模型是合理的。

3.2.3 随机效应模型

1. 随机效应模型的形式

随机效应模型是一种面板数据分析方法，假设个体特定效应是随机变量且与解释变量无关，因而既利用了截面数据的个体间差异，也考虑了时间序列上的变化[4]。与固定效应模型不同，随机效应模型将个体效应视为随机扰动的一部分，能够在保持不随时间变化而变化的变量影响的同时提高估计效率，特别适用于个体样本量大、时间跨度较小的情况。

随机效应模型的形式为

$$y_{it} = \alpha + \beta x_{it} + u_i + \varepsilon_{it} \tag{3.6}$$

其中，y_{it} 为第 i 个个体在第 t 时间点的被解释变量（因变量）；x_{it} 为解释变量（自变量）；α 为截距项，表示总体平均效应；β 为回归系数，表示解释变量对因变量的影响；u_i 为个体随机效应，表示第 i 个个体特定的、时间不变的随机成分，假设 $u_i \sim N(0, \sigma_u^2)$；$\varepsilon_{it}$ 为随机误差项，假设 $\varepsilon_{it} \sim N(0, \sigma_\varepsilon^2)$。

随机效应模型中，误差项的总效应为 $v_{it} = u_i + \varepsilon_{it}$，其协方差矩阵具有非零的结构性相关性。

2. 参数估计方法

随机效应模型使用 GLS（generalized least squares，广义最小二乘法）估计来处理误差项的结构性相关性，具体步骤如下：

（1）总误差项的方差分解。随机效应模型假设个体效应 u_i 和时间误差项 ε_{it} 是相互独立的，因此总误差项的方差可分解为

$$\text{Var}(v_{it}) = \sigma_u^2 + \sigma_\varepsilon^2 \tag{3.7}$$

其中，σ_u^2 为个体随机效应的方差；σ_ε^2 为时间误差项的方差。

（2）权重因子的计算。GLS 估计需要对模型进行加权变换，通过权重因子 θ

调整数据，θ 的计算公式为

$$\theta = 1 - \sqrt{\frac{\sigma_\varepsilon^2}{\sigma_u^2 + T\sigma_\varepsilon^2}} \tag{3.8}$$

其中，T 为时间维度的长度。随着 T 增加，θ 接近于零，随机效应模型逐渐接近 OLS。

3. 加权变换后的模型

通过将数据进行以下变换，消除误差项的异方差和自相关问题：

$$\tilde{y}_{it} = y_{it} - \theta \bar{y}_i, \quad \tilde{x}_{it} = x_{it} - \theta \bar{x}_i \tag{3.9}$$

其中，$\bar{y}_i$、$\bar{x}_i$ 分别为个体 i 的时间平均值。变换后的模型为

$$\tilde{y}_{it} = \alpha(1-\theta) + \beta \tilde{x}_{it} + \tilde{\varepsilon}_{it} \tag{3.10}$$

再使用 OLS 对变换后的模型进行估计。

3.2.4 Hausman 检验

Hausman（豪斯曼）检验用于确定个体效应是否与解释变量相关，从而决定使用固定效应模型还是随机效应模型[5]。

原假设 H_0：$\text{Cov}(u_i, x_{it}) = 0$（个体效应与解释变量无关，随机效应模型成立）。

备选假设 H_1：$\text{Cov}(u_i, x_{it}) \neq 0$（个体效应与解释变量相关，随机效应模型不适用，应使用固定效应模型）。

如果无法拒绝原假设 H_0，说明随机效应模型成立，个体效应可以视为与解释变量无关；但如果拒绝原假设，则说明个体效应与解释变量相关，此时随机效应模型不适用，应使用固定效应模型。

Hausman 检验的检验统计量计算如下：

$$H = (b_{\text{FEM}} - b_{\text{REM}})'[\text{Var}(b_{\text{FEM}}) - \text{Var}(b_{\text{REM}})]^{-1}(b_{\text{FEM}} - b_{\text{REM}}) \tag{3.11}$$

其中，b_{FEM} 和 b_{REM} 分别为固定效应与随机效应模型的系数向量。

Hausman 检验统计量服从卡方分布，自由度为系数的个数。

在选择固定效应模型或随机效应模型时，Hausman 检验是一个常用的工具。其主要目的是通过比较固定效应模型和随机效应模型的估计结果，判断这两者是否存在显著差异。如果两者的差异显著，意味着个体效应与解释变量相关，应该采用固定效应模型；否则，可以选择随机效应模型。

3.2.5 随机效应和固定效应的区别

随机效应和固定效应在模型假设、估计方法、模型解释力等方面存在显著的

区别。同时，也有各自的优点和缺点，表 3.1 是它们的主要区别。

表 3.1 固定效应模型和随机效应模型的区别

特点	固定效应模型	随机效应模型
个体效应	允许个体效应（如不可观测的时间不变变量）与解释变量相关	假设个体效应与解释变量不相关
主流假设	适用于个体效应（或时间效应）对解释变量可能有影响的情况	适用于个体效应对解释变量没影响，但可以随机分布的情况
模型形式	消除个体效应的影响，通过对变量"去均值"进行估计	包括个体效应项作为随机变量，并假设其与解释变量不相关
估计方法	使用 OLS 或"去均值"后 OLS 估计	通常使用 GLS
适用情况	当重点关注个体（或时间）内变量变动对结果的影响时更合适	当重点关注个体之间的差异，并希望提高的估计效率时更合适
个体效应控制	显式控制了不可观测的个体效应，因此能减少模型偏差	未显式控制不可观测的个体效应，但假设它是随机的，可以用总体分布描述
样本外推性	仅适用于样本内个体，外推到其他样本时可能受限	假设随机效应来自总体分布，因此可以进行外推
优点	控制了个体（或时间）内的固定效应，有效减少遗漏变量偏差	假设条件下效率较高，可利用个体间和个体内的信息
缺点	无法估计时间不变的解释变量系数；当样本量较小时效率较低	对假设依赖较强；如果假设不成立（个体效应与解释变量相关），可能会导致偏差
应用场景	适用于研究个体（或时间）内部变化的影响，如政策干预效果	适用于研究总体行为或个体间差异，如行业间比较分析

3.3 合作博弈与非合作博弈

博弈论是研究决策者在特定规则下如何制定策略以最大化自身利益的科学，广泛应用于经济学、政治学、社会学等领域。根据决策者是否能够合作，博弈论可以分为合作博弈和非合作博弈。合作博弈研究参与者可以结成联盟，共同制定策略并分配收益的情形，强调群体的整体效益与公平分配。非合作博弈则关注个体在彼此独立决策、互相竞争的条件下，如何选择最佳策略以实现自身利益，经典模型包括囚徒困境、纳什均衡等。两者相辅相成，共同揭示复杂决策问题中的行为规律。

3.3.1 非合作博弈的基本组成要素及主要理论

非合作博弈的特点在于玩家独立决策，目标是最大化自身收益，不进行强制性合作或协议；其决策过程具有竞争性和策略性互动，收益取决于所有玩家的策略组合，通常通过纳什均衡进行分析。博弈可呈现动态或静态形式，玩家数量有限或无限，并可能涉及完全信息或不完全信息的情境。这种博弈广泛应用于经济、管理和工程等领域，用于分析竞争行为和优化决策。

1. 非合作博弈的组成要素

非合作博弈的三个基本构成要素包括：参与者、策略和支付值。这些要素在构建非合作博弈模型时必须事先明确并知晓，同时也是运用非合作博弈理论方法分析问题的前提条件。

（1）参与者：指博弈中参与决策的个体或群体，可以是个人、公司、国家等。这些参与者的行为会直接影响博弈的结果。

（2）策略：每个参与者在博弈中可以选择的行为或行动方案的集合。策略反映了参与者在特定情况下可能采取的行动，是参与者实现其目标的工具。

（3）支付值：每个参与者在特定策略组合下所获得的收益或效用。支付值通常以数值表示，代表参与者对某一结果的偏好或满意度。支付值可以是正值（表示收益）、负值（表示损失），或者为零（表示无收益）。

2. 非合作博弈的分类

（1）依据决策时间，可以将非合作博弈划分成静态博弈和动态博弈。静态博弈是指参与者是否同时决策或在不知晓对方策略的情况下决策；动态博弈是指参与者是否按照时间顺序决策，且是否观察到前序决策。

（2）依据信息的完整性，可以将非合作博弈分为完全信息博弈和不完全信息博弈。完全信息博弈是指参与者是否了解博弈结构、对手的策略集合和支付值；不完全信息博弈是指是否存在参与者对博弈某些信息不了解（如对手的类型或支付值）。

（3）依据收益的性质，可以将非合作博弈分为零和博弈和非零和博弈。零和博弈是指支付值是否满足一个参与者的收益完全等于另一个的损失（总和为零）。非零和博弈是指支付值总和是否可能为正或负，是否存在互利可能性。

（4）依据博弈过程的时间维度，可以将非合作博弈分为有限博弈和无限博弈。有限博弈是指博弈是否有明确的结束条件（如回合数或时间限制）。无限博弈是指博弈是否可能无限持续，着重分析长期均衡和演化。

3. 几种经典的非合作博弈模型

非合作博弈若按照参与者采取策略（即行动、措施）的先后顺序或决策时间，可以进一步划分为两种主要类型。①同时非合作博弈，通常简称为纳什博弈，本书主要介绍纳什均衡定义以及经济学中的两种经典纳什博弈模型——古诺模型与伯川德模型。②主从非合作博弈，通常简称为主从博弈，即斯塔克尔伯格博弈。

1）同时非合作博弈

（1）纳什均衡是博弈论中的一个核心概念，由数学家约翰·纳什提出，用于描述在非合作博弈中，多个玩家的最佳策略组合[6]。纳什均衡是指在一个博弈中，每个玩家的策略在给定其他玩家策略的情况下都是其最优选择，即没有任何玩家可以通过单方面改变自己的策略来提高收益。其数学形式化可表示如下。

对于一个包含 n 个玩家的博弈，若策略组合 $(s_1^*, s_2^*, \cdots, s_n^*)$ 满足以下条件：

$$u_i(s_i^*, s_{-i}^*) \geq u_i(s_i, s_{-i}^*), \ \forall s_i \in S_i, \ \forall_i \in \{1,2,\cdots,n\} \tag{3.12}$$

其中，u_i 为玩家 i 的收益函数；s_i^* 为玩家 i 的最优策略；s_{-i}^* 为除玩家 i 外其他玩家的策略组合；S_i 为玩家 i 的策略集合，则 $(s_1^*, s_2^*, \cdots, s_n^*)$ 为一个纳什均衡。

纳什均衡的特点在于，每个玩家在给定其他玩家策略的情况下，选择自己的最优策略，即没有玩家能通过单方面改变策略来提高收益。纳什均衡具有稳定性，确保在该均衡下玩家的行为不再有激励去改变，然而，它不一定是全局最优的结果，可能导致次优解。一个博弈可能有多个或没有纳什均衡，且适用于多种博弈类型，包括完全信息与不完全信息的静态与动态博弈。

纳什均衡最经典的例子是囚徒困境，它说的两个犯罪嫌疑人被分开审问，面临合作（保持沉默）和背叛（供述对方）两种选择。其收益矩阵如表 3.2 所示。在此博弈中，背叛是每个玩家的占优策略，结果是双方都选择背叛，达到纳什均衡(-5, -5)，但不是帕累托最优解(-1, -1)。

表 3.2 囚徒困境收益矩阵

选择	对方合作	对方背叛
自己合作	(-1, -1)	(-10, 0)
自己背叛	(0, -10)	(-5, -5)

（2）古诺模型是经济学中一个经典的寡头竞争模型，由法国经济学家古诺于 1838 年提出。它描述了在一个由少数几家企业主导的市场中，企业如何通过选择产量来进行竞争。其核心假设有四个方面。

寡头市场：市场上只有少数几家生产同质产品的企业，企业数量通常为两家或多家。

产量决定价格：每个企业选择其生产的数量，而市场价格由总产量决定。假设市场上所有企业的产品是完全同质的，消费者根据市场总供给来决定价格。

竞争方式：每个企业假定其他企业的产量是固定的，并根据这一假设来决定自身的产量。企业没有价格竞争，而是通过选择产量来影响市场价格。

反应函数：每个企业选择的产量是对其他企业产量的反应，称为反应函数。每个企业的目标是最大化自身利润。

在古诺模型中，假设市场需求函数为

$$P = a - bQ \tag{3.13}$$

其中，P 为价格；Q 为市场的总供给（即所有企业的产量之和）；a 和 b 为常数，代表市场需求的参数。

每个企业的成本函数为

$$C(q_i) = cq_i \tag{3.14}$$

其中，q_i 为企业 i 的产量；c 为单位成本。

每个企业的利润函数为

$$\pi_i = (P - c)q_i = (a - bQ - c)q_i \tag{3.15}$$

其中，$Q = \sum_{i=1}^{n} q_i$ 为市场总产量。

在古诺模型中，企业的目标是最大化自己的利润。通过对每个企业的利润函数进行求导并令其等于零，可以得到每个企业的反应函数，即企业对其他企业产量变化的反应。

每个企业的反应函数通常为

$$q_i = \frac{a - c - b\sum_{j \neq i} q_i}{2b} \tag{3.16}$$

根据所有企业的反应函数，可以解得纳什均衡，即每个企业在考虑到其他企业的产量决策后选择的产量组合。在均衡状态下，所有企业的产量都已经确定，市场价格可以通过需求函数来计算。古诺模型的均衡通常表现为每个企业的产量比完全竞争下的产量要大，但比垄断者的产量要小。

古诺模型的特点在于它描述了寡头市场中企业通过选择产量而非价格进行竞争，每个企业的最佳产量取决于其他企业的产量，体现了企业之间的战略依赖性，且在纳什均衡下达成稳定的市场结果。然而，该模型的局限性在于假设过于简化，忽略了价格竞争、广告、品牌效应及技术创新等因素对市场的影响，并假定所有企业在选择产量时未考虑其他非产量因素，缺乏现实世界中的多样化竞争行为。

（3）伯川德模型是博弈论中用于分析寡头市场中价格竞争的经典模型，由经济学家约瑟夫·伯川德于 1883 年提出[7]。与古诺模型通过产量竞争的方式不同，伯川德模型侧重于分析企业如何通过价格来进行竞争。其核心假设也有四个部分。

寡头市场：市场上只有少数几家生产同质商品的企业。

价格竞争：企业通过设定价格来竞争，而不是通过产量。假设市场中的商品是完全同质的，消费者根据价格选择购买。

完全信息：所有企业都能完全了解其他企业的定价行为，因此企业能够根据对手的定价做出相应的反应。

零成本：通常假设企业的生产成本为零，或为常数，以简化分析。在一些变体中，成本也可能被考虑在内。

在伯川德模型中，每个企业的目标是通过选择价格来最大化自身的利润。由于市场上产品完全同质，消费者会选择价格最低的商品，因此每个企业面临的挑战是选择一个足够低的价格以吸引消费者，同时保持盈利。

假设市场需求函数为

$$Q = D(P) \tag{3.17}$$

其中，P 为市场价格；$D(P)$ 为需求量。

每个企业的成本假设为常数 c，即生产每单位商品的成本是固定的。

在伯川德模型中，企业之间的竞争非常激烈。由于产品同质且消费者会选择最便宜的产品，企业通常会通过降低价格来吸引消费者。如果两家企业定价相同，它们将平分市场。由于竞争压力，最终均衡状态通常是价格等于边际成本，即 $P = c$。

伯川德模型的纳什均衡是指，在价格竞争的情况下，每个企业都会定价等于边际成本 c。在这种均衡下，企业无法通过调整价格来获得更高的利润，因为任何一家企业将价格降低一点，都能吸引所有的消费者，导致利润为零。

这种现象是伯川德模型与古诺模型的根本区别。在古诺模型中，企业通过产量调整来竞争，最终价格高于边际成本；而在伯川德模型中，企业通过价格调整来竞争，最终价格会降到与边际成本相等的水平，导致零利润。

伯川德模型的特点在于其强调寡头市场中通过价格竞争来争夺市场份额，最终导致价格趋向边际成本，从而企业无法获得超额利润。模型假设市场上产品完全同质，消费者仅基于价格做选择，且在纳什均衡下价格等于边际成本，形成零利润状态。然而，伯川德模型的局限性在于其假设过于理想化，忽视了品牌、质量等实际市场中存在的产品差异化，并且没有考虑产量调整和其他市场不完全性，如信息不对称或交易成本，使得这一理论在现实中的应用受到限制。

2) 主从非合作博弈

斯塔克尔伯格博弈模型是博弈论中的一种寡头市场模型，由德国经济学家海因茨·斯塔克尔伯格于 1934 年提出[8]。与古诺模型和伯川德模型不同，斯塔克尔伯格模型主要描述了在寡头市场中，企业之间的领导-跟随关系，即市场上存在一个领导者和一个或多个跟随者。其四个核心假设如下：

（1）领导-跟随结构：在斯塔克尔伯格模型中，企业不是同时决定产量，而是存在顺序决定产量的行为。一个企业（通常是领导者）首先选择其产量，随后其他企业（跟随者）在知道领导者产量的情况下做出反应并选择自己的产量。

（2）完全信息：所有企业都知道对方的行为和成本结构，即信息完全对称。

（3）完全同质产品：假设市场上所有企业的产品完全同质，消费者根据市场总产量来决定价格。

（4）市场需求：通常假设市场需求函数为线性形式，且价格由总产量决定。

在斯塔克尔伯格博弈中，假设有两个企业，一个是领导者，另一个是跟随者。领导者首先选择产量 q_1，然后跟随者根据领导者的产量 q_1 来选择自己的产量 q_2。

市场需求函数为

$$P = a - bQ \tag{3.18}$$

其中，P 为市场价格；Q 为市场总产量；a 和 b 为常数。

每个企业的成本函数为

$$C_q = cq \tag{3.19}$$

其中，c 为单位生产成本；q 为生产的数量。

领导者的目标是通过选择产量来最大化自身利润。在斯塔克尔伯格模型中，领导者会预见到跟随者的反应，并基于此选择其产量。领导者通过选择产量 q_1，影响市场总产量 $Q = q_1 + q_2$，进而影响价格和自己的利润。

跟随者根据领导者的产量选择自己的产量 q_2。跟随者的产量选择是基于领导者产量 q_1 的反应函数。在跟随者的角度，已知领导者的产量，跟随者会选择使自己利润最大的产量。

斯塔克尔伯格博弈的纳什均衡是通过求解领导者和跟随者的反应函数得到的。领导者首先选择一个最优产量 q_1，然后根据跟随者的反应函数，得出跟随者的最优产量 q_2。在这个均衡状态下，领导者和跟随者的产量是稳定的，且没有任何一方能通过单方面改变自己的产量来提高利润。

跟随者的利润函数为

$$\pi_2 = (P - c)q_2 = (a - b(q_1 + q_2) - c)q_2 \tag{3.20}$$

对 π_2 关于 q_2 求导并令其为零，得到跟随者反应函数：

$$q_2^*(q_1) = \frac{a - c - bq_1}{2b} \tag{3.21}$$

领导者的利润函数为

$$\pi_1 = (P - c)q_1 = (a - b(q_1 + q_2) - c)q_1 \tag{3.22}$$

代入跟随者的反应函数 $q_2^*(q_1)$ 后，领导者的利润函数变为 q_1 的函数，求导并令其为零，可以得到领导者的最优产量。

斯塔克尔伯格博弈模型的特点在于强调寡头市场中领导者和跟随者之间的顺序决策，领导者首先选择产量并影响市场价格和总产量，从而获得市场优势和更高利润。模型显示，领导者通过预见跟随者的反应，可以在博弈中占据主导地位，通常获得更大的市场份额。然而，该模型的局限性在于它假定市场上存在明确的领导者和跟随者关系，这在现实中并不总是适用。此外，模型假定完全信息和同质产品，忽视了市场中信息不对称、产品差异化以及合作行为等复杂因素。

3.3.2 合作博弈的基本组成要素及主要理论

3.3.1 节所述的非合作博弈要求所有参与者在选择策略时不能互通信息或达成合作协议。与此相反，若允许部分或全部参与者可以采取某种合作方式参与博弈，则称这样一类博弈为合作博弈。传统的合作博弈关心的问题已不再是参与者如何选择策略使得收益值（或函数）达到最大值，而是参与者应采取何种合作方式参与博弈才能分配得到更好的利润（或效益、收益值）。因此，合作博弈有三个基本构成要素：参与者、联盟、联盟特征值。它们是构建合作博弈模型必须事先明确并知晓的，也是运用合作博弈方法分析问题的前提条件。

1. 合作博弈的组成要素

合作博弈包含以下三个基本组成要素。

（1）参与者：参与合作博弈的个体或组织，通常用集合 $N=\{1,2,\cdots,N\}$ 表示，其中 N 是参与者的总数量。每个参与者可以选择加入或不加入某个联盟。

（2）联盟：参与者的子集，表示一个或多个参与者通过协作组成的团体，通常用 $S \subseteq N$ 表示。联盟反映了参与者之间为实现共同目标而建立的合作关系。

（3）联盟特征值：用来描述每个联盟 S 所能创造的价值或收益，通常记为 $v(S)$。联盟特征值函数 v 满足 $v:2^N \to \mathbb{R}$，即为参与者的所有可能子集分配一个实数值，表示该联盟的潜在收益。

2. 合作博弈的分类

（1）按照支付的可转移性，可以将合作博弈分为可转移支付博弈和不可转移支付博弈。可转移支付博弈是指收益可以在参与者之间灵活调配，重点研究分配规则（如夏普利值、核等）。不可转移支付博弈是指收益分配受到约束，参与者间的效用独立且不可互换。

（2）按照联盟收益的性质，可以将合作博弈分为超级可加性博弈和非超级可加性博弈。超级可加性博弈是指联盟合作总收益大于各自独立行动的收益之和。非超级可加性博弈是指联盟合作收益可能不如独立行动的总和。

（3）按照收益总量的变化，可以将合作博弈分为零和博弈和非零和博弈。零和博弈是指收益总量固定，一个联盟的收益增加意味着另一个联盟的收益必然减少。非零和博弈是指收益总量可变，合作可能带来共赢。

（4）按照参与者之间的对称性，可以将合作博弈分为对称博弈和非对称博弈。对称博弈是指成员角色可互换，收益仅取决于联盟结构，与成员身份无关。非对称博弈是指成员具有不同的地位或作用，收益可能受成员身份影响。

（5）按照时间维度，可以将合作博弈分为静态博弈和动态博弈。静态博弈是指联盟和收益分配在分析期间保持不变。动态博弈是指联盟结构和决策随时间变化，涉及多阶段合作。

3. 几种合作博弈模型

1）夏普利值模型

夏普利值是合作博弈理论中一种经典的收益分配方法，由劳埃德·夏普利于1951年提出[9]。该模型提供了一种基于公平性和边际贡献的收益分配机制，被广泛应用于经济学、供应链管理、资源分配等领域。夏普利值的核心思想是通过衡量每个参与者对所有可能联盟的边际贡献，计算出参与者应得的收益分配。它确保分配结果既公平又合理。

夏普利值的数学表达式为

$$\Phi_i(v) = \sum_{S \subseteq N \setminus \{i\}} \frac{|S|!(n-|S|-1)!}{n!}[v(S \cup \{i\}) - v(S)] \quad (3.23)$$

其中，N 为参与者集合，$n = |N|$ 为参与者总数；$S \subseteq N$ 为任意联盟（不包含参与者 i 的子集）；$v(S)$ 为联盟 S 的收益；$\Phi_i(v)$ 为参与者 i 在收益分配中的份额；$\frac{|S|!(n-|S|-1)!}{n!}$ 为联盟出现的概率。

其计算逻辑是：①枚举所有可能联盟 S；②计算参与者 i 的边际贡献 $v(S \cup \{i\}) - v(S)$；③根据联盟的排列概率加权计算，得到参与者 i 的夏普利值。

夏普利值模型满足以下重要性质。

（1）有效性。所有参与者的收益分配之和等于总收益：

$$\sum_{i \in N} \Phi_i(v) = v(N) \quad (3.24)$$

（2）对称性。如果两个参与者对任何联盟的边际贡献相等，则其分配也相等：

$$v(S \cup \{i\}) = v(S \cup \{j\}) \Rightarrow \Phi_i(v) = \Phi_j(v) \quad (3.25)$$

（3）零贡献者。如果某个参与者对任何联盟都没有贡献，则其分配为零：

$$v(S \cup \{i\}) = v(S) \Rightarrow \Phi_i(v) = 0 \quad (3.26)$$

（4）可加性。如果收益函数是两个博弈的线性组合，则夏普利值可以分解：

$$\Phi_i(v+w) = \Phi_i(v) + \Phi_i(w) \tag{3.27}$$

夏普利值是一种基于边际贡献的公平分配方法，具有公平性、普适性和理论支持性的特点，能够合理地分配合作产生的总收益，广泛应用于供应链管理、资源分配和公共服务等领域。然而，其计算复杂度随着参与者数量的增加呈指数增长，导致在大规模博弈中计算困难。此外，夏普利值假设参与者具有完全合作意愿，忽略了实际中的非合作行为和信息不对称问题。

2）核心模型

核心模型是合作博弈理论中的重要概念，用于分析收益分配的稳定性问题。它定义了一组分配方案，这些方案确保没有任何子联盟能够通过单独合作获得比现有分配更高的收益，从而使所有参与者都满意，不会选择脱离联盟。

其核心的定义是对于一个合作博弈 (N,v)，所有满足以下条件的分配 $x = (x_1, x_2, \cdots, x_n)$ 的集合，其数学形式如下。

总收益约束：所有参与者的收益分配之和等于总联盟的收益，即

$$\sum_{i \in N} x_i = v(N) \tag{3.28}$$

子联盟收益约束：对任意子联盟 $S \subseteq N$，其成员的分配不低于该联盟单独行动的收益，即

$$\sum_{i \in S} x_i \geq v(S), \quad \forall S \subseteq N \tag{3.29}$$

其中，N 为参与者集合；$v(S)$ 为子联盟 S 的收益；x_i 为参与者 i 的分配。

核心模型强调收益分配的稳定性，确保没有子联盟能够通过另立联盟获得更高收益，从而防止合作的分裂。它的优点在于通过满足所有联盟的收益需求，适用于供应链管理、公共项目分摊等领域。然而，核心模型存在可能为空的局限性，尤其是在利益冲突较大的博弈中。此外，随着参与者数量增加，其计算复杂性显著提高，且过于注重稳定性可能忽略公平性或效率的优化。

3）均衡分配模型

均衡分配模型是合作博弈理论中的一种分配方法，关注参与者之间的协商过程和动态调整。它通过分析参与者之间的反驳和反驳的反驳，找到一个所有参与者都能接受的收益分配方案，确保博弈的稳定性和可执行性。

均衡分配模型假设参与者可以对现有分配方案提出异议（反驳），并要求每个异议都能够被合理回应（反驳的反驳）。只有当所有参与者对当前分配没有进一步异议时，该分配才被视为均衡分配。

其关键概念有三个方面。

（1）反驳：反驳是指一个联盟 S 的成员提出现有分配方案不公平，主张通过重新合作获得更高收益。条件是

$$\sum_{i \in S} x_i \prec v(S) \tag{3.30}$$

其中，x_i 为现有分配中 i 的收益；$v(S)$ 为联盟 S 的总收益。

（2）反驳的反驳：针对联盟 S 的反驳，其他成员可以提出反驳的反驳，证明现有分配仍然合理或更优。

（3）均衡分配：如果对某个分配方案的所有反驳都可以被合理回应，则该分配方案属于均衡分配集合。

均衡分配模型通过动态协商和反驳机制，确保参与者对分配方案的接受度和稳定性，具有协商性、灵活性和动态稳定性的特点，适用于供应链谈判、多方合作项目等实际场景。其优点在于兼顾多方利益、避免单一标准导致的不公平，同时提供了实用的分配框架。然而，均衡分配模型的计算复杂性较高，尤其在参与者众多时，分析反驳和反驳的反驳可能耗时。此外，模型可能受主观因素影响，且均衡分配集合可能为空，导致无法达成一致。

3.4 本章小结

本章对本书所采用的研究方法进行了全面的阐述和介绍。为了深入探讨中小企业供应链金融平台的构建以及绿色金融的相关议题，本书综合运用了案例研究、面板数据分析和博弈论建模等多种研究方法。这些方法的多样性确保了研究的科学性和系统性，为本书的结论提供了坚实的理论支持。

首先，本章详细介绍了案例研究法，分为单案例研究法和多案例研究法两部分。单案例研究法聚焦于具体案例的深入剖析，通过细致的实地调研和数据收集，揭示了中小企业在供应链金融平台建设过程中的独特挑战与机遇；多案例研究法则通过对多个案例的对比分析，寻找不同环境下相似问题的普遍规律，从而增强了研究的广泛性和适用性。

其次，本章对面板数据模型中的随机效应和固定效应模型进行了介绍。面板数据模型能够有效处理数据中的时间和空间维度，随机效应模型适用于个体间差异较大的情形，而固定效应模型则能更好地捕捉每个个体的特定影响。这些分析方法为本书提供了强有力的实证依据，特别是在评估绿色金融政策对中小企业供应链金融平台发展的影响时，面板数据分析展现了其独特优势。

最后，本章还讨论了博弈论中的合作博弈和非合作博弈的相关理论。合作博弈强调参与者之间的共同利益与合作机制，适用于分析不同利益主体在绿色金融发展中的协作策略；而非合作博弈则关注个体行为的独立性和策略性，适用于揭示在无合作约束下，市场参与者如何根据自身利益做出决策。这些博弈论模型为研究中小企业在绿色金融环境中的决策行为提供了理论框架。

综上所述，本章的研究方法介绍不仅为后续的研究提供了理论和方法支撑，也为本书的学术性和实践性打下了坚实基础。通过对不同研究方法的综合应用，本书能够在多层次、多角度上分析和解决中小企业在供应链金融平台建设及绿色金融领域中的关键问题。

参 考 文 献

[1] Gerring J. What is a case study and what is it good for?. American Political Science Review, 2004, 98(2): 341-354.

[2] 孙海法, 朱莹楚. 案例研究法的理论与应用. 科学管理研究, 2004, (1): 116-120.

[3] Hsiao C. Analysis of Panel Data. 4th ed. Cambridge: Cambridge University Press, 2022.

[4] 杨娟, 郑青山. Meta 分析的统计学方法. 中国临床药理学与治疗学, 2005, (11): 1309-1314.

[5] Amini S, Delgado M S, Henderson D J, et al. Fixed vs random: the hausman test four decades later//Baltagi B H, Carter H R, Newey W K, et al. Essays in Honor of Jerry Hausman. Leeds: Emerald Group Publishing Limited, 2012: 479-513.

[6] Nash J F. Non-cooperative games//Bridel P. The Foundations of Price Theory Vol 4. London: Routledge, 2024: 329-340.

[7] 吴险. 伯川德模型概述. 产业与科技论坛, 2012, 11(19): 75-76.

[8] 李登峰. 非合作－合作两型博弈方法及在供应链管理中的应用. 北京: 科学出版社, 2023.

[9] Roth A E. Introduction to the Shapley value//Roth A E. The Shapley Value. Cambridge: Cambridge University Press, 1988: 1-28.

第 4 章　中小企业供应链金融平台构建
——基于案例研究方法

本书在第 1 章探讨了当前供应链金融的前沿方向,在 1.2.1 节中介绍了供应链金融平台的搭建对于解决供应链金融面临的融资渠道单一、融资周期较长和融资门槛较高方面的难题具有重要意义。在 1.3 节中对当前供应链金融研究的主流研究方法进行了系统的回顾。在 2.2 节中对供应链金融的发展趋势进行了分析,强调了数字化供应链金融平台的搭建在供应链金融中的重要地位。基于此,本章将在案例研究的基础上研究供应链金融平台如何构建。

4.1　供应链金融平台与供应链金融生态

供应链金融是一项旨在解决中小型企业(中小企业)流动性问题并增强供应链整体稳定性的金融战略[1]。随着金融科技的迅猛发展,供应链金融服务平台逐渐崭露头角。2008 年金融危机后,第三方平台逐渐主导了西方的供应链金融业务,从而导致银行和重点企业主导的供应链金融业务有所下降。这些平台为供应链金融运营提供了技术支持,并加强了财务、信息和物流之间在供应链内部的协调[2]。

供应链金融平台的出现推动了现有商业模式内部的连通性和信息流,从而减少了利益相关者之间的信息不对称,并进一步促进了供应链金融生态系统的发展[3]。早在 2020 年,Jia 等[4]就对相关问题进行了研究,他们从供应链本土化的角度研究了外部的制度环境对供应链金融发展的影响,并提出了供应链场的概念,着重强调为适应外部制度的要求,应加强供应链内部各成员之间的协作。在建立供应链金融平台的过程中,从适应外部制度的角度出发,可以加强供应链内部各成员之间的协作,从而实现更有效的供应链管理和资金流动。供应链金融平台的搭建对于整个供应链体系有着重要的作用。平台提供的信息和数据共享功能,有助于降低信息不对称的问题,增强了供应链内部各方之间的信任度,进而促进了合作关系的建立和发展。通过平台上的融资工具,如供应链融资、订单融资等,可以极大地降低供应链上企业的融资难度,降低资金中断的风险。此外,供应链金融平台还可以提供供应链风险管理和监控服务,帮助供应链内部各成员识别和评估潜在的风险,并采取相应的应对措施。最后,供应链金融平台的搭建还可以促进供应链内部各成员之间的信息共享和资源整合,实现供应链的优化和协同发展。

根据 Choi 等[5]的研究，供应链金融生态系统包括一个相互作用的组织网络，其中包括实体、金融和政府行为者。在建立此类金融服务生态系统方面，平台起着至关重要的作用。在供应链金融平台推广中，如深圳创业板，首先倾向于构建数字化和平台化的供应链金融生态系统，以确保为中小企业提供有效的融资支持[6]。

然而，关于供应链金融生态系统的研究仍然相对有限。Choi 等[5]的实证研究提出了一个描述供应链金融生态系统内复杂动态的全面框架。现有文献在该生态系统形成过程方面还存在不足之处。此外，只有少数研究深入探讨了平台在这一过程中的角色，并探讨了平台与多个供应链金融参与者之间的相互作用，以增强供应链金融能力并促进生态系统发展。此外，Hofmann[7]将供应链金融定义为超越传统财务边界的公司间网络。Alora 和 Barua[8]认识到，组织间网络在实施供应链金融方面起着关键作用。Dekkers 等[9]确认了在供应链金融研究中采用网络理论的可行性，但目前对其应用还存在一定不足。

在本章中，我们采用组织间网络理论的新视角，对中国第三方平台的供应链金融项目进行了多案例研究[10]。在中国，供应链金融已进入平台化阶段，作为独立的供应链金融提供商，供应链金融平台能够优化资金、信息和材料在供应链中的流动[11]。本章旨在解决以下问题：

（1）第三方平台如何开发其供应链金融生态系统？
（2）网络特征如何随着不同阶段的变化进行相应调整？
（3）供应链金融功能对网络特征有何影响？

本章代表了对供应链金融平台化阶段的开创性研究，并观察到以平台为核心的供应链金融生态系统形成包括三个不同阶段：供应链服务平台化、供应链金融平台化和供应链金融平台生态系统。在这些演进阶段中，网络特征发生了变化。另外，本章提出了四种不同类型的能力，并从组织间网络的角度将它们与网络特征联系起来，以增强对于供应链金融能力的理解。

4.2 研究方法

考虑到目前关于从组织间网络角度构建供应链金融生态系统的研究有限，本书采用了多案例研究方法。本章采用案例研究，探讨了供应链金融平台化能力、网络特征和供应链金融平台化之间的关系。

4.2.1 案例选择

中国的供应链金融平台正在迅速发展。最近，有关中国供应链金融市场的研究呼吁更多地关注第三方平台在该领域中的作用。鉴于 A 银行与多个第三方平台合作开展供应链金融服务，我们选择了 A 银行的第三方平台合作伙伴作为样本池。

A 银行作为中国积极探索供应链金融创新发展的主要银行之一，与多个第三方供应链金融平台合作，共同开拓中国供应链金融市场。

分析单元是由独立于供应链金融参与者（包括银行、重点企业和中小企业）的第三方供应链金融平台发起的供应链金融程序。基于有目的抽样进行案例选择，旨在加强对选定样本的了解，推动理论和概念的发展。在选择案例平台时采用以下标准：

（1）该平台必须是独立的第三方平台。
（2）该平台启动供应链金融计划，建立完善的供应链金融网络。
（3）该平台强调供应链金融平台化/生态系统的重要性。

采用上述标准后，我们初步对六个平台进行了数据收集，在对其运营人员进行试点访谈后，排除了两个平台。研究发现，这两个平台仍然由特定的重点企业主导，并且它们的供应链金融计划主要服务于重点企业供应链系统内的企业。

4.2.2 数据收集

访谈是获取丰富经验数据的有效方法，为了收集原始数据，我们采用了半结构化访谈[12]。我们从多个角度对多位受访者进行了供应链金融的深入访谈，以尽量减少受访者偏见的影响。我们选择了平台的董事长、首席执行官、中层管理人员、运营人员以及与平台合作伙伴（如供应商、银行和重点企业）有关联的管理人员作为调查对象。通过多种数据来源，本章能够全面收集来自不同公司和级别人员参与供应链金融方面的信息。

受访者的选择遵循以下标准：
（1）受访者必须在所在平台有至少四年的工作经历。
（2）受访者必须直接参与平台供应链金融项目的运营或管理。

研究共进行了 43 次访谈。我们的研究团队进行了两轮数据收集。在 2021 年 6~9 月进行了第一轮收集，重点对每个平台内的高级管理人员和运营人员进行了访谈。该阶段的数据采集主要关注参与者对供应链金融全面理解以及他们针对供应链金融能力、平台化和生态系统的观点。2022 年 4~7 月进行第二阶段访谈，该阶段采集的数据包括来自各个平台高级管理人员和运营人员、合作公司以及银行方面的采访。此阶段旨在调查他们对供应链金融网络及其形成过程中如何构建供应链金融生态系统等问题的看法。

所有访谈均用中文并进行录制，共进行了 40 次面对面访谈，其余 3 次为在线访谈（通过微信）。当在访谈过程中没有出现额外信息来提供新的见解时，说明此访谈已达到饱和状态[13]，须终止访谈。除原始数据外，受访者还向研究者提供了丰富的档案数据（如项目报告等），这些数据对正式访谈进行了补充。表 4.1 列出了四个平台对应的受访者和访谈信息。

第 4 章　中小企业供应链金融平台构建——基于案例研究方法

表 4.1　四种案例平台的访谈信息

案例描述		数据来源		
案例	描述	被面试者	第一轮面试次数/次	第二轮面试次数/次	(最少)总时长/分钟
平台 A	平台 A（私营）是中国领先的工业电子商务平台，专门提供关于工业原材料（如原油、聚丙烯）的在线交易服务。2017 年 11 月，该平台投资成立了一家专业的供应链管理公司，并正式推出了供应链金融平台业务。其第一个模式是寄售采购，帮助上游中小企业改善流动性表现。在这种模式下，该平台帮助重点企业直接从供应商购买并全额支付给供应商。在第二个模式中，它与保险公司合作为下游中小企业提供信用销售服务	1 董事长 3 副总裁 1 市场经理 2 业务经理	4	5	460
平台 B	平台 B（国有企业）是中国供应链管理服务的先驱之一，也是最早为企业提供全面供应链管理服务的企业之一。截至 2023 年 12 月 31 日，该平台的供应链服务网络已覆盖中国境内 320 多个城市。其核心业务是综合供应链管理服务，而供应链金融业务则是从其供应链管理业务中衍生出来的增值业务。其主要供应链金融服务面向下游供应链，主要通过为焦点公司的下游中小型经销商提前支付货款来提供财务支持	2 财务经理 2 业务经理 1 运营经理 1 风控经理	5	3	680
平台 C	C 平台（私营）是建筑行业中首个在 B2B 电子商务平台上构建供应链金融的最大平台之一。截至 2022 年底，累计交易额达到了 2.196 亿美元。其供应链金融服务于其供应链金融项目中的供应商。该平台向银行推荐合格的中小企业供应商（平台用户），并协助它们通过反向保理和贴现获取资金	1 董事长 4 副总裁 1 市场经理	5	7	790
平台 D	平台 D（国有企业）是中国几家国有企业共同建立的基于互联网的供应链金融服务平台。利用多个焦点公司的资源优势，该平台为上游多级供应商提供创新融资服务。截至 2022 年，它已帮助中小企业筹集超过 5.86 亿美元的资金。值得注意的是，它推出了一种名为产品 Y 的新型供应链金融产品，该产品以焦点公司的信用为支撑，在平台 D 系统内用于贸易结算。持有产品 Y 可以通过平台享受其价值折扣。到期时，本金和利息由焦点公司偿还以取回产品 Y	1 高级副总裁 1 首席产品官 1 首席技术官 3 区域总经理 1 项目经理	4	7	870
共计			26	40	2800

4.2.3 数据分析

收集到原始数据后立即进行数据编码，先进行案例内分析，再进行跨案例分析。各平台高级管理人员接收内部分析结果并进行评论，以增强分析结果的有效性。紧接着，首席研究员与未参与数据收集过程的人员反复讨论跨案例分析结果，以协助研究人员形成客观观点。

研究采用迭代编码的方式，关注与供应链金融能力、网络特征和供应链金融平台化阶段相关的原始数据。例如，Jia 等[4]将供应链金融能力编码为信息加工、金融网络结构和管理供应链金融流程。多个利益相关方之间的关系是支持供应链金融能力的一个重要方面。Gulati 等[10]根据覆盖范围、丰富性和可接受性对组织间网络进行了编码，以衡量平台如何促进供应链金融能力和网络特征。Gomes 等[14]最初提出了供应链金融平台化的阶段概念，并确定了从开放商业模式向基于生态系统的商业模式过渡的三个不同阶段。通过整合原始数据，我们将其分为供应链服务平台化、供应链金融平台化和供应链金融平台生态系统三个阶段。

为了确保研究质量，我们进行了四项效度检验，具体见表4.2。为综合考虑不同角度，我们收集多个证据来源以保证构建效度，其中包括二手文献收集的数据和受访者提供的原始数据。为加强构念效度，我们审了数据分析结果，并进行评论以确保准确性。内部效度是通过将模式与从文献中开发的预测模式相匹配来确保的。将研究与现有文献相匹配可以确保内部效度，采用多个案例可以保证其外部效度。同时，开发案例研究数据库以及与未参与面试者的讨论能够确保信度。

表 4.2 四个案例平台的访谈信息

检验	在研究中的应用
构念效度	• 数据从半结构化和二级数据中收集，以确保多种证据来源 • 在第三方平台上，通过多个消息来源以及焦点公司、供应商和合作银行的消息来源形成了一条证据链 • 已经经过前人审查并得出结论
内部效度	• 结构化数据编码与分析 • 基于一连串证据链发展命题
外部效度	• 目的性抽样 • 描述性数据 • 对该平台合作的焦点公司的现场访问 • 参与平台与其利益相关者（银行/保险公司/焦点公司）之间的会议
信度	• 采用案例研究方案进行指导访谈和案例分析 • 开发了案例研究数据库；每个数据库包括访谈录音、现场笔记、企业内部报告和档案数据 • 与未参与面试者进行反复讨论

4.3 跨案例分析

4.3.1 供应链金融平台化的前提

根据 Choi 等[5]的研究，供应链金融平台化和生态系统发展是中小企业金融需求的前提。建立供应链金融平台时，在拓展了 Choi 等[5]的研究结果基础上，强调了供应链金融平台化是由供应链金融行业主要利益相关者需求驱动的，而不仅限于关注中小企业的需求。以往的供应链金融业务模式无法满足利益相关者需求，因此需要追求更为高效的供应链金融业务模式。

首先，平台必须明确不同利益相关者的具体需求，并有针对性地提升其在供应链金融平台中的能力。此外，除了中小企业需要获得更加经济实惠的金融支持外，银行对供应链金融风险控制的需求也推动了供应链金融生态系统的发展。银行不直接参与供应链交易导致其存在信息不对称问题。正如A银行行长所言，目前各家银行正在积极寻求创新方法来管理风险并扩大其服务范围。其次，重点企业旨在利用供应链金融来提高效率、降低成本。平台C和平台D得到了重点企业的支持，并致力于建立该领域具有代表性的平台。由于重点企业是维持供应链金融持续发展的关键信贷来源，因此平台A和平台B主要致力于向这类企业提供高品质物流及资产管理等全方位优化解决方案。

4.3.2 供应链金融平台化能力

案例平台分为主导型平台（平台A和平台B）和支持性平台（平台C和平台D），这两类平台均为供应链金融计划的发起者。主导型平台直接参与供应链活动，承担主要风险，而支持性平台则协助银行识别和控制风险，但自身不承担任何风险。所有平台一致使用供应链金融平台化能力来提供服务以及实现该服务所需的能力。基于 Song 等[6]和 Jia 等[4]的研究对这些能力进行优化，并在信息加工、金融网络结构、管理多方利益相关者关系以及管理供应链金融流程方面进行了拓展。附录A中表A.1比较了主导型平台与支持性平台之间的供应链金融平台化能力。

1. 信息加工

主导型平台和支持性平台之间在某些方面已达成共识，信息加工是供应链金融服务提供商的基本能力，这与 Song 等[6]和 Jia 等[4]所认为的观点一致，他们强调对于供应链金融提供商来说，信息获取和信息共享至关重要。本章将信息分析作为衡量供应链金融信息加工能力的另一个维度。

首先，主导型平台直接参与供应链交易和新兴技术（如物联网）的采用，使其比支持性平台和银行更容易获取并利用非结构化信息。而支持性平台则通过流程设计或创新产品设计在其供应链金融服务中获取非结构化信息。其次，平台表示，在供应链金融专业知识和管理经验方面，采用大数据分析对于提取有价值的信息至关重要。最后，平台认为信息共享有助于供应链金融参与者之间安全且高效地进行信息交换，在实施电子数据交换和采用区块链等技术方面具有重要意义。

2. 金融网络结构

基于 Jia 等[4]和 Song 等[6]提出的金融网络结构，本章得出的结论是，平台金融网络构建能力指的是平台与多个供应链金融利益相关者之间建立联系的程度，这种能力体现了平台如何实现互联性，其受到平台数字化能力的影响。利益相关者最初参与了供应链金融计划，金融网络结构确保了其有效性，因此平台必须具备吸引银行和重点企业参与其供应链金融计划所需的资源或能力（如收集信息、丰富业务量）。支持性平台更容易与银行建立联系，在供应链金融服务中，重点企业作为信贷来源加强了上游供应链金融的风险控制。

3. 与多方利益相关者的关系管理

平台帮助银行和资本提供者减少信息不对称与新客户获取成本，以便进行普惠融资。焦点公司和中小企业是主要的供应链融资客户。焦点公司是供应链融资服务（如反向保理）的信用来源，并且可以与平台共享供应链融资风险。平台的供应链融资可以帮助焦点公司降低成本，提高供应链效率和整体竞争力。对于中小企业来说，支持性平台通常会持续监督融资的中小企业与焦点公司之间的整体供应链活动，使得中小企业难以对平台隐瞒信息。相反，主导型平台强调沟通、评估和监控的必要性，以建立长期的合作关系，从而减少中小企业在供应链融资中的违约风险。平台还一致认为，政府的政策支持对于平台的早期发展至关重要，因为这种政策可以帮助平台拓宽利益相关者的参与。

4. 供应链金融流程管理

管理供应链金融流程能力是指平台在其供应链金融服务中有效安排业务流程和减轻相关风险的程度。供应链金融流程包含财务流程和供应链操作流程。财务流程包括一系列与协调供应链金融参与者之间金融交易有关的活动，从而使供应链金融服务流程标准化。而供应链操作流程则包括生产和物流环节。研究发现，平台的金融流程管理能力依赖于对供应链金融服务专业化水平的把握，并体现在平台提高资本利用效率、控制贷前及贷后风险等方面。而对操作过程进行有效管理则取决于平台为客户提供综合性的供应链服务，如清关、仓储和库存管理、物流、结算以及信息服务等。由于支持性平台不直接参与实际的供应链活动，因此其主要聚焦于管理财务层面的供应链金融过程；相反地，领先平台通常具备较强大的规模经济优势，在管控整个运营过程方面表现出更高的能力水平。

4.3.3 形成以平台为中心的供应链金融生态系统

Bals[3]首次提出了供应链金融生态系统的概念，并构建了供应链金融生态系统的概念框架，确定了发起、实施和采用阶段作为供应链金融的完整生命周期。然而，该研究仅证明了供应链金融生态系统的必要性，未提供其发展路径指导。Gomes 等[14]研究了企业如何将商业模式转变为创造生态系统商业模式。他们认为该转型过程经历三个阶段：开放、整合与协调。在供应链金融背景下，根据附录 A 中表 A.2，在除平台 D 外的其他三个平台中，已验证了建立供应链金融平台生态系统过程中的供应链服务平台化、供应链金融平台化和供应链金融平台生态系统三个阶段。

在供应链服务平台化阶段，平台通过向包括中小企业在内的公司提供采购、分销和整合供应链服务，并进行 IT（information technology，信息技术）基础设施建设以支持供应链服务并从事供应链贸易。平台 A 和平台 C 还提供数字化解决方案，以提高企业的数字化程度。此阶段中，平台的重点是吸引更多的企业用户作为潜在的供应链金融客户群，并获取行业经验以熟悉行业运营。由于支持性平台不直接参与供应链活动，因此平台 D 没有经历过供应链服务平台化阶段。相反地，它们通过与重点企业密切合作来建立联系并吸引潜在的供应链金融用户。对于平台 C 而言，虽然它们自身不直接进行供应链交易，但却为企业提供了在线交易渠道，并为其平台吸引了大量企业用户。

一旦平台吸引了足够数量的用户，他们将纳入供应链服务中，持续扩大客户群体，并重点关注中小企业，这是确保供应链金融业务充足的主要资金来源。随着供应链金融规模的增长，平台需要与多家金融机构展开初步合作，以确保资金供给并共同管理风险。例如，平台 A 和平台 C 鼓励银行直接参与供应链金融服务，为中小企业提供财务支持。此外，银行还与保险及担保公司合作，通过加强供应链金融服务的风险控制，以减少自身风险。

在供应链金融平台化阶段，对银行金融资源进行整合至关重要。随着供应链金融交易量的增长，平台可能难以用自有资金覆盖市场。最初，平台 B 利用自身资本为其供应链金融服务提供资金支持，而银行则仅面向该平台提供贷款，并非直接面向中小企业。这导致大量资本被分配给了供应链金融服务，随即引发流动性问题。同样，平台 D 也面临银行金融资源整合的挑战。尽管多家银行同意为该平台的供应链金融产品提供贴现服务，但它们对该产品缺乏充分了解，并将其运用于完成中央政府强制性的普惠融资要求上。由于平台 D 未经历过供应链服务平台化阶段，重点企业迫使中小企业用户采用该产品，从而降低了它们的融资率并使得平台 D 无法盈利。

第三阶段中，建立供应链金融平台生态系统，发展全面的网络，战略性地协调供应链金融合作伙伴之间的资源，以确保高效且风险可控的供应链金融服务。政府机构积极参与这一阶段，并为平台背书，从而加强平台、银行和重点企业之间的协作。平台 A 和平台 C 成功将业务与金融资源整合到网络中，并与政府机构、银行和重点企业合作，实现资源高效利用，保持持续盈利。

为了解决供应链金融平台化阶段的流动性问题，平台 B 积极寻求地方政府的支持，并成功利用政府资本注入来应对这一挑战。借助其供应链服务提供商的专业知识，平台 B 与地方政府合作开发本地化平台，充分整合当地的业务资源和财务资源，并得到相应的政策支持。当地企业通过建立多个本地化的供应链金融平台生态系统，能够优化其供应链运营。

同样，平台 D 积极与政府机构合作，建立与银行和重点企业之间的沟通渠道，以提高对该平台供应链金融产品的接受度。此外，平台 D 也很重视为中小企业用户提供解释和指导，帮助它们利用供应链金融产品优化流动性管理。因此，该平台有效协调了网络内部的业务资源和金融资本，并促进了供应链金融平台生态系统的发展。

4.3.4 组织间供应链金融网络

Gulati 等[10]指出，组织间网络可以通过覆盖范围、丰富性和可接受性三个维度来衡量。本章运用网络特征对平台供应链金融网络进行了全面分析。图 4.1 展示了平台供应链金融网络的整体结构。供应链金融网络特征随着供应链金融生态系统的演化而变化。附录 A 中表 A.3 呈现了不同阶段供应链金融平台化导致供应链网络特征的变化。

第一，拓展网络覆盖范围是至关重要的。通过数字化技术，平台能够将供应链金融网络拓展到本地以外，并与各界合作伙伴共同提供供应链金融服务。平台积极与银行、重点企业、中小企业以及政府、保险和担保公司等非传统参与者进行互动，推动供应链金融的实施。在供应链服务平台化过程中，为保证后续供应链金融主要目标客户（重点企业和中小企业）的数量，平台必须加强网络覆盖。尽管平台 D 未经历过供应链服务平台化阶段，但在随后的供应链金融平台化阶段，它们优先考虑扩展网络覆盖以连接大量中小企业客户。

在供应链金融平台化阶段，随着越来越多银行和金融机构被纳入供应链金融体系，其所涵盖的网络范围逐渐扩大。进入第三阶段后，平台内部包含了更加多元化的合作伙伴关系，在此背景下也使得整个网络覆盖面积得到提升。然而，在这个发展阶段中必须确保网络拓展与实际服务能力相匹配。因此，为了充分利用资源，在不断拓宽供应链金融网络以及加强现有合作关系之间须取得良好平衡。

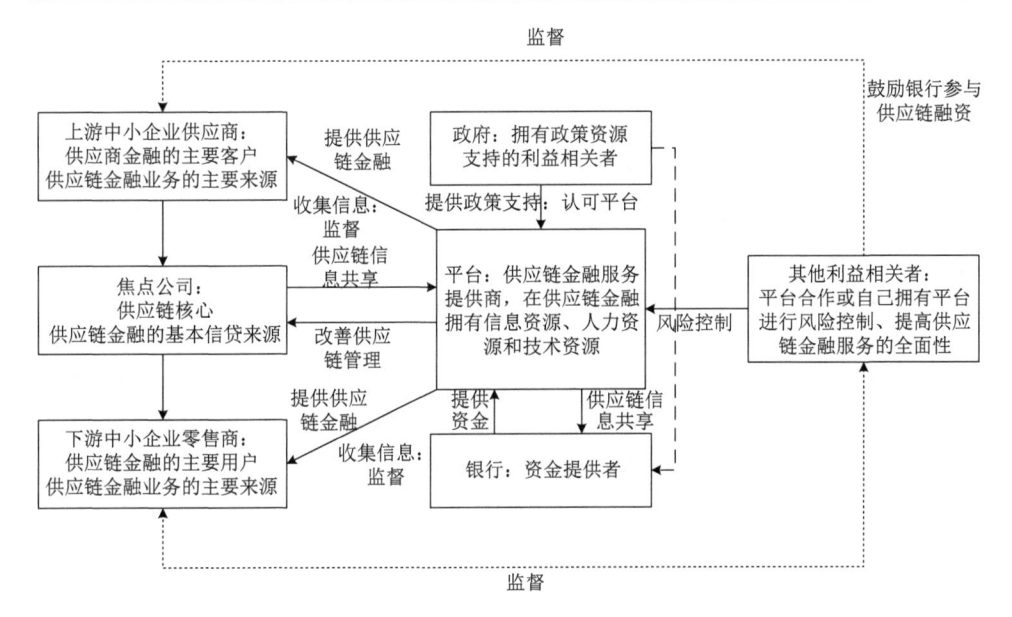

图 4.1 平台供应链金融网络的整体结构

第二，丰富性是指供应链金融平台可获取的网络资源所具备的内在潜在价值。该平台有效整合了供应链金融网络中各种资源，这在供应链金融平台化阶段起着至关重要的作用。为提供供应链金融服务，该平台倾向于与银行建立初步合作，并将自身信息和业务资源与银行的金融资源进行整合，探索机会以创造双方共同的价值。较高的网络丰富性表明金融机构愿意积极参与该平台的供应链金融计划，其参与可以缓解资金压力并确保客户的充分支持。随着政府机构等更多合作伙伴加入到不断发展中的供应链金融平台生态系统，并将政策资源整合到网络中，网络丰富性也随之提高。

第三，在供应链金融平台生态系统阶段，平台注重网络可接受性，以确保网络内综合资源的充分利用。另外，建立互信关系对于网络伙伴之间至关重要。例如，中小企业依赖于平台提供高效且优质的供应链金融服务；银行则依赖于安全高效地共享融资相关信息和相应风险控制；而重点企业则寄希望于平台优化供应链管理。为了提升网络可接受性，平台还通过加强与银行和重点企业的长期合作关系来增进其对供应链金融在业务扩展（对银行而言）和供应链管理（对重点企业而言）方面的认知，并提高合作伙伴对供应链金融伙伴关系的承诺意愿。此外，多样化反映了平台与银行及重点企业之间在组织和个人层面的互动频繁程度。政府支持有助于平台获取银行和重点企业的信任，推广其供应链金融产品，从而提升网络可接受性。

4.4 研究结论

本节主要解释了跨案例分析中各结构之间的关系,包括供应链金融平台化的前因、供应链金融平台化能力、组织间网络和供应链金融平台化阶段。图 4.2 呈现了一个基于组织间网络理论的供应链金融平台生态系统平台框架,其中 P 字开头的符号代表了推动力。我们提出了三组假设,确定了由不同供应链金融利益相关者需求驱动的供应链金融平台化能力发展。供应链金融平台化能力导致网络特征改善,随着供应链金融平台生态系统发展,组织间网络特征也会变化。供应链金融平台化阶段经历了三个不同阶段:供应链服务平台化、供应链金融平台化和供应链金融平台生态系统。研究结果表明,该生态系统的优化形成了综合性的供应链金融网络,并且在整个开发过程中优先考虑到不同方面的网络特征。

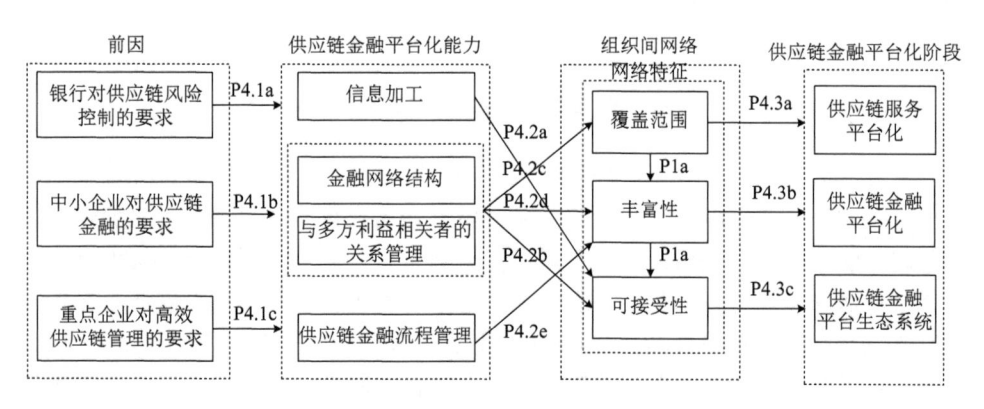

图 4.2 供应链金融生平台态系统平台框架

4.4.1 前因与供应链金融平台化能力之间的关系

我们发现,供应链金融平台化能力是由各利益相关方需求所推动的。银行加强了供应链金融风险控制,从而提升了平台的信息加工能力以及与多方利益相关者的关系管理水平。例如,平台 C 强调为了获取银行对供应链金融项目的支持,必须确保中小企业获取的交易和运营信息与银行进行有效共享,以减少供应链金融中存在的信息不对称等问题。同样,平台 A 则着重通过严格违约处罚和及时还款来加强中小企业违约风险管理,并满足银行对供应链金融风险可控性的要求。

重点企业对供应链有效性的改进需求可以推动关系管理,提升供应链金融流程管理能力。例如,平台 C 和平台 D 与上游中小企业保持合作关系,使它们能够利用供应链金融缩短应收账款回收期,并在此期间避免资金成本提高。当中小企业的资金成本降低时,它们在向重点企业提供货物的同时提供更低报价,从而降低焦点公司采购成本。此外,平台 A 还提高了专业化的供应链金融流程管理能力,并提供增值服务(如物流和仓储等)以满足重点企业高效的需求。

此外,中小企业对获得可负担金融资源的需求也推动了供应链金融平台的能力,如金融网络结构和与多方利益相关者的关系管理。为确保更多非本地供应商对供应链金融服务的充分利用,平台倾向于提高数字化水平,以改善其内部供应链金融服务之间的互联性。基于上述讨论,我们提出以下命题。

命题 4.1a 银行对加强供应链金融风险控制的需求推动了平台在信息加工和多方利益相关者的关系管理能力方面的发展。

命题 4.1b 中小企业对供应链金融的需求促使了平台金融网络结构的发展和多方利益相关者的关系管理能力的提升。

命题 4.1c 重点企业对提高供应链效率的要求推动了平台多方利益相关者的关系管理的发展以及供应链金融流程管理能力的提升。

4.4.2 供应链金融平台化能力与网络特征的关系

我们发现,平台可以利用其供应链金融平台化能力来构建供应链金融网络,并在覆盖范围、丰富性和可接受性方面发展网络特征。

1. 供应链金融平台化能力和网络可接受性

研究发现,平台的信息加工能力使得供应链金融业务能够对信息进行全面收集,并有效与相关方(如银行)共享。这有助于减少银行的信息不对称和由此引起的重复质押和空头质押风险,从而提高银行对平台的信任程度。

平台关系管理能力有助于推动重点企业和银行高层管理人员对供应链金融伙伴关系的承诺。通过与各方分享专业的供应链金融知识和对供应链金融概念的理解,促进了平台间建立共同的愿景。利益相关者对供应链金融更加深入的理解,可以帮助其感知潜在利益,从而保证了对供应链金融伙伴关系的承诺。此外,与政府合作(如股权参与)可以提升平台信任度,并增强银行对平台供应链金融合作伙伴关系的承诺。

网络结构和关系管理能力也增加了丰富性。在组织间层面,每个平台的受访者都强调了平台部门与供应链金融业务中关键部门之间频繁沟通的重要性,如重点企业的财务和供应链部门以及银行的互联网金融部门。在人际关系层面上,平台都表示高层管理人员与银行和重点企业主要管理人员进行了紧密沟通,分享了对供应链金融业务的观点。基于以上讨论提出以下命题。

命题 4.2a 信息加工能力强大的平台提升供应链金融参与者之间的互信,进一步增加了供应链金融网络的可接受性。

命题 4.2b 具备网络结构和关系管理能力的平台可以提高供应链金融网络的可接受性，增强利益相关者对供应链金融伙伴关系的承诺以及网络丰富性。

2. 供应链金融平台化能力和网络覆盖范围

研究发现，金融网络结构对供应链金融的数字化和潜在合作伙伴的吸引力提出了要求，以便平台能够与中小企业及银行等合作伙伴建立联系，从而扩大供应链金融网络的覆盖范围。同时，关系管理能力扩展了平台的覆盖范围，并为更多中小企业提供远程服务。健康的合作关系有助于重点企业、中小企业供应商或零售商参与其中。通过平台 D 可以观察到 Y 产品在供应链中的流通，进一步拓宽了反向保理业务涵盖多层次供应链的距离。基于以上讨论，我们提出以下命题。

命题 4.2c 具备网络结构和关系管理能力的平台更有可能与利益相关者建立协作关系，从而使得该平台能够在供应链金融领域找到适合的合作伙伴，并提高供应链金融网络的覆盖范围。

3. 供应链金融平台化能力和网络丰富性

网络结构和关系管理能力不仅对网络覆盖范围产生影响，还能增加供应链金融网络的丰富性。Gulati 等[10]认为丰富性来源于可用网络资源的价值，这与资源的数量和质量相关。研究发现了平台在协调供应链金融服务中扮演资源提供者的角色，支持替代供应链金融提供者充当供应链协调者的观点。然而，先前的研究指出平台协调在弥合中小企业与银行之间差距方面起到作用，并发现平台协调具有更广泛的范围；平台协调依赖于其网络结构和关系管理能力，并且也取决于其供应链金融流程管理能力。

通过优化网络结构、加强关系管理和提升供应链金融流程管理能力，平台可以更有效地协调供应链金融中的基本资源，为参与供应链金融的各方创造协同效应。平台 A 的案例表明，该平台成功实现了低风险（银行和平台）、高效率（重点企业和中小企业）以及价格合理（中小企业）的供应链金融服务。此外，供应链金融被视为中国一项具有创新性质的金融措施，并能够促进地方政府在政治层面上取得成就。在此基础上，我们提出了以下命题。

命题 4.2d 具备网络结构和关系管理能力的平台对利益相关者资源有更深入的洞察，通过协调供应链金融中的资源，为各方创造互惠合作和协同效应，从而提高供应链金融网络的丰富性。

命题 4.2e 具备供应链金融流程管理能力的平台可在供应链金融操作层面提供更具竞争力的资源，增强其为多个供应链金融参与者创造协同效应的能力，进而提高供应链金融网络的丰富性。

4.4.3 网络特征及供应链金融平台化阶段

Gomes 等[14]认为，开放商业模式向生态商业模式的转变通常会经历开放、整合和协调三个阶段。在供应链金融背景下，供应链金融生态系统的形成始于供应链服务平台化。在这一阶段，平台的关注点不再是开放，而是提高供应链金融网络的覆盖范围，包括大量中小企业平台用户，它们是提供供应链金融服务的主要业务来源。所有平台均将盈利能力建立在供应链金融业务量之上。一般来说，许多中小企业都能够获取到供应链金融服务，其中每家企业所需资金相对较少。它们需要足够数量的中小企业客户接受其提供的供应链金融服务以保证其盈利，并实现可持续增长。

在供应链金融平台化阶段，平台向中小企业用户提供供应链金融服务，并成为网络资源的整合者，注重增强网络的丰富性。平台旨在整合信息资源、业务资源、人力资源和银行财务资源，在供应链金融计划中探索合作机会。为缓解因向用户提供金融支持而带来的资金压力，平台必须有效整合银行的金融资源。较低的网络丰富性则可能导致供应链金融因资金不足而失败。因此，平台需要高度依赖自身资本以维持供应链金融计划。过大的资金压力将严重影响其日常运营，并最终导致供应链金融平台化失败（如平台 B 案例）。

供应链金融平台生态系统是成功实现供应链金融平台化的结果。该平台整合并协调网络资源，以确保合作伙伴之间的有效分配。Choi 等[5]的研究结果也表明，政府机构在引导经济政策方面发挥重要作用。为了增强网络可接受性，该平台与政府机构紧密合作，以获取优惠的政策支持。此外，研究发现，在支持平台向各银行和重点企业介绍其供应链金融产品并加强与其他平台合作承诺方面，政府可以通过股权参与（平台 A 和平台 C）来提供机会。

本节讨论了 Gulati 等[10]提到的供应链金融网络三个特征之间的顺序关系，将广泛的网络覆盖范围视为供应链金融网络发展的首要基础，阐明了平台 A、平台 B、平台 C 对银行合作的促进机制；而由于覆盖范围有限，平台 D 难以在供应链金融中得到银行的支持。银行认为足够数量的中小企业平台用户可以确保未来供应链金融业务规模，银行也可借助收入结构转变和实现普惠融资目标的方式，从大规模供应链金融运营中受益。

研究还发现，网络丰富性对于提高网络可接受性（即有效利用这些资源的能力）至关重要。例如，平台 A 和平台 C 整合了技术、信息、业务与人力资源，并与银行建立信任，使其相信供应链金融项目的稳定性和低风险。平台 D 还强调，银行对供应链金融伙伴关系的承诺取决于供应链金融项目的潜在价值。基于上述讨论和跨案例研究发现，我们提出了以下命题。

命题 4.3a 在供应链服务平台化阶段中，平台通常注重拓展网络覆盖范围，以确保网络中涵盖足够数量的中小企业用户，从而保证后续供应链金融服务的业务规模。

命题 4.3b　在供应链金融平台化阶段中，平台更加注重网络丰富性的发展，以整合网络内充足的金融资源。

命题 4.3c　在供应链金融平台生态系统阶段中，平台倾向于优先考虑网络可接受性，并在网络中充当协调者，战略性地将网络资源分配给有需要的合作伙伴。

命题 4.3d　供应链金融网络特征在网络覆盖范围、丰富性和可接受性之间呈现出有序的因果关系，其中网络覆盖范围是丰富性的基础，网络丰富性是可接受性发展的前提。

4.5　本章小结

本章采用多案例研究方法，探讨了中国四个平台的供应链金融项目。研究聚焦于中国新兴的供应链金融提供商平台所实施的供应链金融实践，并解释了该平台的供应链金融能力对于供应链金融网络特征产生何种影响，该平台如何发展供应链金融生态系统，以及在不同阶段下所呈现出来的供应链金融网络特征变化。

就第三方供应链金融平台而言，初始阶段通常涉及供应链服务平台化，这些平台主要向用户提供综合供应链服务。第二阶段包括供应链金融平台化，整合网络内不同合作方的资源，该平台发挥资源整合的作用。最后阶段需要建立供应链金融平台生态系统，在此生态系统中，该平台进行资源协调以促进整个网络实现资源高效利用。

供应链金融能力包括信息加工、金融网络结构、与多方利益相关者的关系管理和供应链金融流程管理。信息加工能力涵盖信息获取、分析和共享，以增强网络接受能力。同时，通过优化金融网络结构和协调利益相关者关系管理，可提高网络覆盖范围、丰富性和可接受性。此外，高效的供应链金融流程管理还需考虑财务流程和供应链操作流程两方面因素，以促进网络丰富性的提升。

研究采用了组织间网络理论，这是将该理论扩展到金融供应链管理领域的开创性尝试。此外，研究还发现了一种新的网络特征之间的关系，即供应链金融网络特征在网络覆盖范围、丰富性和可接受性之间呈现出有序的因果关系，其中网络覆盖范围是丰富性的基础，网络丰富性是可接受性发展的前提。

研究考察了每个利益相关者在供应链金融解决方案中的作用，并明确了第三方供应链金融平台在市场中的地位。过去的供应链金融研究普遍认为银行是不可或缺的服务提供商[15,16]。然而，与 Silvestro 和 Lustrato[15]的观点不同，本章否定了银行在资金方面起到协调作用的观点，并强调平台与银行共同控制着风险。另外，在中国供应链金融市场中存在着更加专业化的分工；各利益相关者倾向于相互合作的同时，还专注于自身在该领域内的地位。

　　本章对供应链金融平台、重点企业、中小企业和银行的管理具有重要贡献。本章提出的概念框架为不同利益相关者参与供应链金融提供了指导。在建立供应链金融网络和生态系统的平台时，可以从案例平台实践中学习经验。通过该框架，平台能够认识到构建供应链金融网络的重要性，并学习如何高效地利用供应链金融能力来构建这一网络，进一步推动其发展。此外，考虑到供应链金融服务所需的专业性，我们建议银行加强与平台的合作以提高市场参与度和竞争力。最后，在政府层面，本章有助于其认识到平台在供应链金融中的重要性，并推动政府制定相关的优惠政策。

参 考 文 献

[1] Caniato F, Henke M, Zsidisin G A. Supply chain finance: historical foundations, current research, future developments. Journal of Purchasing and Supply Management, 2019, 25(2): 99-104.

[2] Wuttke D A, Blome C, Foerstl K, et al. Managing the innovation adoption of supply chain finance: empirical evidence from six European case studies. Journal of Business Logistics, 2013, 34(2): 148-166.

[3] Bals C. Toward a supply chain finance (SCF) ecosystem–proposing a framework and agenda for future research. Journal of Purchasing and Supply Management, 2019, 25(2): 105-117.

[4] Jia F, Blome C, Sun H, et al. Towards an integrated conceptual framework of supply chain finance: an information processing perspective. International Journal of Production Economics, 2020, 219: 18-30.

[5] Choi T Y, Hofmann E, Templar S, et al. The supply chain financing ecosystem: early responses during the COVID-19 crisis. Journal of Purchasing and Supply Management, 2023, 29(4): 100836.

[6] Song H, Li M Y, Yu K K. Big data analytics in digital platforms: how do financial service providers customise supply chain finance?. International Journal of Operations & Production Management, 2021, 41(4): 410-435.

[7] Hofmann E. Supply chain finance: some conceptual insights//Lasch R, Janker C G. Logistik Management-Innovative Logistikkonzepte. Wiesbaden: Deutscher Universitätsverlag, 2005, 16: 203-214.

[8] Alora A, Barua M K. Barrier analysis of supply chain finance adoption in manufacturing companies. Benchmarking: An International Journal, 2019, 26(7): 2122-2145.

[9] Dekkers R, de Boer R, Gelsomino L M, et al. Evaluating theoretical conceptualisations for supply chain and finance integration: a Scottish focus group. International Journal of Production Economics, 2020, 220: 107451.

[10] Gulati R, Lavie D, Madhavan R. How do networks matter? The performance effects of interorganizational networks. Research in Organizational Behavior, 2011, 31: 207-224.

[11] Chen S H, Du J Z, He W, et al. Supply chain finance platform evaluation based on acceptability analysis. International Journal of Production Economics, 2022, 243: 108350.

[12] Blackman I D, Holland C P, Westcott T. Motorola's global financial supply chain strategy. Supply Chain Management: An International Journal, 2013, 18(2): 132-147.

[13] Eisenhardt K M. Building theories from case study research. The Academy of Management Review, 1989, 14(4): 532-550.

[14] Gomes K R R, Perera H N, Thibbotuwawa A, et al. Comparative analysis of lean and agile supply chain strategies for effective vaccine distribution in pandemics: a case study of COVID-19 in a densely populated developing region. Supply Chain Analytics, 2023, 3: 100022.

[15] Silvestro R, Lustrato P. Integrating financial and physical supply chains: the role of banks in enabling supply chain integration. International Journal of Operations & Production Management, 2014, 34(3): 298-324.

[16] Chen X F, Cai G G, Song J S. The cash flow advantages of 3PLs as supply chain orchestrators. Manufacturing & Service Operations Management, 2019, 21(2): 435-451.

第 5 章　中小企业供应链平台数字化
——基于案例研究方法

本书在 2.2.2 节中详细介绍了数字化在供应链金融领域的作用，并在 2.3.1 节中进一步总结了数字化供应链金融是未来重要的发展趋势。同时，在第 4 章讨论供应链金融平台化能力时，我们发现信息处理能力中的三个维度对于数字技术应用均具有不同程度的依赖。可以说当前的供应链运营模式与数字技术密切相关，通过充分利用数字技术优势解决根深蒂固的信息不对称问题，提高整体金融供应链透明度，从而提升供应链金融服务效果。基于此，在第 4 章基础上，本章进一步探讨了如何通过区块链技术实现供应链平台数字化，并最终使其得到广泛接受，以提供有效的供应链金融服务。

5.1　区块链在供应链金融中的应用

经过数十年的发展，供应链金融已被证明是帮助中小企业获得融资的有效金融工具，从而促进整个供应链的稳定，并有效支持实体经济[1]。中国作为世界第二大经济体，认识到供应链金融在促进中小企业健康发展中的重要性，已对此给予高度重视。然而，中国的供应链金融市场仍处于初级阶段，服务提供商面临众多迫切挑战。例如，供应链金融中的监管不足导致中小企业出现道德风险（违约和欺诈）[2]；而对焦点公司信用的分拆困难使得高层次的中小企业无法使用供应链金融，限制了供应链金融在优化整个供应链金融流动方面的效率。

应对这些挑战需要整合供应链金融利益相关者之间的信息，而区块链为实现这一目标提供了有效途径。区块链是一种开放的分布式账本，具有去中心化存储系统和不可篡改性，旨在提升商业网络中的可见性、透明性、可追溯性和安全性[3]。供应链金融研究表明，基于区块链的解决方案能够显著优化传统的供应链金融流程[4]。例如，Rijanto[5]确认其应用能够通过自动化解决方案、智能合约、透明性和安全性增强供应链金融服务的效率。在实际应用中，Magcloud Digital（中国前 100 大区块链金融科技公司之一）及其他供应链金融平台优先整合区块链技术，以加强价值创造和促进供应链金融中的价值获取[6]。然而，现有关于区块链在供应链金融中应用的研究主要以概念研究为主，缺乏实证证据来证明区块链对供应链金融运营的影响[7]。

在中国，供应链金融的发展已进入平台化阶段；供应链金融平台作为独立服务提供商和技术服务提供商，旨在改善供应链金融中四种流动的协调[8]。本书将供应链金融平台定义为一种独立于焦点公司和中小企业的替代服务提供商。它构建了一个多方网络，连接供应商、买方、金融机构和第三方服务提供商等多个独立参与者。该平台旨在通过提供融资解决方案、信用风险评估和供应链优化等多样化增值服务，提升焦点公司和中小企业的融资能力，提高流动性，优化运营效率。它还通过先进的技术手段实现信息透明和风险管理。

作为服务提供商，供应链金融平台强调对其服务绩效进行合理测量的重要性，以便未来进行服务改进。然而，现有研究主要集中在供应链金融采纳者的视角上，只有 Chen 等 [9]从供应链金融提供商的角度进行了相关研究。此外，尽管关于区块链在供应链金融中应用的文献不断增多，但大多数研究集中在探索采纳的动机和障碍[10]、采纳机制[2]和风险管理[11]方面。因此，平台的区块链采纳与供应链金融绩效之间的关系尚不清晰，区块链如何贡献于提升供应链金融服务绩效也缺乏明确性。这种模糊性可能会阻碍平台扩大区块链在供应链金融中的使用意愿和承诺。

本章应用信息处理理论探讨区块链改善供应链金融服务绩效的机制。Jia 等 [12]首次概念性地应用信息处理理论阐明了供应链金融提供商的信息处理需求与能力之间的对齐如何促进供应链金融能力的发展，从而有助于金融供应链整合。在此基础上，Yu 等[13]进一步从信息处理的角度探讨了大数据在供应链金融中的应用，展示了分析新兴技术（如区块链）在供应链金融中应用影响的可行性。然而，前者在本质上是概念性的，后者则专注于大数据在供应链金融中的采纳效果。本章从信息处理的视角，理解供应链金融平台如何利用区块链技术提升服务绩效。我们针对在中国市场运营并提供基于区块链的供应链金融服务的第三方平台进行多案例研究。本章的目标是回答以下问题：

（1）平台在供应链金融中面临哪些不确定性？

（2）平台如何衡量其供应链金融服务绩效？

（3）平台如何通过应用区块链技术应对不确定性并提升供应链金融服务绩效？

5.2 研究方法

本章旨在进行一个情境化解释的案例研究。情境化解释是一种结合因果机制与情境条件的方法，通过解释性重述与情境化来理解社会现象。这一方法强调在特定情境中的应用和验证，通过对实证数据的详细分析来细化和扩展现有理论。根据对现有文献的梳理发现，目前关于供应链金融区块链应用的研究从平台视角出发仍不成熟。通过检查平台实施的供应链金融项目，本章旨在探讨平台如何采用区块链以实现更好的服务绩效。通过对过往的文献进行归纳总结，我们发现第三方供应链金融提供者的研究仍处于初级阶段，而供应链金融区块链采纳、供应链金融信息处理需求与能力以及服务绩效等概念在现有文献中鲜有提及。因此，本章旨在探讨区块链采纳与供应链金融服务绩效之间的关系，并采用信息处理理论作为理论支撑。

5.2.1 案例选择

随着中国供应链金融全面步入平台化阶段，近些年关于中国供应链金融的研究呼吁对第三方平台进行深度调研。由于银行 A 与多个第三方平台的合作以及对本章研究的大力支持，银行 A 的第三方平台合作伙伴被选为样本池。银行 A 是中国主要积极参与供应链金融创新发展的主要银行之一，其注重与三方供应链金融平台的深度合作，重视数字技术在供应链金融中的应用，从而提高供应链金融的服务整体服务水平。

分析单元为由第三方平台发起的供应链金融项目。第三方供应链金融平台应独立于任何参与者，包括银行、焦点公司和中小企业。案例选择基于目的抽样，旨在增强对选定个体或群体经验的理解，或用于理论和概念的发展。案例平台选择遵循以下标准：

（1）必须是独立的第三方平台。

（2）在供应链金融运营中采用区块链技术。

根据上述标准，最初接触了六个平台进行数据收集；通过对其运营人员进行初步访谈后，排除了其中两家平台，因为发现这两家平台在区块链采纳程度上较为初步或仅处于概念阶段，并未对本章研究做出贡献。首先全面审查了银行 A 合作伙伴提供的各行业运营简介；然而，由于本章范围限制无法覆盖所有行业类型。因此我们将这些平台划分为国有和私营实体，并且它们主要专注于向上游（焦点公司）和下游（中小企业）提供供应链金融服务。最终从中选取四个具有多样性和可比性特点以确保样本多样化，并进行对比分析的案例平台（A、B、C 和 D）。

5.2.2 数据收集与分析

为了获得数据的丰富性和可靠性，本章采用多种数据收集方法，包括访谈、文献回顾和文档分析。选择访谈作为主要的数据来源，与平台的关键决策者进行深入访谈，以获得对平台背景、区块链技术应用及其在供应链金融中影响的深刻理解。参与者主要包括平台的创始人、CEO 和技术负责人。为确保数据的可靠性和一致性，访谈设计采用半结构化的方式，提前准备问题，并根据访谈过程的进展灵活调整，以探讨更深层次的问题。访谈的每一部分都围绕区块链应用在供应链金融服务中的作用及其对服务绩效的影响展开。具体的访谈信息见表 5.1。

表 5.1 四个案例平台的访谈信息

数据来源	访谈对象	第1轮访谈次数/次	第2轮访谈次数/次	总时长/分钟
平台 A	1 位董事长；3 位副总裁；1 位市场经理；2 位业务经理；1 位总经理（中小企业 A）；1 位运营经理（焦点公司 A）	4	7	540
平台 B	2 位财务经理；2 位业务经理；1 位运营经理；1 位风控经理；1 位财务经理（焦点公司 B）；1 位总经理（中小企业 B）	5	5	780
平台 C	1 位董事长；4 位副总裁；1 位市场经理；1 位财务经理（焦点公司 C）；1 位董事长（中小企业 C）	5	9	910
平台 D	1 位高级副总裁；1 位首席产品官；1 位首席技术官；3 位区域总经理；1 位项目经理；1 位财务经理（焦点公司 D）；1 位副总裁（中小企业 D）	4	9	990
银行 A	1 位行长；2 位产品经理	3	3	360
总计		21	33	3580

在文档分析方面，本章收集了与所选平台相关的背景材料，包括网站信息、公司报告及行业分析，以补充访谈数据。对这些文档的分析将有助于构建一个更加全面的案例背景，并通过进一步的对比，支持访谈数据的深入分析。

在分析方法方面，本章将采用编码和分类分析的方法，结合案例的背景和情境进行解释。分析过程包括以下几个步骤：初步编码（对访谈记录和文档进行初步分析与分类），然后提取关键主题，并将其与文献综述中提出的理论框架进行对比。

本章的案例分析采用了先进行案例内分析再进行跨案例分析的顺序。每个平台的高级管理人员收到案例内分析结果，并提供反馈，以增强分析结果的有效性并获得伦理批准。接下来，首席研究员与未参与数据收集过程的合著者反复讨论跨案例分析结果，以帮助研究者形成客观观点。

本章遵循理论阐述的重点。理论阐述是指在详细的实证分析基础上，基于现有一般理论对理论进行精炼和扩展的过程。本章旨在将信息处理理论中的一般理论见解引入供应链金融研究。在这一理论视角下，我们希望建立区块链采纳与供应链金融服务绩效之间的联系。

本章采用了溯因推理，这涉及从理论中演绎出分析框架，并从数据中归纳出图像，回溯推断分析框架和图像，有助于理论的发展。本章对现有文献进行回顾，通过综合阅读演绎总结理论构念。同时，由于供应链金融不确定性、区块链驱动的协调和控制机制及供应链金融服务绩效等概念尚未充分发展，理论也通过数据收集和分析进行归纳发展。我们通过不断地在实证数据、文献和理论框架之间往返，进行循环和迭代的逻辑推理，旨在精炼分析类别。

因此，本章采用了迭代开放的数据编码方法，关注文献综述中识别的构念以及与供应链金融不确定性、区块链驱动的协调和控制机制及供应链金融服务绩效相关的主要数据。例如，供应链金融不确定性被编码为任务特征、任务环境和任务相互依赖性[12]。基于主要数据，我们将区块链驱动的协调和控制机制编码为改善供应链金融可追溯性和提升供应链金融效率。供应链金融服务绩效最初源于Chen等[9]的研究，其识别了技术性、认知性和组织性三个方面。通过整合主要数据，我们省略了技术性和组织性的维度，同时将认知性因素扩展为关键供应链金融利益相关者（包括银行、中小企业和焦点公司）的接受度。

为了检验本章研究的质量，如表5.2所示，采用了四个有效性测试[14]。构建有效性通过收集多种证据来源得到保障，这些证据支持来自不同视角的二手文献和访谈数据。为了增强构建有效性，信息提供者审阅了数据分析结果并提供反馈，以确保分析的准确性。通过将模式与文献中开发的预测模式匹配来确保内部有效性。使用多个案例使发现结果的复制成为可能，从而提供外部有效性。采用案例研究协议并建立案例研究数据库确保研究的可靠性。同时，通过与两位在运营管理研究领域资深学者的迭代讨论，也确保了研究的可靠性。

表5.2 案例研究的四项设计策略

检测	在本研究中的应用
构建有效性	・通过半结构化访谈和次级数据收集数据，确保多来源证据 ・通过多个第三方平台的受访者，以及焦点公司、供应商和合作银行的受访者，形成了证据链 ・部分受访者已审阅了草拟结果并留下了意见
内部有效性	・结构化的数据编码与分析 ・基于证据链开发研究命题
外部有效性	・采用有目的的抽样方法 ・使用描述性数据 ・进行与平台合作的焦点公司现场访问 ・参与平台与其利益相关者（银行/保险公司/焦点公司/中小企业）之间的会议
可靠性	・使用案例研究协议，提供进行访谈和分析案例的指导 ・专为案例研究设计的数据库，包含访谈录音、现场笔记、企业内部报告和档案数据 ・与未参与访谈过程的资深学者进行反复讨论

5.3 案例内分析

在单案例分析中，我们总结了区块链在不同平台的供应链金融业务中的应用。此外，我们还描述了从第三方平台视角出发的区块链在供应链金融中的应用演变过程。在此基础上，我们总结了区块链在不同平台的供应链金融业务中的应用。

5.3.1 案例介绍

平台 A（私营）是中国领先的工业电子商务平台，专注于原油和聚丙烯等工业原材料的在线交易服务。平台 B（国有）是中国供应链管理服务领域的先锋力量，是最早提供全面供应链管理服务的企业之一。它们是两个下游供应链金融平台，主要提供库存融资和赊销服务。自 2020 年以来，这两个平台在供应链金融中引入了区块链技术，将其用于记录质押资产信息和货物所有权变更信息。

平台 C（私营）是建筑行业供应链金融实施的 B2B 电子商务领军平台之一。平台 D（国有）则是由多家国有企业联合设立的互联网供应链金融服务平台，利用多个焦点公司的资源优势，为上游多级供应商提供创新融资服务。这两个平台是上游供应链金融平台，主要提供应收账款融资（保理和反向保理）。区块链已被广泛集成到它们的供应链金融服务中，用于记录所有供应链交易信息，包括合同、发票、采购订单、交货单及付款凭证等。它们采用区块链技术以确保交易数据的可追溯性和与银行机构的信息共享的有效性。

5.3.2 区块链在中国供应链金融应用的三个演进阶段

我们在中国供应链金融应用中识别了区块链发展的三个阶段，强调了各阶段中平台的角色。

第一阶段：以试点测试和概念验证为特征（2016~2018 年）。

在这一阶段，区块链的主要应用之一是通过区块链实现应收账款融资。供应商可以将其应收账款放在区块链上，并将其作为质押或融资的资产，从而减轻财务压力。此阶段的区块链应用主要依赖于分布式账本技术，将交易信息、发票和合同数据上链，以增强透明度和可信度。在这一阶段，上游平台相对边缘化，仅提供基本服务和技术支持。下游平台在这一阶段几乎没有显著的区块链应用。

第二阶段：多方合作与平台化（2019~2020 年）。

在此期间，供应链金融平台逐步进入大规模应用阶段。区块链的应用不仅限于应收账款融资，还扩展到供应链的多个环节，如仓单质押和订单融资。金融机构、焦点公司、供应商、物流公司等共同参与，形成了一个完整的供应链生态系统。例如，基于区块链的融资产品通过平台将焦点公司、供应商和金融机构连接起来，使供应商可以基于焦点公司的信用获得融资。同时，区块链应用在供应链金融中走向平台化。区块链供应链金融平台不仅为企业提供融资服务，还整合了贸易融资、风险管理和物流信息追踪等多项功能。在此阶段，第三方上游平台开始出现。上游平台通过区块链帮助供应商，尤其是中小企业，通过应收账款融资和仓单质押等方式加快资金流转。下游分销商或零售商也在此阶段开始发挥作用。下游平台通过区块链简化采购和资金管理流程，帮助中小企业通过区块链平台获得金融支持。

第三阶段：政府推广与标准化（2021年至今）。

随着政府对区块链技术关注度的提升，政府政策逐渐成为区块链在供应链金融中广泛应用的推动力。中国政府通过政策发布和区块链发展战略的建立，促进了区块链在供应链金融中的大规模应用，旨在实现标准化和规范化。2021年，《"十四五"数字经济发展规划》明确提出要在供应链金融等关键领域推广区块链的创新应用。各级政府还出台了政策，鼓励企业探索区块链在金融领域的使用，并推动数字经济的发展。在此期间，区块链的应用更加成熟，特别是在多层级信用传递、资产数字化和供应链融资透明度提升等方面。中小企业通过供应链金融平台实现了融资渠道的多样化，显著提高了融资效率。为了促进区块链在供应链金融中的标准化应用，行业内合作与协作的趋势不断增强。例如，中国人民银行推动建立了区块链金融联盟，旨在为区块链在金融应用中的使用制定行业标准，进一步推动其实施。上游平台在复杂的多方协作中扮演着更重要的角色，通过区块链和大数据提供实时信用动态评估，帮助供应商获得更快的融资审批和更低的融资成本。下游平台进一步推动库存和资金的智能管理，帮助下游企业根据市场需求动态调整资金分配，实现供应链的端到端可追溯性，确保高效运营并将风险降至最低。

5.4　跨案例分析

5.4.1　供应链金融中的不确定性

根据Jia等[12]的研究，供应链金融提供者面临的供应链金融不确定性主要由三大因素驱动：任务特征、环境和相互依赖性。本章特别关注第三方平台，并重新定义每个因素内的组成部分，以确定平台在供应链金融中的不确定性。

1. 任务特征

关于任务特征，Tushman和Nadle[15]认为，任务的可预测性反映了与任务特征相关的不确定性。Jia等[12]提出，抵押品管理可以作为供应链金融可预测性的一个指标。这一观点得到了平台 B 的支持，该平台的供应链金融服务主要围绕库存融资展开。在这种情况下，平台 B 强调抵押品管理的重要性，因为这直接影响供应链金融运营中的不确定性。平台 B 的业务经理表示："在为下游中小企业提供库存融资时，我们的平台必须对整个仓储和配送过程中的库存管理进行全面控制。"

然而，平台指出，在库存融资中，抵押品管理才是重要的。在反向保理（平台 C 和平台 D）和预付款融资（平台 A）等服务中，平台强调发票管理的重要性，因为发票代表了供应链合作伙伴之间的交易关系。供应链发票可以代表真实的交易背景，良好的发票管理能够使平台更好地控制供应链交易活动及相关的商品、资金和信息流。

此外，平台还强调，熟悉行业对供应链金融任务的可预测性至关重要。除了平台 D 外，其他三个平台表示，它们往往在特定行业拥有多年的运营经验，以熟悉行业特征和供应链结构。例如，平台 A 为工业原材料行业提供交易服务，平台 B 为信息技术公司提供综合供应链管理服务，而平台 C 则为制造业供应链提供服务。对行业的熟悉程度直接影响供应链金融的不确定性。平台 B 的运营经理表示："平台的行业选择非常重要，深入了解行业至关重要。最初，我们为 IT 公司提供供应链金融服务，效果很好，因为我们在 IT 行业有超过十年的供应链管理经验。当我们决定扩大供应链金融服务的范围，进入我们不熟悉的行业时，我们经历了痛苦的失败和严重的损失，如石油、石化和造纸行业。"

2. 任务环境

任务环境的不确定性源于组织外部的参与者，这些参与者通常超出组织的控制范围[16,17]。Jia 等[12]发现，供应链环境如合作伙伴的信用相关因素和运营因素影响供应链金融。然而，Jia 等[12]仅关注与供应商相关的因素，并未提供对供应链金融中相关合作伙伴的全面分析。

平台声明其互联性特征，表明它们促进了多个利益相关者之间更广泛的联系。平台承认其供应链金融项目运作的复杂网络，涉及多样的网络合作伙伴，如银行、焦点公司、中小企业、政府以及其他功能性利益相关者，包括保险公司、物流服务提供商和技术服务提供商等。作为资源协调者，平台有效协调来自不同合作伙伴的资源并将其分配到需求领域。因此，多个利益相关者参与供应链金融导致网络复杂性的增加。

例如，平台可能在验证交易背景和审核供应链发票时面临挑战，因为参与其供应链金融服务的中小企业和焦点公司数量增加。此外，平台的合作银行在每个季度结束时仍可能面临资金短缺，从而给平台带来不确定性。A 银行的产品经理表示："在每个季度结束时，我们银行的贷款发放会受到中国人民银行和中国银行保险监督管理委员会的审查。如果我们银行达到这些机构施加的贷款限额，就无法继续提供贷款。"

在宏观环境方面，平台承认政治和自然因素可以增强供应链金融任务环境的不确定性。首先，关于政治因素，平台指出，国家财政政策的变化会影响平台的供应链金融运营。例如，实施去杠杆政策，平台 B 在 2018 年经历了显著的业务收缩，这导致银行信用额度的急剧减少，进而影响其供应链金融业务的整体结构。其次，关于自然因素，所有平台都强调新冠疫情对其运营的严重影响[18]。例如，平台 A 和平台 B 的中小企业客户中发生了贷款违约，尽管这些客户是合格的并与平台建立了长期关系。

3. 任务相互依赖性

任务相互依赖性的不确定性源于供应链金融实施在多方之间的依赖程度，这受到组织内和组织间协作的影响[12,13]。在组织内部的协作方面，平台似乎忽视了内部协作，而更关注组织间协作。本章研究发现，平台是专业的供应链金融服务提供商，主要目标是通过组织间协作和技术手段优化供应链金融服务，从而实现供应链金融利益相关者之间的有效协作和资源配置。相对而言，由于各部门在供应链金融实施目标上的初步一致，平台对内部协作的关注相对较低，表明不同平台部门之间的协调良好。平台 C 的副总裁表示："我们优先考虑外部关系管理，而不是复杂的内部组织结构和流程，这些结构和流程在我们平台建立时经过精心设计。"

至于组织间协作，与 Jia 等[12]和 Yu 等[13]的研究相比，本章注意到平台在供应链金融中的协作更加广泛。除了与供应链合作伙伴（如焦点公司和中小企业）合作外，平台还强调与银行和政府在供应链金融中的协作重要性。

在平台的供应链金融网络中，银行是其供应链金融项目的主要资本来源。通过与多家银行的战略合作，平台能够确保供应链金融中持续和充足的资金供应。例如，平台 A 承认，与银行的密切合作使他们能够在供应链金融运营中保持稳定的现金流。平台 A 的副总裁表示："我们平台采用轻资产模式；如果不依赖银行资本，满足客户的融资需求将面临重大挑战。"

另外，平台 B 最初利用自有资金提供供应链金融，但遇到了资本占用和随后的流动性约束问题。平台还强调与焦点公司和中小企业的合作重要性。焦点公司是主要的信用来源，而中小企业是供应链金融的主要用户。平台可以与焦点公司合作，以获取更多供应链信息，这对那些不直接参与供应链交易的平台尤其重要。例如，平台 C 和平台 D 在提供反向保理服务时，往往与焦点公司紧密合作，利用其信用并交换具体的供应链交易信息，以减轻供应链金融的不确定性。同样，参与供应链交易的平台 B 也确认了与焦点公司合作的必要性，以降低不确定性。平台 B 的财务经理表示:"如果焦点公司的分销商未能按规定时间提货,焦点公司将向我们保证回购商品或协助调整销售。"

关于中小企业,平台 A 和平台 B 提供的下游供应链金融服务(如信用销售或库存融资)强调有效沟通、全面评估和对中小企业的仔细监控,以确保其履行义务,从而减轻供应链金融中的违约风险。相比之下,对于主要提供反向保理服务并服务于上游供应链的平台 C 和平台 D,关系管理相对简单。这些平台持续监督融资中小企业与平台上焦点公司之间的整体供应链活动,使中小企业难以向平台隐瞒信息。

平台将政府视为重要的供应链金融网络伙伴。政府的干预政策,如税收优惠政策,可以为平台运营提供财务支持。政府可以支持平台并帮助其与其他重要网络伙伴(如银行和焦点公司)建立联系。近年来,中国政府越来越认识到供应链和供应链金融的重要性。多项政府报告已发布,以推动创新融资方式并增强对中小企业的金融支持。平台的供应链金融举措与政府规定相一致,政府在推动各平台初始发展中发挥了关键作用,提供了官方支持。因此,平台能够有效管理与涉及供应链金融活动的多个政府机构的关系。

5.4.2 区块链驱动的协调与控制机制

根据 Jia 等[12]的研究,建立协调和控制机制以及信息技术机制对于增强供应链金融提供者的信息处理能力至关重要。然而,该研究并未具体说明这些机制在供应链金融中的实施方式。本章的研究揭示,利用区块链技术可以通过提升可追溯性和效率来促进供应链金融中的协调与控制机制。

根据对平台进行的访谈,区块链增强的可追溯性能够提升透明度,减少供应链金融利益相关者之间的信息不对称,从而促进供应链金融中的控制机制。此外,区块链驱动的供应链金融效率提升能够改善信息流动,促进利益相关者之间的沟通,从而推动供应链金融中的协调机制。附录 B 中表 B.1 展示了区块链赋能的供应链金融平台协调与控制机制的比较。

1. 提升供应链金融可追溯性

基于区块链技术的供应链金融可追溯性被广泛认为是其最显著的优势之一。可追溯性意味着通过利用区块链,平台能够增强追踪与供应链金融服务相关的资金流动的能力[10]。这一优势在提供上游供应链金融服务的平台中尤为突出。在平台 C 和平台 D 的供应链金融项目中,来自焦点公司的批准发票在区块链平台上注册。在申请融资时,中小企业的交易信息会同步记录在区块链上,平台的合作金融机构获授权访问相关区块链信息。平台 D 的首席技术官表示:"我们的区块链系统记录完整的初始数据,并根据不同的时间戳维护所有数据修改的全面记录,提供数据的完整可追溯性。区块链技术的实施使得银行对我们的平台的信任从单维度上升到双维度,包括我们的平台和基础的区块链技术。通过利用区块链技术,我们能够实现供应链金融资金流的透明追踪,从而显著降低寻求银行服务的公司面临的信息障碍,并增强银行参与我们供应链金融项目的热情。"

在下游供应链金融服务中,更加强调利用区块链技术控制货物权利。平台强调必须将区块链与物联网等其他技术同时整合,以满足供应链金融的要求[19]。例如,在信贷销售物流服务中,平台 A 采用物联网技术验证货物权利和债权的转移。任何产权的变更均可通过平台安全记录在区块链上,从而避免未经授权的变更。同样,平台 B 也认识到区块链可以存储通过物联网系统收集的物流和仓储数据,确保在供应链金融服务过程中货物权利变更的可追溯性。

建立企业数字身份对于提升供应链金融的可追溯性至关重要。企业数字身份是指分配给每个企业的独特数字标识符,涵盖注册信息、认证数据和信用记录等元素,从而形成可靠的数字表示。通过利用企业数字身份,平台能够在交易前验证参与者的可信度,以降低欺诈行为的发生。平台 C 的副总裁强调:"企业的信用记录和交易历史等所有相关信息均可在区块链上追踪,确保透明度,增强可信度,降低在供应链金融中自担保等欺诈行为带来的风险。"

2. 提升供应链金融效率

平台利用区块链技术也展示了通过安全高效的数据共享及智能合约的采用来提高供应链金融效率的潜力。通过利用区块链技术,特定供应链交易的交易数据和应收账款/库存资产可以被加密与认证,从而确保信息的完整性。参与这些交易的利益相关者可以与平台互动,以访问分布式账本中存储的数据。

例如,在平台 B 的案例中,区块链技术的利用促进了通过物联网系统收集的物流和仓储数据与相关利益相关者之间的安全高效共享,从而减轻了信息不对称,增强了供应链金融各方之间的沟通效率。此外,平台 C 与银行合作建立了一个联盟链系统,其中参与的银行被授予权限,以直接访问从投标合同到收据发票的一系列信息。这种方法显著提高了供应链金融网络中的信息共享效率。

在供应链金融中实施智能合约可以通过减少人为错误、简化安全结算程序和简化供应链金融流程来提高效率。智能合约是具有预设条款和条件的软件自执行协议。一旦满足触发条件,智能合约会自动执行如发票验证、付款处理和接受确认等操作。这一自动化特性简化了融资申请和审批流程,同时最大限度地减少了人为干预的需求。因此,所有合同条款一旦满足预设条件便会无误地执行,从而消除了人为因素导致的错误或延误。

然而,智能合约的采用主要出现在上游供应链金融服务(如反向保理,平台 C 和平台 D)中,这些领域的可信度和高效付款确认具有重要价值。在这些情况下，智能合约能够自主执行付款条件，从而降低信用风险，提高操作效率。另外，平台 A 和平台 B 指出，像库存管理和预付款融资这样的下游供应链金融服务在实施智能合约时面临挑战。平台 A 的技术副总裁表示："我们的供应链金融业务涉及管理库存物品或预付款，这需要在物理物流与现金流之间达到高度同步，同时动态管理借贷物品。这种情境的复杂性使得通过简单应用智能合约来完全满足这些要求变得困难。"

5.4.3 平台在供应链金融项目中采用区块链的障碍

尽管区块链在改善供应链金融协调方面显示出巨大潜力，但平台强调了若干障碍，阻碍了其在供应链金融项目中的广泛采用。本章将这些障碍分为两类，即技术障碍和组织障碍。技术障碍源自区块链技术本身，包括技术不成熟和互操作性问题。组织障碍则来源于平台及其供应链金融合作伙伴，如利益相关者的低参与度和技术水平滞后。

1. 技术障碍

区块链本身具备不可篡改的特性，确保一旦记录的信息将保持原始状态。然而，区块链无法保证输入到其内部的信息的真实性（如发票和抵押物信息）。如果源信息是错误或不准确的，那么链上的信息仍然是不准确的。这意味着确保初始数据输入的真实性仍然是供应链金融面临的一个未解决的挑战。这对供应链金融平台的风险管理和决策有重大影响。平台 A 的技术副总裁指出，其供应链金融主要针对下游服务："尽管区块链本身具有不变性和透明性的优势，但这并不自动保证输入区块链的信息是真实的。换句话说，'垃圾进，垃圾出'的问题依然存在。如果供应链初始信息存在问题，如货物数量或质量，或交易的真实性，即使后续过程透明，结果也可能仍不理想。"

同样，平台 C 的副总裁也强调了源信息真实性的问题："问题在于，我们在链上的信息总是会遇到一些麻烦——所有信息都是由中小企业手动上传的，这意味着我们无法避免他们可能试图采取的任何隐蔽行为。因此，我们仍然需要依赖我们的员工知识，并通过严格的验证流程确保所有信息都能得到确认。"

第二个障碍是互操作性问题。供应链金融平台之间的区块链系统通常存在数据格式和标准的差异。这种多样性导致跨链信息交换的困难。信息的透明性和数据的准确性对供应链金融至关重要。如果不同平台之间无法实现标准化数据传输，就难以形成对整个供应链的统一和可信的视图。这不仅影响金融机构对企业信用的评估，还可能导致交易和结算的延迟。尤其对上游供应链金融平台来说，目前不同平台在其自身区块链系统中开发针对供应链付款的产品，但这些产品往往无法跨多个平台使用。此互操作性问题对于中小企业尤为具有挑战性。这些企业通常需要与多个供应链金融平台合作,以满足其多样化的融资需求。然而,由于每个平台使用不同的区块链技术和标准,中小企业不得不在每个平台上重复输入过程和数据,增加了操作复杂性和成本。

2. 组织障碍

除了技术本身,障碍还源于供应链金融合作伙伴内部的组织问题。供应链金融合作伙伴缺乏合作意愿是首要障碍。平台指出,区块链技术的有效应用需要供应链所有参与者的共同投入和合作。然而,中小企业,甚至一些大型焦点公司,对区块链技术的理解有限,对其潜在价值和回报持怀疑态度。因此,他们不愿意承担高昂的初期成本以采用和集成这一新技术。平台 C 的副总裁表示:"中小企业对区块链的好处知之甚少,甚至不太了解其基本功能。他们往往需要足够的教育,以明确为什么值得投入时间和金钱来采用区块链技术。这种怀疑使得与大型焦点公司进行对接和合作变得更加困难,导致我们的供应链金融项目延误。"

平台 D 还指出,供应链金融合作伙伴的技术水平往往滞后,这使得引入新技术的速度受到制约。区块链技术需要对现有流程进行重新审视,并可能要求对组织内部的技术基础设施进行投资。如果供应链金融合作伙伴未能迅速跟上技术进步的步伐,将无法有效利用区块链带来的好处。平台 D 的高级副总裁表示:"我们的供应链金融合作伙伴的技术基础设施往往已经过时,阻碍了快速采纳新技术的能力。这一滞后使得我们在实施基于区块链的供应链金融时面临挑战。"

5.4.4 供应链金融服务绩效

在现有的供应链金融文献中,"绩效"一词通常用来描述供应链金融的采纳在多大程度上能够提升中小企业的财务绩效或焦点公司的运营绩效[20]。然而,缺乏对供应链金融服务提供商绩效的评估,使得建立一个全面的基准变得困难。为了解决这一缺口,Chen 等[9]提出了一个框架,基于技术、认可和组织三个维度来评估供应链金融平台的绩效。技术维度评估供应链金融中技术应用水平,而认可维度则衡量客户对特定平台的接受程度,组织维度则描述平台的财务绩效。

在本案例研究中应用评估框架时,访谈者对这三个维度表示不同意见。首先,在技术维度上,平台往往将技术分为基础技术和新兴技术。基础技术指的是支持平台正常运营的结构,而新兴技术则是能够提升平台供应链金融业务的创新技术采纳。尽管他们承认技术采纳对供应链金融绩效的积极影响,但仅仅基于技术应用来评估供应链金融绩效被认为是不合理的,因为他们并不认为技术应用与优越的供应链金融绩效之间存在直接关系。例如,平台 A、平台 C 和平台 D 的访谈者认为,技术提高了有效的数据收集和传输,同时相对减少了供应链金融风险。然而,需要指出的是,技术应用对供应链金融绩效的积极影响在很大程度上依赖于被供应链金融主要利益相关者接受的良好设计的供应链金融商业模式。

关于组织维度的财务绩效，平台供应链金融服务的盈利能力显而易见。然而，将财务绩效视为供应链金融服务绩效的主要评估因素，对于第三方供应链金融平台，特别是在其扩张阶段（如平台 D），可能并不适合。所有平台都认为，盈利能力取决于供应链金融服务的范围和业务量。通常，供应链金融服务针对的是众多中小企业，每个企业的资本需求相对较小。因此，为了实现盈利，其供应链金融服务必须被足够数量的中小企业客户所接受。此外，关于 Chen 等[9]提到的认可措施，它们被视为客户对平台服务的接受程度的指标；更高的接受程度会导致供应链金融绩效的改善，这一观点在我们的研究结果中得到了支持。然而，在第三方发起的供应链金融背景下，扩展客户基础至关重要。

平台将供应链金融视为一种多边业务，这使得供应链金融服务绩效的测量变得极为复杂。仅仅基于某一方（中小企业）的接受度来评估供应链金融服务的绩效将会得出不完整的结果。为了全面评估供应链金融绩效，平台充分考虑其客户、供应链金融服务的质量，并通过评估银行、中小企业和焦点公司等各方利益相关者对平台的接受度来衡量平台供应链金融的绩效。因此，基于案例研究的归纳编码和 Chen 等[9]提出的发现，我们建议采用基于接受度的方法来评估平台供应链金融服务绩效。附录 B 中表 B.2 展示了基于主要供应链金融利益相关者接受度的平台供应链金融服务绩效衡量标准。

首先，从银行的角度来看，关于供应链金融服务有几个需要考虑的因素。一方面，他们希望吸引更多中小企业客户，以满足政府对融资和多元化商业模式的要求。然而，银行对于供应链金融服务的相关风险是否能够有效控制持有顾虑。因此，平台往往根据供应链金融服务中的风险可控性来评估银行对平台供应链金融的接受度。一旦风险得到良好管理，银行对供应链金融服务的接受度相应提高，表明平台基于供应链金融服务的强劲绩效。技术应用被认为是影响平台基于供应链金融服务风险可控性的关键因素。然而，由于提供的供应链金融服务内在属性的不同，以及平台 A 和平台 B 对中小企业运营的控制程度，中小企业对特定平台的依赖程度成为影响供应链金融风险管理能力的重要因素。对于平台 C 和平台 D 而言，与供应链金融相关的风险主要与他们合作的焦点公司所表现出的质量和承诺有关。

其次，各平台达成共识，即中小企业对供应链金融服务的接受度取决于这些服务在多大程度上能够有效解决流动性挑战。平台倾向于基于可负担性和可用性标准来评估中小企业的接受度。可负担性是指供应链金融服务的成本是否低于中小企业之前使用的融资服务的成本，而可用性则是指获得供应链金融服务的进入要求是否低于传统融资选项。

焦点公司对平台供应链金融服务的接受度则取决于对供应链效率的感知提

升，主要体现在供应链效率的改善和成本的降低上。平台 A 和平台 B 优先考虑运营成本的降低和效率的提升，而平台 C 和平台 D 则强调为焦点公司降低采购成本；这种区别源于为焦点公司提供的不同主要供应链金融服务。

本章所提出的基于接受度的方法来衡量供应链金融服务的绩效，也与 Cho 等[21]建议的评估服务供应链绩效的六个维度相一致。中小企业的接受度可以作为平台供应链金融服务灵活性的指标，使它们能够有效地访问服务而无须冗余的审批程序，从而真正对它们可用。此外，中小企业的接受度可以反映财务方面，因为接受平台供应链金融服务的中小企业数量越多，平台上供应链金融的业务量越大，这与供应链金融项目的盈利能力直接相关[22]。

银行的接受度可以反映供应链金融服务的创新，因为银行重视平台供应链金融服务的风险控制。技术创新通常能够提高各种供应链金融风险的可控性[2]。对于其他三个维度，所有利益相关者对平台供应链金融服务的接受度可以指示服务质量、竞争力和供应链金融中的资源利用情况。正如平台 A 的副总裁所指出的："我们基于用户的接受度来评估我们的服务绩效，因为只有通过提供超越竞争对手的高质量服务，这些公司才会选择我们的解决方案……作为服务提供商，我们在供应链金融中进行资源匹配。供应链公司选择使用我们的平台是因为它能够高效、有效地匹配它们的需求与平台上可用的适当资源，如来自银行的充足金融资源。类似地，银行选择与我们合作，因为我们能够将供应链信息和技术等资源对接，帮助它们在供应链金融中进行风险管理。"

5.5 讨 论

本节分析了跨案例分析中构念之间的关系，包括供应链金融中的不确定性、区块链驱动的协调与控制机制以及供应链金融服务绩效。提出了一个修订框架（图5.1），采用信息处理理论来回答研究问题。制定了两组命题，确定平台的供应链金融不确定性决定了供应链金融中的信息处理需求，而平台的信息处理能力依赖于区块链驱动的协调与控制机制。信息处理需求与能力之间的匹配最终会提升平台的供应链金融服务绩效。

5.5.1 供应链金融不确定性决定平台的信息处理需求

我们发现，供应链金融平台的信息处理需求由供应链金融服务中的不确定性决定，这些不确定性源于供应链金融任务特征、环境和相互依赖性[12]。

首先，与供应链金融任务特征相关的不确定性增加表明，平台在抵押品管理、发票管理和熟悉行业方面面临问题，从而提高了平台在供应链金融中的信息处理需求。

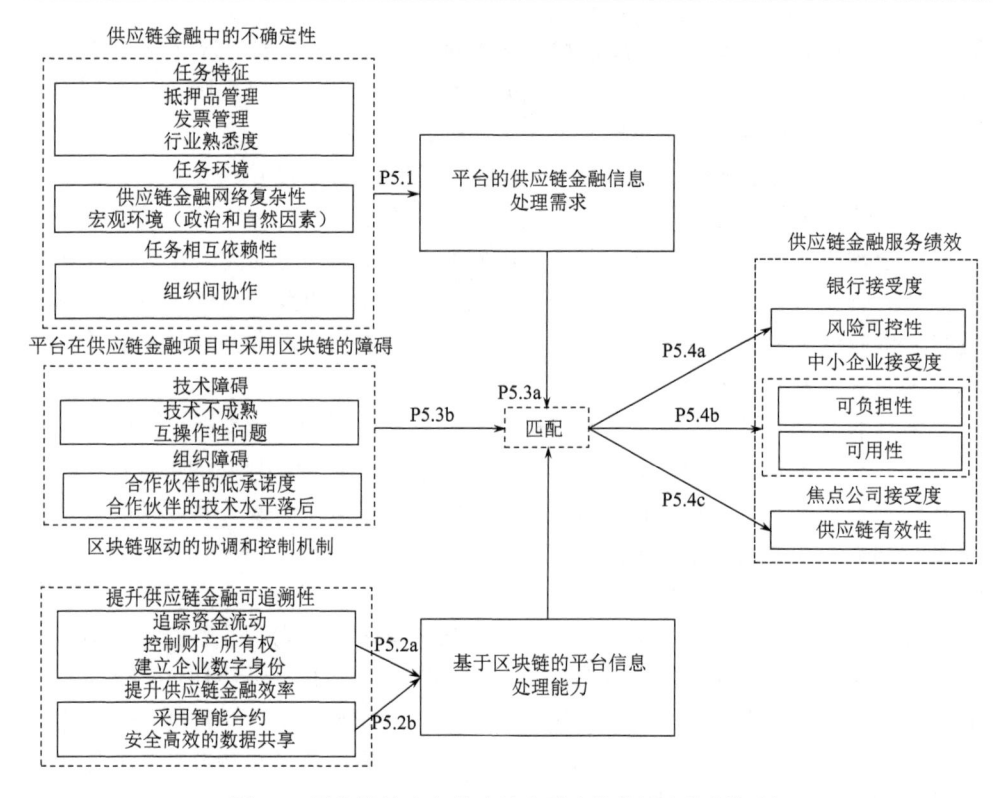

图 5.1 区块链技术在供应链金融中的协调和控制机制

图中 P 表示命题

  平台 A 和平台 B 需要有效的库存控制，但抵押品管理因类型和估值评估的不确定性而面临重大挑战。这种复杂性要求持续获取、分析和评估最新信息和市场状况，以确保适当的价值和风险管理。因此，对高效信息处理的需求增加。此外，平台 D 的供应链金融产品服务范围涵盖超过 1500 家重点公司和 20 万家中小企业，跨多层供应链的庞大工作量要求对每笔发票进行细致的认证，以验证与其相关的供应链交易的发生。此外，行业熟悉度起着至关重要的作用，因为不同的行业具有不同的商业模式、风险和要求。平台必须迅速准确地掌握与行业相关的信息，以支持其供应链金融决策过程；否则，缺乏熟悉度可能导致失败（如平台 B 的挣扎）。

  其次，供应链金融任务环境中不确定性的增加表明，平台面临复杂的供应链金融网络和动荡的宏观环境（如政治和自然因素）。因此，平台在供应链金融领域增强信息处理能力的需求显著增加。

  供应链金融网络包括中小企业、重点企业、金融机构和政府机构等多方参与者。每个参与者都有独特的数据和流程，从而增加了管理和协调的复杂性[23]。为了确保供应链金融操作的顺利进行并可控风险，平台必须从多个节点收集、整合和分析实时数据。此外，考虑到宏观环境的不可预测性，平台应展示出更大的反应能力，以尽量减少对其供应链金融业务的不利影响。

最后，平台上任务相互依赖的不确定性主要源于与多个利益相关者的协作努力[24]。随着参与供应链金融的利益相关者数量增加，对复杂和相互问题解决的需求也随之增加。平台必须增强与相关方的合作，以促进供应链金融合作伙伴关系的共同愿景。当利益相关者对供应链金融有全面的知识和相应的理解时，潜在的好处就会更容易显现，从而增强对供应链金融伙伴关系的整体承诺[15]。因此，平台能够有效分配来自不同利益相关者的资源，并优化商业流程及信息系统[25]。基于上述讨论，提出以下命题：

命题 5.1 供应链金融任务特征、任务环境和任务相互依赖性增加了供应链金融平台面临的不确定性，从而提高了平台的信息处理需求。

5.5.2 区块链的采用提升平台的信息处理能力

我们发现，在供应链金融中采用区块链使平台能够增强协调与控制机制，从而提高可追溯性和效率。与 Jia 等[12]不同，本章强调平台增强信息处理能力的机制主要源于区块链的采用。

通过采用区块链，平台能够改善其对资金流动的跟踪和对货物权益的控制。改善的可追溯性使平台能够更好地获取供应链金融中的更多信息，追踪中小企业的财务和运营数据的变化，从而减少信息不对称，提高平台对中小企业资本利用和抵押品变更的控制（尤其是在下游供应链金融中）。可追溯性还通过建立企业数字身份得以增强，这种身份是不可篡改且可验证的。因此，减少了欺诈行为，确保了每个参与者的真实性，进一步增强了供应链金融的安全性和可靠性。

改善的可追溯性表明供应链金融中的透明度提高，意味着利益相关者可以及时了解其他供应链金融合作伙伴的活动[26]。因此，平台能够在提供供应链金融服务时更好地协调多个方的活动，并将资源分配给需要的参考方，从而改善供应链金融中的协调机制。以平台 B 为例，利用区块链技术可以记录和验证产权的转移，所有参与供应链的各方都能够清楚准确地了解抵押品的所有权状态。所有权的任何变化都会实时更新并共享，从而减少信息不对称，促进各方之间更好的资源协调。基于上述讨论，我们提出以下命题：

命题 5.2a 区块链通过改善对资金流动的跟踪、控制财产所有权和建立企业数字身份，能够改善供应链金融的可追溯性，从而增强协调与控制机制，促进平台在供应链金融中的信息处理能力。

此外，区块链的采用可以帮助平台通过采用智能合约和实现安全高效的数据共享来提高供应链金融效率。智能合约可以通过自动执行交易（如折扣和支付）

来提高供应链金融操作效率。平台 C 和平台 D 确认，采用智能合约可以减少人工干预和人为错误，同时提高在提供反向保理时供应链金融交易处理速度。所有各方能够迅速响应商业需求和变化，从而增强供应链金融中的协调。

至于安全高效的数据共享，这表明沟通效率的提高。例如，平台 A 的区块链创建了一个安全透明的数据共享平台，使每个供应链金融利益相关者能够即时访问最新信息，如库存状态、发货进度和交易记录。通过减少信息延迟和错误，平台能够更好地协调规划和运营活动，从而提升供应链金融中的响应能力和效率。基于上述讨论，我们提出以下命题：

命题 5.2b 区块链通过采用智能合约和实现安全高效的数据共享，可以提高供应链金融效率，从而增强协调机制，促进平台在供应链金融中的信息处理能力。

5.5.3 区块链实现信息处理需求与能力的匹配

通过将区块链技术纳入供应链金融，平台能够有效应对不确定性，并使其信息处理能力与提供供应链金融服务的需求相匹配。

首先，区块链的采用增强了供应链金融的可追溯性，从而帮助平台有效管理任务特征和环境不确定性。来自每个平台的受访者强调，区块链使他们能够更好地控制金融流动或库存质押。在反向保理（平台 C 和平台 D）中，所有与特定供应链交易相关的发票都记录在区块链上。对于库存融资和预付款融资（平台 A 和平台 B），平台同样可以在链上记录物流和仓储数据。通过利用物联网、大数据分析和专业知识等其他技术，平台可以从记录的数据中提取更大的价值，以支持其在供应链金融中的决策过程。此外，借助区块链技术，平台帮助中小企业和焦点公司建立企业的数字身份，包括信用记录和交易历史。这种透明的企业信息流减少了供应链金融网络中的复杂性，使平台能够更有效地应对不确定性。

其次，区块链技术的采用提升了供应链金融的效率，从而增加了供应链金融中的协调机制，使平台能够有效应对源于任务相互依赖的不确定性。例如，安全高效的数据共享促进了与银行和焦点公司的合作，从而减少了利益相关者之间的信息不对称，并促进了与平台的长期伙伴关系[2]。此外，智能合约的使用简化了供应链金融流程，特别是反向保理，加快了中小企业获得金融资源的速度，同时优化了焦点公司的财务供应链管理。

命题 5.3a 通过区块链启用的控制和协调机制，平台可以更好地管理供应链金融的不确定性，从而促进信息处理需求与信息处理能力之间的匹配。

在技术障碍方面，由于区块链技术尚未完全成熟，特别是确保信息在录入链上之前的真实性问题，供应链金融平台不得不增加额外的验证步骤。这意味着平台需要从多个参与者那里进行更多的数据验证和审核，以确保链上信息的可靠性。这一额外的验证过程增加了发票管理和抵押品管理的复杂性，因此提高了信息处理的需求。平台还需要依赖其他手段以及额外的时间和人力资源来确保数据的准确性与真实性[5]。互操作性问题使得信息在不同区块链平台之间流动和整合变得困难，因此供应链金融平台需要处理多源数据，并在不同平台之间执行复杂的转换和集成操作[4]。这增加了供应链金融网络的复杂性，从而提高了信息处理的需求。

在组织障碍方面，低水平的区块链发展承诺导致供应链金融合作伙伴，特别是技术和资金有限的中小企业，无法在区块链技术上进行足够的投资。这种投资不足直接影响了这些企业平台上数据处理和信息交换的效率，最终降低了整体信息处理能力。此外，供应链中的参与者在技术专业知识方面存在差异，这直接导致整个区块链系统的信息处理能力下降。技术落后的公司可能无法有效访问或利用区块链技术，导致信息流中断，无法及时共享和处理供应链上的数据。这种情况不仅影响了供应链的整体运营效率，还增加了信息处理的困难和复杂性。技术差异还可能影响智能合约的执行。例如，在平台 D 的案例中，技术能力较低的合作公司可能难以及时处理或验证智能合约的执行条件，导致执行效率低下，甚至导致合约执行的失败或中断。

命题 5.3b 技术和组织障碍的存在可能会增加平台的信息处理需求，同时降低其在供应链金融中的信息处理能力，从而对其匹配产生负面影响。

5.5.4 信息处理需求与能力的匹配提高供应链金融服务绩效

现有的信息处理理论研究认为，信息处理需求与能力之间的匹配可以使组织更有效，从而提升组织绩效。在供应链金融的背景下，这种匹配可以确保供应链金融服务提供商获得更好的供应链金融能力，并实现财务供应链整合[12,13]。然而，从供应链金融平台的角度来看，供应链金融服务绩效的具体提升并不明显。基于这项案例研究，本章修正了"匹配"与供应链金融服务绩效之间的关系。研究认为，区块链启用的信息处理需求与能力的匹配通过增加银行和中小企业对平台供应链金融服务的接受度，提升了供应链金融绩效。

平台的供应链金融可追溯性通过区块链技术得到增强，解决了与抵押品和发票管理相关的问题。通过利用区块链，平台可以帮助银行减轻由信息不对称导致的重复质押和空质押风险[2]。

此外，安全高效的信息共享促进了银行、中小企业和焦点公司之间的互信。平台 A 的副总裁表示，区块链应用的改善促进了供应链金融参与者之间信息资源的共享，同时增强了供应链金融成员之间基于数据的互信，这反过来又促进了成员之间的信息共享。这最终可以促进我们供应链金融网络中的信任链。

平台通常与银行合作，共享技术资源以进行贷款前后的调查、共同监控融资中小企业的运营状态，并降低与中小企业相关的违约风险。信息不对称和中小企业违约风险的降低增强了银行在供应链金融中的风险控制能力,从而提高了它们对平台供应链金融服务的接受度。在平台提供的区块链技术的帮助下,银行能够整合供应链管理中的运营与财务,有效解决信息不对称及监控质押品或融资主体的运营和财务状况[27]。

命题 5.4a 区块链启用的信息处理需求与能力的匹配可以通过促进风险控制来增加银行对平台供应链金融服务的接受度。

区块链技术通过平台和银行共同实现更好的风险控制。因此,为平台的中小企业客户提供财务支持的资本提供者可以由于风险溢价的降低而提供更低的利率[22]。随着区块链的实施,供应链金融市场的信誉得到了提升,服务和利率也随之下降[28]。这一可负担性在我们的研究数据中得到了体现。案例平台提供的内部文件显示,其供应链金融服务的平均年化利率约比以往融资方式低 10%。在建筑行业,这一利差则更为明显,达到了 12.5%。较低的利率使得供应链金融服务对资金和流动性较弱的中小企业更具可及性,从而提高了它们对这些服务的接受度。

此外,区块链启用的可追溯性增强了平台通过企业数字身份收集全面的中小企业财务和运营数据的能力。这种透明度促进了平台与中小企业之间的信任,使平台能够相较于传统银行放宽融资标准。因此,即使是未能满足银行贷款标准的中小企业也可以获得平台的财务支持。此外,区块链促进了整个供应链内金融流动的跟踪。凭借对这些流动的清晰视图,平台能够改善供应链金融项目中的发票管理,从而使供应链网络中的多层次中小企业(例如平台 D 所示)能够参与平台的供应链金融项目。

平台在评估中小企业的供应链金融服务资格时优先考虑记录在区块链上的动态运营指标,而不是静态财务指标。与银行对质押要求的严格相比,平台对中小企业的质押要求并不高。

命题 5.4b 区块链启用的信息处理需求与能力的匹配可以通过促进财务支持的可用性和可负担性来增加中小企业对平台供应链金融服务的接受度。

如前所述,区块链技术的整合可以显著增强中小企业对供应链金融服务的参与,从而提高焦点公司的供应链运营效率。这在上游供应链中的平台 C 和平台 D 得到了体现。通过利用供应链金融加快应收账款的回收,中小企业可以在缩短的时间内减轻资本成本。因此,它们更倾向于在供应商品时提供更低的报价,从而降低焦点公司的采购成本。此外,平台上区块链技术的实施使得焦点公司能够更透明地管理金融流动。智能合约的使用进一步提高了反向保理过程的效率,并增强了焦点公司的财务供应链管理。

命题 5.4c 区块链启用的信息处理需求与能力的匹配可以通过促进焦点公司的供应链效能,增加它们对平台供应链金融服务的接受度。

5.6 本章小结

本章采用多案例研究方法，探讨了四个中国平台的供应链金融项目。研究重点平台如何通过区块链的采用来提高信息处理能力，以匹配供应链金融中的信息处理需求，从而进一步提升供应链金融服务绩效。

第一，本章研究发现，借助区块链技术，供应链金融平台能够建立区块链驱动的协调和控制机制，以适应其在供应链金融中的信息处理需求，从而为区块链在供应链金融文献中的采用提供了三个重要的理论贡献。首先，本章从第三方平台的角度重新定义了影响供应链金融服务提供商信息处理需求的不确定性。这些不确定性受任务特征、任务环境和任务相互依赖关系的影响。关于任务特征，不确定性来自抵押品和发票管理以及对行业熟悉度。在任务环境的不确定性方面，供应链金融网络的复杂性成为显著因素，而政治变化（如国家财政政策的调整）和自然事件也对此有影响。关于任务相互依赖性，值得注意的是，平台对内部组织协作的关注相对较少，而对外部组织协作的强调较多。本章进一步指出，区块链在供应链金融中的采用所面临的技术和组织障碍会影响平台的信息处理需求与能力之间的匹配。

第二，本章为现有供应链金融文献贡献了一种新颖的供应链金融服务绩效测量方法，并对 Chen 等[9]提出的基于技术、认可和组织的三个维度提出了挑战。我们强调，尽管技术的应用可以增强数据收集和传输的有效性，但其积极影响依赖于良好设计和广泛接受的商业模型。因此，单纯基于技术应用来评估供应链金融绩效是不恰当的。相反，技术应用应被视为增强供应链金融服务的必要条件。此外，根据 Chen 等[9]的研究，组织维度评估供应链金融服务绩效是基于平台的财务表现（如供应链金融盈利能力）。然而，本章研究揭示，财务表现不应被视为供应链金融绩效的主要评估因素，尤其是在平台扩展阶段（如平台 D）。

认可维度考虑平台服务在客户中的接受程度，接受程度越高，供应链金融绩效越好。本章支持并进一步扩展了这一维度。然而，本章将客户接受度的范围从中小企业扩展到银行、焦点公司及中小企业本身。此外，研究识别了影响各利益相关者接受度的因素。通过调整 Chen 等[9]的评估模型，本章提出了一种基于接受度的供应链金融服务绩效评估方法，利用访谈数据进行评估。研究结果表明，关键利益相关者对供应链金融服务的接受度可以作为评估供应链金融服务提供商绩效的指标。具体而言，银行的接受度主要由供应链金融中的风险可控性决定；中小企业的接受度受到供应链金融服务的可负担性和可用性的影响；而焦点公司的接受度则取决于供应链金融项目能够带来的供应链管理改进程度。

第三，尽管已有研究表明，区块链技术的采用可以提供供应链金融中的自动化解决方案，具备智能合约、透明度和分布式账本数据安全等特征；但区块链技术如何促进供应链金融服务性能的机制仍不明确。本章采用信息处理理论的视角，阐明了区块链在供应链金融中启用的协调和控制机制如何增强平台的信息处理能力，从而促进平台的信息处理需求与实际能力之间的更好对接，提高其供应链金融服务绩效，增强多个利益相关者的接受度。

本章为供应链金融平台的工程管理者和参与供应链金融的政策制定者提供了重要的管理见解，特别是那些考虑采用区块链来增强服务性能的管理者。本章研究指出，区块链在供应链金融中的不成熟以及组织挑战表明需要进行长期战略规划。平台管理者应优先发展内部能力，如改善技术专业知识和优化内部流程，逐步解决这些挑战。通过与关键的供应链金融合作伙伴（如银行、中小企业和焦点公司）密切合作，逐步提高区块链标准并加强整个供应链金融生态系统的整体技术水平来实现这一目标。通过营造持续改进和创新的环境，平台可以充分利用区块链来增强供应链金融服务绩效。此外，该研究强调了区块链在实现卓越供应链金融服务方面的关键作用。为进一步促进中国供应链金融可持续发展，政策制定者可以考虑实施优惠政策鼓励采用区块链，特别是对于不愿意参与其中的中小企业而言。例如，政策制定者可以提供经济激励措施，如税收减免或补贴等，在中小企业与使用区块链的供应链金融平台之间促进合作。这将不仅促进小型企业广泛参与，而且推动整个领域对于区块链应用的普及化。

参 考 文 献

[1] Caniato F, Henke M, Zsidisin G A. Supply chain finance: historical foundations, current research, future developments. Journal of Purchasing and Supply Management, 2019, 25: 99-104.

[2] Du M X, Chen Q, Xiao J, et al. Supply chain finance innovation using blockchain. IEEE Transactions on Engineering Management, 2020, 67(4): 1045-1058.

[3] Zhang T Y, Jia F, Chen L. Blockchain adoption in supply chains: implications for sustainability. Production Planning & Control, 2024, 36(5): 699-722.

[4] Kucukaltan B, Kamasak R, Yalcinkaya B, et al. Investigating the themes in supply chain finance: the emergence of blockchain as a disruptive technology. International Journal of Production Research, 2022, 62: 8173-8192.

[5] Rijanto A. Blockchain technology adoption in supply chain finance. Journal of Theoretical and Applied Electronic Commerce Research, 2021,16(7): 3078-3098.

[6] Ning L J, Yuan Y Q. How blockchain impacts the supply chain finance platform business model reconfiguration. International Journal of Logistics Research and Applications, 2023, 26(9): 1081-1101.

[7] Müßigmann B, von der Gracht H, Hartmann E. Blockchain technology in logistics and supply chain management: a bibliometric literature review from 2016 to January 2020. IEEE

Transactions on Engineering Management, 2020, 67(4): 988-1007.

[8] Wuttke D A, Blome C, Foerstl K, et al. Managing the innovation adoption of supply chain finance: empirical evidence from six European case studies. Journal of Business Logistics, 2013, 34(2): 148-166.

[9] Chen S H, Du J Z, He W, et al. Supply chain finance platform evaluation based on acceptability analysis. International Journal of Production Economics, 2022, 243: 108350.

[10] Kaur J, Kumar S, Narkhede B E, et al. Barriers to blockchain adoption for supply chain finance: the case of Indian SMEs. Electronic Commerce Research, 2024, 24(1): 303-340.

[11] Choi T M. Financing product development projects in the blockchain era: Initial coin offerings versus traditional bank loans. IEEE Trans Transactions on Engineering Management, 2022, 69(6): 3184-3196, 2020.

[12] Jia F, Blome C, Sun H, et al. Towards an integrated conceptual framework of supply chain finance: an information processing perspective. International Journal of Production Economics, 2020, 219: 18-30.

[13] Yu W T, Wong C Y, Chavez R, et al. Integrating big data analytics into supply chain finance: the roles of information processing and data-driven culture. International Journal of Production Economics, 2021, 236: 108135.

[14] Yin R K. Case Study Research: Design and Methods. 4th ed. London: Sage, 2008.

[15] Tushman M L, Nadle D A. Information processing as an integrating concept in organizational design. The Academy of Management Review, 1978, 3(3): 613-624.

[16] Downey H K, Hellriegel D, Slocum J W, Jr. Environmental uncertainty: the construct and its application. Administrative Science Quarterly, 1975, 20(4): 613-629.

[17] Wong C Y, Boon-Itt S, Wong C W Y. The contingency effects of environmental uncertainty on the relationship between supply chain integration and operational performance. Journal of Operations Management, 2011, 29(6): 604-615.

[18] Choi T Y, Hofmann E, Templar S, et al. The supply chain financing ecosystem: early responses during the COVID-19 crisis. Journal of Purchasing and Supply Management, 2023, 29(4): 100836.

[19] Gong Y, Zhang T Y, Dong P, et al. Innovation adoption of blockchain technology in supply chain finance. Production Planning & Control, 2022, 35(9): 992-1008.

[20] Ali Z, Bi G B, Mehreen A. Does supply chain finance improve SMEs performance? The moderating role of trade digitization. Business Process Management Journal, 2018, 26(1): 150-167.

[21] Cho W, Ke J F, Han C D. An empirical examination of the use of bargaining power and its impacts on supply chain financial performance. Journal of Purchasing and Supply Management, 2019, 25(4): 100550.

[22] Song H, Yu K K, Lu Q. Financial service providers and banks' role in helping SMEs to access finance. International Journal of Physical Distribution & Logistics Management, 2018, 48(1):

69-92.

[23] Bals C. Toward a supply chain finance (SCF) ecosystem: proposing a framework and agenda for future research. Journal of Purchasing and Supply Management, 2019, 25(2): 105-117.

[24] Hofmann E, Zumsteg S. Win-win and no-win situations in supply chain finance: the case of accounts receivable programs. Supply Chain Forum: An International Journal, 2015, 16(3): 30-50.

[25] Caniato F, Gelsomino L M, Perego A, et al. Does finance solve the supply chain financing problem?. Supply Chain Management: An International Journal, 2016, 21(5): 534-549.

[26] Montecchi M, Plangger K, West D C. Supply chain transparency: a bibliometric review and research agenda. International Journal of Production Economics, 2021, 238: 108152.

[27] Chen Z X, Chen J, Zhang Z, et al. 2019. Does network governance based on banks' e-commerce platform facilitate supply chain financing?. China Agricultural Economic Review, 2019, 11(4): 688-703.

[28] Dong C W, Chen C Y, Shi X, et al. Operations strategy for supply chain finance with asset-backed securitization: centralization and blockchain adoption. International Journal of Production Economics, 2021, 241: 108261.

第6章　中小企业电商平台供应链金融
——基于实证研究方法

在本书的第1章中对当前中小企业供应链金融发展的困境和未来的发展进行了介绍，在1.2.3节中特别介绍了一种特殊的供应链金融平台模式，即电商平台供应链金融。中小企业电商平台供应链金融通过提供订单融资、应收账款融资、库存融资、供应商融资以及风险管理服务等一系列金融服务，帮助中小企业解决了资金周转困难、库存管理问题等供应链上的痛点，促进了企业的稳定发展和电商平台的良性生态。在本书的第4章和第5章已经对供应链金融的平台的构建以及区块链在供应链金融平台中的应用进行了介绍，本章将在第4章和第5章的基础上，采用实证研究的方法，对供应链平台构建的深度和广度进行进一步的研究分析。

6.1　中小企业电商平台供应链金融

在经济衰退及国际贸易环境变化的背景下，中小企业正面临着严峻的流动性和营运资本短缺挑战。而面对外部冲击和风险时的抵御能力对中小企业而言尤为重要。Chen等[1]在探讨由新冠疫情造成的供应链中断的影响中，特别强调了运营松弛（如财务松弛和库存松弛）在帮助制造商维持运营和业务连续性，以及有效降低风险和增加制造商的弹性方面发挥了积极作用。他们通过股票市场的数据证明了较高的速动比率、较低的应收账款周转率和较短的经营周期共同保证了制造商的稳定性。而供应链金融可以通过提供灵活的融资方案，帮助中小企业缓解流动性压力，满足营运资金需求。例如，供应链融资可以基于企业的订单和应收账款，提供快速的资金支持，帮助企业应对突发的资金需求。此外，供应链金融还可以通过优化供应链资金流动，提高企业的资金利用效率，降低资金成本，从而增强企业的抵御风险的能力。除了提供融资支持外，供应链金融还可以通过风险管理和监控服务，帮助企业识别和评估潜在的风险，并采取相应的应对措施。通过供应链金融平台，企业可以实现对供应链的实时监测和预警，及时发现和解决供应链中的问题，保障供应链的稳定运行。

在此背景下，供应链金融在企业的运营和财务管理中扮演着越来越重要的角色。供应链金融是一种金融服务，它通过围绕着供应链中的核心企业，利用金融机构的介入，优化供应链中的资金流动，为供应链上的企业提供融资解决方案[2]。

现有研究往往从"金融导向"的视角或"供应链导向"的视角来探讨供应链金融，后者将营运资本优化框架扩展到包括库存[3,4]。电子商务公司依赖于国家的政策扶持和其庞大的互联网平台资源，来收集涉及供应商的运营和销售在内的金融供应链数据，这有助于提升其融资的效率。信息不对称限制了中小企业从金融机构获取贷款。在这种情况下，电商平台供应链金融能够通过整合供应链中的物资、信息和资金流动来进行有效管理，并采取具体措施来控制可能引发信息不对称的风险。例如，蚂蚁金融通过整合其供应链运营中的各个实体，并与各类交易和资本活动相结合，构建了一种电商平台供应链金融体系。蚂蚁金融的电商平台供应链金融对每位交易参与方的信用进行了深入评估，并为它们提供了定制的金融借贷服务。2019 年，它为 1656 万家中小企业提供了服务，相较于 2018 年有了 80%的增长；贷款总额高达 1.7 万亿元人民币，相较于上一年度有了 72%的增长[5]。

对于中国的中小企业来说，融资困难一直是制约其成长和发展的主要障碍。长期以来，中国的中小企业一直面临着严重的融资问题，这主要与高昂的成本和缓慢的融资进程有关[6]。中国的电子商务平台最早出现在 1999 年，并在 2003 年至 2006 年间进入快速发展阶段，以阿里巴巴为代表的电子商务平台的迅速崛起，在中小企业交易中积累了丰富的信用记录，这也为后来的电商平台供应链金融与中小企业融资的整合奠定了基础。作为中国的电商平台供应链金融巨头，阿里巴巴和京东为资金紧张的中小企业提供融资服务。自 2010 年以来，仅阿里巴巴就为超过 160 万家中小企业提供了超过 4000 亿美元的贷款支持[7]。

大部分的中小企业主要依赖商业银行、其他金融机构或风险投资家提供的资金[8]。电子商务平台通过数据分析、网络云计算和区块链技术等新兴技术，直接或间接利用数据将资源转化为行动，从而构建了初步的授权信用和风险控制系统。此外，电商平台一方面与金融机构合作，另一方面向中小企业伙伴提供金融服务。电商平台的这些协调工作可以决定供应链金融的成功与否以及中小企业融资的效率[9]。因此，本章的研究工作聚焦于电商平台供应链金融如何更有效地服务于中小企业客户，满足它们的融资需求。基于此，我们提出了以下研究问题：

（1）电商平台供应链金融如何服务于中小企业客户，以满足它们的融资需求？

（2）什么因素影响了这一关系？

6.2 问题描述与相关假设

关于电商平台供应链金融覆盖广度的文献主要聚焦于解决中小企业融资过程中遇到的资金流动性问题。关于电商平台供应链金融使用深度的文献则主要集中在解决中小企业融资过程中出现的信息不对称问题。

6.2.1 电商平台供应链金融覆盖广度与中小企业融资

电商平台供应链金融覆盖广度可以被定义为电商平台供应链金融促进中小企业之间融资信息和现金流覆盖的广度[10]。电商平台供应链金融覆盖的广度越大，现金流越活跃，中小企业的融资表现就越好。

随着技术创新的进步，电商平台供应链金融现已成为供应链金融服务的新兴提供者。金融服务提供商可以直接参与供应链的运营与协调，它们通过合作的外部金融机构及其自身的金融部门向中小企业提供金融服务。供应链金融的主要优势在于能够通过交易网络准确地捕捉到供应链中企业的信用状况[11]。企业可以通过供应链金融解决方案获得融资，从而摆脱流动性约束[12]。电商平台与金融机构合作支持其渠道成员的融资。利用电商平台的信用信息，基于应收账款和应付账款向上游或下游成员提供融资，从而有助于优化中小企业的营运资本[13]。电商平台供应链金融将实物商品流、信息流和资本流整合在一起，通过改善供应链关系和网络为企业提供资金支持[14]。尽管这些中小企业可能不符合银行贷款的标准，但电商平台供应链金融可以利用供应链中关于中小企业运营的信息为其提供融资。

电商平台供应链金融不仅促进了供应链运营和现金流，还促进了信息流及其在信用评估中的应用，以有效地控制供应链风险[15]。这主要是因为通过可靠和以证据为基础的决策过程，能够有效地获取和分析实用、精确且有意义的信息，从而降低相关风险[16]。Silvestro 和 Lustrato[17]的研究表明，电商平台供应链金融能够通过同步货物和资金的流动、管理供应链协作、共享信息以及增加透明度来提高金融服务绩效，进而有效地降低风险。这些实例都展示了电商平台供应链金融覆盖广度对中小企业融资的促进。电商平台供应链金融涉及营运资金融资，并强调对中小企业的运营和现有能力进行全面覆盖，以控制潜在风险和确保资本的安全性。基于上述文献回顾，我们提出以下假设。

假设 6.1 电商平台供应链金融的覆盖广度对中小企业的现金流有积极且显著的影响。

6.2.2 电商平台供应链金融使用深度与中小企业融资

电商平台供应链金融的使用深度可以被定义为电商平台供应链金融形式的融资信息的使用深度[10]。这一点可以进一步阐释为，中小企业在融资过程中，应用电商平台供应链金融的程度越深，那么信息不对称的减少就会越为明显，企业的最终融资表现也就越好。在信息化时代，信息不对称问题日益突出，这使得获取、传递和应用目标信息变得更加困难。而一个高效的信息和技术系统可以在企业运营与供应链管理层面产生积极的影响[18]。电商平台供应链金融有助于信息的有效传递，这构成了贷方和借方之间的互动机制，同时也为双方之间的合作提供了宝贵的信息资源[19]。

电子商务平台支持的供应链金融可以对中小企业的供应链资产、行为和能力进行有效评估，以判断融资的可行性和潜在风险[11]。电商平台供应链金融所涵盖的中小企业关系信息不仅反映了企业识别和使用社会资源的能力，同时也有助于提升财务绩效。这是因为电子商务平台有协作性能系统、信息集成以及与合作伙伴的激励匹配的能力[20]。电商平台供应链金融积极寻找信息，以有效识别中小企业的质量，从而促进供应链成员之间的资本流动。电商平台供应链金融注重增强互联互通并推动信息流动，这解决了融资中渠道成员之间的信息不对称问题[12,21]。电商平台供应链金融传递了特定信息，这些信息通常会在贷款市场的信用担保信息中得到反映，这有助于减少信息不对称并为金融机构降低运营成本[22]。

与传统商业银行贷款相比，电商平台供应链金融可以更好地减少基于其信息获取手段、交易网络和流程管理（如贷后控制）的融资中的前后信息不对称。这可以归因于它们采用的风险管理机制。电商平台供应链金融的作用体现在促进资金流动，或通过它们的协作性能系统、信息共享、决策同步、激励匹配和整合供应链流程来降低交易前后的成本[9,20]。因此，在使用深度方面，电商平台供应链金融比传统金融机构能够获得更丰富的运营和供应链管理信息，并且可以通过与供应链成员的合作来管理现金周期。基于库存和固定资产的财务优化也在相关文献中得到了广泛的讨论。基于以上文献综述，我们提出以下假设。

假设 6.2 电商平台供应链金融的使用深度对中小企业的信息不对称有积极且显著的影响。

6.2.3 绿色创新的调节作用

绿色创新对企业绩效的积极影响正在被积极探讨。绿色创新是指对采用或开发它们的组织提供新颖的服务、过程、产品或管理和系统的探索、生产或吸收的过程[23]。绿色创新活动有效降低了环境污染。随着全球变暖和环境退化对全球人口构成严重威胁，绿色创新近年来已逐渐成为一个流行的概念[24]。

绿色创新使企业能够更加主动地管理社群，并持续激发其盈利能力和绩效。例如，Zhang 等[25]通过对 2000 年至 2010 年中国上市制造企业的调查，发现企业的财务绩效与拥有的绿色实用新型专利数量呈正相关。Jiang 等[26]通过对 264 家中国企业的样本调查研究后，发现绿色创业导向在绿色创新与绩效关系中发挥了积极影响。更关键的是，绿色创新活动作为企业社会责任的一个重要方面，可以提升企业的形象，这对于企业培养和维持与包括供应商、消费者、政府、银行和其他供应链参与者在内的各种利益相关者的良好与信任关系是有益的[27]。因此，企业的绿色创新绩效可以作为有效的信号，让供应链金融提供商相信其信誉。公司的信誉越高，公司的信息就越透明，从而减少信息不对称。这将吸引更多的外部融资，更有利于公司的现金流动。

因此，我们认为绿色创新能够积极调节电商平台供应链金融覆盖广度、使用深度与中小企业的现金流之间的关系。在我们的回归分析中，绿色专利的数量被作为绿色创新的衡量标准。基于这一考虑，最后两个假设如下。

假设 6.3 绿色创新正向调节电商平台供应链金融覆盖广度与中小企业现金流之间的关系。

假设 6.4 绿色创新正向调节电商平台供应链金融使用深度与中小企业现金流之间的关系。

6.2.4 实证背景

基于上述文献回顾和假设发展，我们在这一节中重申了电商平台供应链金融在中小企业融资中的重要性，并展示了完整的研究框架（图6.1）。Gomm[28]指出，供应链金融有助于优化企业融资，降低资本成本并增加现金流。供应链金融在电子商务平台上的应用使得提供的投融资服务变得更加多样化。电商平台供应链金融优化了供应链信息的互联互通[29]，从而降低了电商平台在向中小企业提供贷款时的市场风险。

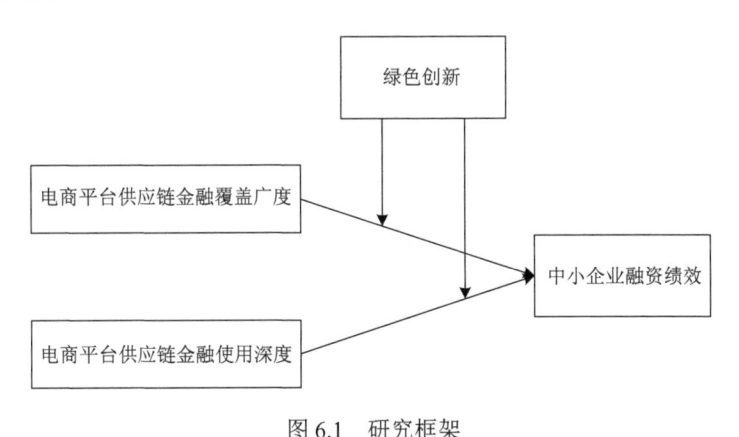

图 6.1 研究框架

相比那些资本实力雄厚的大企业，资本较为薄弱的中小企业需要得到更多的重视。Livshits 等[30]指出，与大企业相比，中小企业在融资方面总是面临更高的总贷款率和违约率。此外，大企业所拥有的权力和影响力使得它们比中小企业更为简单便捷地从银行和其他金融机构获得贷款。Ryan 等[31]建议，进一步拓展中小企业的资金来源渠道将有助于创造一个更稳定的融资环境，并有助于缓解信贷约束。因此，我们认为，将电商平台供应链金融嵌入到中小企业的战略规划中，能对改善融资绩效产生更明显的效果，并因此具有更大的研究价值。本书的目的是探讨电商平台供应链金融的覆盖广度和使用深度对科技型中小企业的融资支持。

6.3　研究方法

6.3.1　样本和数据收集

本章的数据来源于 Wind、CSMAR 和 CNRDS（China Research Date Services Platform，中国研究数据服务平台）。对于本章研究主题，考虑到二手数据具有高准确性，因此我们选择了二手数据进行实证研究。相比于调查数据，二手数据往往更具客观性。为了最大限度地保证数据质量，本书的所有数据都来源于权威数据库。先前的相关研究也采用了 Wind、CNRDS 和 CSMAR 这三个权威数据库（例如，Kim 和 Zhu[32]）。本章选取了 2011 年至 2020 年中国科技型中小企业的数据来进行实证研究。为了更加精确地筛选出中国的科技型中小企业，本章遵循了 2017 年发布的《科技型中小企业评价办法》中列出的直接识别标准[33]，并使用了上市高新技术企业的统计表来选择数据库中有效期内持有高新技术企业资格证书的中小企业。

在完成相关数据收集后，我们采用了 STATA 来进一步处理这些数据，以便能够进行更精确的数据分析。对原始样本的处理步骤如下：筛选出信息传输、软件和信息技术服务以及科研和技术服务行业；剔除财务数据不完整的公司，以及在样本时间内首次公开募股的公司。

本章通过描述性分析、相关性分析、回归分析和稳健性检验，全面评估了电商平台供应链金融对科技型中小企业融资活动的影响模式。通过对数据的深入分析，我们为中小企业将电商平台供应链金融应用于融资活动提出了建议。本章的创新之处在于在实证分析部分使用了数字普惠金融数据来确定电商平台供应链金融对科技型中小企业的影响。

根据《科技部关于进一步推动科技型中小企业创新发展的若干意见》，科技型中小企业被定义为"从事高新技术产品研发、生产和服务的中小企业群体"。本章使用了 CSMAR 和 Wind 这两个权威数据库来收集所选定的科技型中小企业相关数据。本章的研究样本包括创业板 2011～2020 年的科技型中小企业财务数据。根据科技型中小企业的特点，本章选取了 G 类和 M 类的企业类别。G 类企业为信息传输、软件和信息技术服务业。这涵盖了通过计算机通信网络技术进行数据的准备、收集、处理和开发，以及终端服务的提供。M 类企业主要涉及科学研究和技术服务业，这是一个利用现代科学技术信息和技术为社会提供智能服务的新兴行业。例如，提供科学研究专业技术服务和推广、科技信息交流与培训、科技评估活动等。模型中所使用的公司财务数据来源于 Wind 数据库，绿色创新数据是从 CNRDS 平台的绿色专利数据库获取，而供应链金融指数则选自北京大学数字普惠金融指数，这与 2011~2020 年的年度研究数据相对应。表 6.1 展示了数据的分类以及每个变量的对应解释。

表 6.1 变量定义表

分类	符号	描述	变量
中小企业融资表现	Cf	期初总资产的经营活动净现金流量	因变量
电商平台供应链金融覆盖广度指数	Breadth	电商平台供应链金融覆盖广度	自变量
电商平台供应链金融使用深度指数	Depth	电商平台供应链金融使用深度	自变量
绿色创新	Gp	企业当年联合获得的绿色专利数量	调节变量
企业长期资本支出	Expend	长期资产支出 / 期初总资产	控制变量
企业成长能力	Grow	主营业务收入增长	控制变量
企业非现金净营运资本变动	Nwc	非现金净营运资本增加 / 期初总资产	控制变量
短期企业债务变化	Sd	流动负债增加 / 期初总资产	控制变量
企业规模	Size	期末总资产的自然对数	控制变量

6.3.2 变量测量

1. 因变量

因变量是中小企业融资表现。该变量被衡量为期初总资产的经营活动净现金流量。这个比率可以用来评估公司资产的使用效率和现金的流入情况。先前的研究指出，它可以用来表示使用其总资产产生的现金的比例[34]。Fawzi 等[35]也认为，它可以用于评估公司的融资能力。中小企业供应商的现金受限情况日益严重，这不仅妨碍了它们的日常运营[36]，还影响了整个供应链的效率。供应链金融旨在从供应链的视角优化现金流管理，确保财务流动与产品及信息流动的一致[37]。

2. 自变量

本章的自变量是电商平台供应链金融覆盖广度和电商平台供应链金融使用深度。这两个变量是用北京大学数字普惠金融指数的两个一级维度指标，即覆盖广度和使用深度来衡量的。随着数字普惠金融在不同场景和聚类中的发展趋势日益明显，数字普惠金融有助于推动金融科技向专业化和目标化方向发展，进而增强金融科技的实用性。因此，最具代表性的供应链金融成了数字普惠金融的重要发展方向。

北京大学国家金融研究中心的省级数字普惠金融指数，是基于蚂蚁金融交易账户的底层数据来编制的。在借鉴传统普惠金融指数体系的基础上，它也充分考虑了数字金融服务的覆盖广度和使用深度，同时还考虑了其在横向和纵向上的可比性，从多个维度全面地反映了中国各省区市的电商平台供应链金融发展水平。鉴于上述数字金融普惠指数的特点并结合本章的目标，我们将该指数作为衡量电商平台供应链金融发展的指标。除了总体数字金融普惠指数外，该指数还提供了不同的维度，如覆盖广度、使用深度、数字化程度，以及涵盖支付、保险、货币基金、信用服务、投资和信贷等多个业务领域的分类指数。因此，本书应用北京大学数字普惠金融指数来探索电商平台供应链金融在中小企业融资方面的创新潜力。

3. 调节变量

公司所实现的绿色创新被作为调节变量。公司共同获得的绿色专利数量被用作衡量绿色创新的指标，这与 Yao 和 Li[38]所采用的测量方法一致。绿色创新可以显示企业的可持续性，从而吸引投资者的广泛关注。绿色创新也极大促进了供应链金融的覆盖广度和使用深度，公司因此可以获得更多的资金支持，从而能够进一步降低供应链融资的成本[39]。绿色创新也是科技型中小企业发展和生存的关键因素。

4. 控制变量

考虑到自变量的边际影响，我们在企业和行业层面对几个关键变量进行了控制，以确保我们的模型的严谨性，这些变量包括企业非现金净营运资本变动、企业规模、企业长期资本支出、短期企业债务变化以及企业成长能力。公司财务松弛对公司在短期内的投资能力有限制，而企业规模反映了公司在长期内的投资能力[40,41]。为了确保我们所构建模型的有效性，我们考虑了可能会影响中小企业采用电子商务供应链的多种因素。首先，我们采用企业规模作为控制变量，因为先前的研究已经确定了企业规模与企业可持续实践之间的正相关关系[42]。为了确定企业的总体规模，我们采用了期初总资产的自然对数进行衡量。其次，一个企业的环境举措可能受到其财务绩效的影响[43]。我们也控制了企业非现金净营运资本变动，这是通过期初总资产和非现金净营运资本增加来评估的。

我们还监测了企业长期资本支出，这被定义为长期资产支出与期初总资产之比。先前的研究也强调了控制企业绩效的重要性，尤其是在当前的企业绩效是因变量的背景下[44]。为了更深入评估企业的增长潜力，我们考虑了其主营业务收入的增长。为了更准确地评估企业层面变量对电商平台供应链金融采纳的影响，我们在研究中使用了先前的电商平台供应链金融采纳绩效。此外，我们的面板数据集由 73 家企业的 423 个观测值组成。因此，我们使用了 Hausman 检验来检查固定效应模型和随机效应模型的适用性，结果证实了固定效应模型的有效性（$p=0.0070<0.01$）。

6.3.3 研究模型与指标

首先，以下基准模型被设定，变量的具体定义见表 6.1：

$$Cf_{it+1} = \beta_0 + \beta_1 Breadth_{it} + \beta_2 Depth_{it} + \beta_3 Expend_{it+1} + \beta_4 Grow_{it+1} + \beta_5 Nwc_{it+1} + \beta_6 Sd_{it+1} + \beta_7 Size_{it+1} + \eta_i + \lambda_{t+1} + \varepsilon_{it+1}$$

其中，Cf_{it+1} 为被解释变量（因变量），代表企业 i 在年份 t 的现金流变化；自变量 $Breadth_{it}$ 为覆盖广度；自变量 $Depth_{it}$ 为使用深度；控制变量 $Expend_{it+1}$ 为企业长期资本支出；$Grow_{it+1}$ 为企业成长能力；Nwc_{it+1} 为企业非现金净营运资本变动；Sd_{it+1} 为企业短期债务变化；$Size_{it+1}$ 为企业规模；η_i 和 λ_{t+1} 分别反映个体与时间效应；ε_{it+1} 为误差项。

为了深入探讨电商平台供应链金融对中小企业融资的影响，本章引入了电商平台供应链金融与电商平台供应链金融覆盖广度以及电商平台供应链金融使用深度这两个二维指标的交互项，并进一步得到了以下扩展模型：

$$Cf_{it+1} = \beta_0 + \beta_1 Breadth_{it} + \beta_2 Depth_{it} + \beta_3 Gp_{it} + \varphi_1 Breadth_{it} \times Gp_{it} + \varphi_2 Depth_{it} \times Gp_{it} + \beta_4 Expend_{it+1} + \beta_5 Grow_{it+1} + \beta_6 Nwc_{it+1} + \beta_7 Sd_{it+1} + \beta_8 Size_{it+1} + \eta_i + \lambda_{t+1} + \varepsilon_{it+1}$$

其中，交互项 $Breadth_{it} \times Gp_{it}$ 用于检验绿色创新对电商平台供应链金融覆盖广度的影响；$Depth_{it} \times Gp_{it}$ 用于检验绿色创新对电商平台供应链金融使用深度的影响。

6.4 研 究 结 论

6.4.1 描述性和相关性分析

根据前文所述的数据抽样方法，我们提取了 2011 年至 2020 年中国科技型中小企业的财务数据。鉴于中小企业上市时间较晚，且部分省份此类公司数量较少，最终收集到 73 家中小企业的样本数据。其中，63 家企业属于 G 类信息传输、软件和信息技术服务业，10 家企业属于 M 类科学研究和技术服务业，共计收集了 423 个观测值的面板数据。样本的描述性统计结果如表 6.2 所示。

表 6.2 描述性统计

变量名称	样本数	中位数	标准差	最小值	最大值
Breadth	423	242.139	86.307	15.330	384.656
Depth	423	262.369	92.823	24.040	439.912
Cf	423	0.064	0.074	−0.164	0.388
Gp	423	0.139	0.613	0	6.000
Sd	423	0.059	0.133	−0.546	0.992
Size	423	21.816	0.847	19.815	24.479
Nwc	423	0.024	0.158	−0.358	2.125
Grow	423	0.173	0.551	−0.729	9.277
Expend	423	0.044	0.059	0	0.762

变量之间的相关系数较小，表明在模型中所设定的变量之间不存在明显的多重共线性问题，并且通过了相关性检验。该样本的相关统计结果如表 6.3 所示。

表 6.3 相关性分析

变量名称	中位数	标准差	Cf	Breadth	Depth	Gp	Sd	Size	Nwc	Grow	Expend
Cf	242.139	86.307	1.000								
Breadth	262.369	92.823	−0.114**	1.000							
Depth	0.064	0.074	−0.121**	0.941***	1.000						
Gp	0.139	0.613	−0.030	−0.011	−0.004	1.000					
Sd	0.059	0.133	0.112**	−0.124**	−0.140***	−0.016	1.000				
Size	21.816	0.847	0.053	0.430***	0.409***	−0.007	0.147***	1.000			
Nwc	0.024	0.158	−0.023	−0.109**	−0.077	−0.030	0.019	0.016	1.000		
Grow	0.173	0.551	0.033	−0.080*	−0.086*	−0.038	0.339***	0.122**	0.101**	1.000	
Expend	0.044	0.059	0.157***	−0.232***	−0.235***	0.073	0.216***	0.004	0.062	0.075	1.000

***、**、* 分别代表 1%、5%、10%的显著性水平

6.4.2 回归分析

表 6.4 展示了我们模型的回归结果。在探索主效应的模型 1 中，覆盖广度的系数显著为正（$\beta=0.002$，$p<0.1$），这表明电商平台供应链金融覆盖广度对企业现金流具有积极影响。因此，假设 6.1 得到了支持。

表 6.4　回归结果

变量	模型 1 Cf	模型 2 Cf	模型 3 Cf	模型 4 Cf
Sd	0.072***	0.072***	0.070**	0.071**
	(0.028)	(0.028)	(0.028)	(0.028)
Size	0.004	0.003	0.006	0.005
	(0.010)	(0.010)	(0.010)	(0.010)
Nwc	−0.011	−0.016	−0.010	−0.014
	(0.020)	(0.020)	(0.020)	(0.020)
Grow	−0.001	−0.001	−0.001	−0.002
	(0.006)	(0.006)	(0.006)	(0.006)
Expend	0.040	0.035	0.036	0.029
	(0.062)	(0.062)	(0.062)	(0.062)
Breadth	0.002*		0.002*	
	(0.001)		(0.001)	
Depth		0		0
		(0)		(0)
Breadth_Gp			0*	
			(0)	
Gp			0.007	0.005
			(0.007)	(0.007)
Depth_Gp				0*
				(0)
_cons	−0.120	−0.015	−0.172	−0.060
	(0.213)	(0.206)	(0.215)	(0.208)
行业固定效应	控制	控制	控制	控制
年份固定效应	控制	控制	控制	控制
R^2	0.116	0.113	0.124	0.120
N	423	423	423	423

***、**、* 分别代表 1%、5%、10%的显著性水平；括号内数值为标准差

在模型 2 中，使用深度的系数不显著，假设 6.2 未得到验证。在模型 3 中，我们加入了电商供应链融资覆盖广度与绿色专利的交互项，其系数显著为正（$\beta=0$，$p<0.1$），这表明绿色创新正向调节覆盖广度与中小企业现金流之间的关系，支持了假设 6.3。在模型 4 中，电商供应链融资使用深度与绿色专利的交互项被纳入。使用深度系数作为独立变量是不显著的，所以假设 6.4 未得到验证。模型 2 未显

示出显著性的原因可能是中小企业对电商平台供应链金融的应用程度不足。由于电商平台供应链金融近年来才逐渐普及，随着电商平台供应链金融在未来的广泛推广，本书预计中小企业在未来将更加重视电商平台供应链金融在助力其融资活动中的重要性。

6.4.3 固定效应和随机效应检验

Hausman 检验值用于评估采用固定效应模型还是随机效应模型。本章的实证数据为面板数据，其中 $N=423$，$T=9$，属于短面板数据，因此在进行全样本回归处理之前，需要对模型效应方法选择的估计问题进行相关测试。然后选择使用固定效应估计或随机效应估计来进行进一步的实证分析。估计之间显著差异的经典检验是 Hausman 检验，它可以有效地识别模型是随机效应模型还是固定效应模型。在选择固定效应和随机效应模型的 Hausman 检验结果中，本章的检验统计值为 17.71，p 值为 0.0070<0.05，所以未超过估计误差范围。因此，Hausman 检验结果表明，H0 随机效应模型被拒绝，H1 固定效应模型被接受。在确认采用固定效应模型后，本章也考虑了固定效应模型中的时间因素。

6.4.4 稳健性检验

为进一步检验结果的稳健性，本章进行了以下测试。SCFin 与北京大学数字普惠金融指数中的供应链金融覆盖广度关注相同维度，SCFin 也代表了供应链金融普及度的广度。因此，我们测试了这一指数作为替代变量的稳健性。结果如表 6.5 所示，可以发现 SCFin 系数显著为正，且 SCFin 与绿色专利的交互项也显著为正，这与回归结果一致，结果证明我们的模型是稳健的。因此，本章的实证结果具有稳健性。

表 6.5 稳健性检验结果

变量	模型 1 Cf	模型 2 Cf
SCFin	0.001* (0.001)	0.001* (0.001)
Sd	0.072*** (0.028)	0.070** (0.028)
Size	0.002 (0.010)	0.004 (0.010)
Nwc	−0.013 (0.020)	−0.012 (0.020)

续表

变量	模型 1 Cf	模型 2 Cf
Grow	−0.001 (0.006)	−0.001 (0.006)
Expend	0.038 (0.062)	0.033 (0.062)
SCFin_Gp		0* (0)
Gp		0.006 (0.007)
_cons	−0.026 (0.206)	−0.078 (0.208)
行业固定效应	控制	控制
年份固定效应	控制	控制
R^2	0.116	0.123
N	423	423

***、**、*分别代表 1%、5%、10%的显著性水平；括号内数值为标准差

6.4.5 实证研究结果

本书通过实证分析探讨了电商平台供应链金融在促进中小企业融资过程中所起到的关键作用。首先，研究表明，电商平台供应链金融能够有效地促进中小企业融资。其次，企业规模、资产收益率、现金流和企业主营业务收入的增加都有助于降低科技型中小企业的融资约束，但资产和负债的增加却加大了融资约束。最后，电商平台供应链金融的广泛覆盖对中小企业融资活动产生了更为显著的影响。电商平台供应链金融的发展有效降低了中小企业的现金流敏感性，也有助于缓解其外部融资约束。同时，研究发现，中小企业参与绿色创新正向调节电商平台供应链金融对其现金流的影响。总之，实证结果表明，电商平台供应链金融的应用范围正在逐渐扩大，这将有助于优化科技型中小企业的直接和间接融资渠道。电商平台供应链金融能够有效降低科技型中小企业的融资成本，而随着其进一步应用，企业的融资成本将有望进一步降低。值得注意的是，绿色创新对于缓解中小企业与电商平台供应链金融之间的信息不对称至关重要。

6.5 本章小结

电商平台供应链金融的广泛覆盖有助于中小企业的资金流动，从而提高其融资绩效。电商平台供应链金融的广泛覆盖被视为一种传播和推广融资信息的手段，促进了中小企业融资过程的便利化，也可用于中小企业的信用管理。我们发现，中小企业通常处于发展的初级阶段，由于信息不完善和经验水平较低，获取可信赖的非结构化信息变得尤为困难。电商平台供应链金融能够追踪中小企业在整个生命周期中的行为，克服金融机构所导致的信息不对称。电商平台供应链金融的覆盖广度有助于支持中小企业的现金流和融资信息，从而提高其财务表现。电商平台供应链金融的覆盖广度越广，现金流动性就越高，中小企业在融资方面的表现就越出色。

我们认为，电商平台供应链金融的覆盖广度是前提条件，而使用深度则代表了实际使用情况。我国的电商平台供应链金融仍处于起步阶段，其覆盖广度的不断扩大为中小企业使用电商平台供应链金融创造了前提条件，这也有效提高了中小企业的财务表现。然而，在当前情况下，电商平台供应链金融的用户总体基数相对较小，融资额度也较低，相关知识不足，因此目前中小企业对电商平台供应链金融的使用深度尚有不足。随着时间的推移，以及电商平台供应链金融覆盖广度的进一步扩大，我们预测，中小企业在融资过程中对电商平台供应链金融的使用程度越深，其财务绩效将会越好。中小企业的财务信息是基于电子商务供应链运营的商业信息，这些数据在供应链活动中是结构化的，相对容易收集。企业应深化电商平台供应链金融的使用，以帮助中小企业筹集资金的同时有效控制其潜在风险。因此，进一步加深中小企业对电商平台供应链金融的应用将产生独特的优势，如减少企业的信息不对称和控制风险等问题。

我们也发现绿色创新可以被作为提高公司信誉和信息透明度的有效因素，也可以帮助公司减少信息不对称。绿色创新可以帮助公司吸引更多的外部金融支持，更好地提升公司的财务表现。绿色专利质押贷款也拓宽了公司的融资渠道，使它们能在短时间内实现更高和更稳定的现金流。绿色创新不仅激活了公司资产，同时也为公司的日常生产经营注入了更多的资金。我们的实证研究结果揭示，绿色创新在电商平台供应链金融支持下的中小企业融资过程中，起到了明显的正向调控作用。

为了更好地促进中小企业融资，我们从以下三个主要方面（电商平台、中小企业和政府）提出了具体建议。

首先，电商平台在提供金融服务时应注重扩大覆盖广度，并努力提升金融服务水平。电商平台供应链金融运用互联网金融技术，协助中小企业快速获取有效的金融服务。作为电子商务金融交易活动的核心机制和技术支持工具，电商平台供应链金融有利于提升中小企业的融资表现。持续推进产品和服务创新对于电商平台开展金融服务至关重要。它们应及时设计新的产品类别，以适应不同客户群体不断变化的需求。同时，电商平台还应加强与银行及其他金融机构的合作，实现各自的优势互补，探索更多适合不同类型中小企业的金融产品和服务。

其次，中小企业应提高其自身的业务标准和风险防范意识。同时，应鼓励中小企业加强对电商平台供应链金融的使用深度，以更好地提高其融资表现。作为电商平台供应链金融的应用主体，中小企业应不断提高自身运营能力，提升信用水平。企业必须遵循诚实、诚信和公平竞争的原则，自觉接受管理部门的管理和监督。通过应用电商平台供应链金融，中小企业可以显著提高其信息收集能力，减少信息不对称，提高融资绩效，降低融资成本，从而改进公司与外部投资者之间的沟通。中小企业还应加大对绿色创新的投资，以提高企业的可持续发展能力并吸引更多投资。

最后，政府应制定相应的策略来扩大电商平台供应链金融的覆盖广度和使用深度。在关注经济发展的同时，政府应加强金融基础设施建设，为电商平台供应链金融的发展奠定良好的金融基础，以有效地支持中小企业融资。同时应该考虑将大数据、区块链等数字技术与金融科技相结合，解决中小企业的融资约束问题。增加云平台和创新通信基础设施等数字基础设施的可用性。扩大电商平台供应链金融在中小企业中的覆盖广度，并鼓励中小企业深化对电商平台供应链金融的使用。

参 考 文 献

[1] Chen L A, Moretto F, Jia F, et al. The role of digital transformation to empower supply chain finance: current research status and future research directions (guest editorial). International Journal of Operations & Production Management, 2021, 41(4): 277-288.

[2] Jia F A, Blome C, Sun H, et al. Towards an integrated conceptual framework of supply chain finance: an information processing perspective. International Journal of Production Economics, 2020, 219: 18-30.

[3] Wuttke D A, Blome C, Foerstl K, et al. Managing the innovation adoption of supply chain finance: empirical evidence from six European case studies. Journal of Business Logistics, 2013, 34(2): 148-166.

[4] Gelsomino L M, Mangiaracina R, Perego A, et al. Supply chain finance: a literature review. International Journal of Physical Distribution & Logistics Management, 2016, 46(4): 348-366.

[5] Song H, Li M Y, Yu K K. Big data analytics in digital platforms: how do financial service providers customise supply chain finance?. International Journal of Operations & Production Management, 2021, 41 (4): 410-435.

[6] Jiang J J, Li Z M, Lin C Y. Financing difficulties of SMEs from its financing sources in China. Journal of Service Science and Management, 2014, 7(3): 196-200.

[7] Zhen X P, Shi D, Li Y J, et al. Manufacturer's financing strategy in a dual-channel supply chain: third-party platform, bank, and retailer credit financing. Transportation Research Part E: Logistics and Transportation Review, 2020, 133: 101820.

[8] Song H, Wang L. The impact of private and family firms' relational strength on financing performance in clusters. Asia Pacific Journal of Management, 2013, 30(3): 735-748.

[9] Martin J, Hofmann E. Involving financial service providers in supply chain finance practices. Journal of Applied Accounting Research, 2017, 18(1): 42-62.

[10] Guo J G, Jia F, Yan F X, et al. E-commerce supply chain finance for SMEs: the role of green innovation. International Journal of Logistics Research and Applications, 2024, 27(9): 159-1615.

[11] Moretto A, Grassi L, Caniato F, et al. Supply chain finance: from traditional to supply chain credit rating. Journal of Purchasing and Supply Management, 2019, 25(2): 197-217.

[12] Song H, Yang X, Yu K K. How do supply chain network and SMEs' operational capabilities enhance working capital financing? An integrative signaling view. International Journal of Production Economics, 2020, 220(1): 107447.

[13] Wu Y B, Wang Y Y, Xu X, et al. Collect payment early, late, or through a third party's reverse factoring in a supply chain. International Journal of Production Economics, 2019, 218(1): 245-259.

[14] Jia F, Zhang T Y, Chen L J. Sustainable supply chain finance: towards a research agenda. Journal of Cleaner Production, 2020, 243: 118680.

[15] Nambisan S, Baron R A. On the costs of digital entrepreneurship: role conflict, stress, and venture performance in digital platform-based ecosystems. Journal of Business Research, 2021, 125(3): 520-532.

[16] Kache F, Seuring S. Challenges and opportunities of digital information at the intersection of big data analytics and supply chain management. International Journal of Operations & Production Management, 2017, 37(1): 10-36.

[17] Silvestro R, Lustrato P. Integrating financial and physical supply chains: the role of banks in enabling supply chain integration. International Journal of Operations & Production Management, 2014, 34(3): 298-324.

[18] Chen L J, Li T Y, Jia F, et al. The impact of governmental COVID-19 measures on manufacturers' stock market valuations: the role of labor intensity and operational slack. Journal of Operations Management, 2023, 69(3): 404-425.

[19] Kwok F, Sharma P, Gaur S S, et al. Interactive effects of information exchange, relationship capital and environmental uncertainty on international joint venture（IJV）performance: an emerging markets perspective. International Business Review, 2019, 28(5): 101481.

[20] Ma H L, Wang Z X, Chan F T S. How important are supply chain collaborative factors in

supply chain finance? A view of financial service providers in China. International Journal of Production Economics, 2020, 219(1): 341-346.

[21] Xu X H, Chen X F, Jia F, et al. Supply chain finance: a systematic literature review and bibliometric analysis. International Journal of Production Economics, 2018, 204(1): 160-173.

[22] Liang L W, Huang B Y, Liao C F, et al. The impact of SMEs' lending and credit guarantee on bank efficiency in South Korea. Review of Development Finance, 2017, 7(2): 134-141.

[23] Lin H, Zeng S X, Ma H Y, et al. Can political capital drive corporate green innovation? Lessons from China. Journal of Cleaner Production, 2014, 64: 63-72.

[24] Kunapatarawong R, Martínez-Ros E. Towards green growth: how does green innovation affect employment?. Research Policy, 2016, 45(6): 1218-1232.

[25] Zhang D Y, Rong Z, Ji Q. Green innovation and firm performance: evidence from listed companies in China. Resources, Conservation and Recycling, 2019, 144: 48-55.

[26] Jiang W B, Chai H Q, Shao J, et al. Green entrepreneurial orientation for enhancing firm performance: a dynamic capability perspective. Journal of Cleaner Production, 2018, 198: 1311-1323.

[27] Mishra S, Modi S B. Corporate social responsibility and shareholder wealth: the role of marketing capability. Journal of Marketing, 2016, 80(1): 26-46.

[28] Gomm M L. Supply chain finance: applying finance theory to supply chain management to enhance finance in supply chains. International Journal of Logistics Research and Applications, 2010, 13(2): 133-142.

[29] Pena M D V, Rodriguez-Andina J J, Manic M. The internet of things: the role of reconfigurable platforms. IEEE Industrial Electronics Magazine, 2017, 11(3): 6-19.

[30] Livshits I, Mac Gee J C, Tertilt M. The democratization of credit and the rise in consumer bankruptcies. The Review of Economic Studies, 2016, 83(4): 1673-1710.

[31] Ryan R M, O'Toole C M, McCann F. Does bank market power affect SME financing constraints?. Journal of Banking & Finance, 2014, 49: 495-505.

[32] Kim D Y, Zhu P C. Supplier dependence and R&D intensity: the moderating role of network centrality and interconnectedness. Journal of Operations Management, 2018, 64: 7-18.

[33] 科学技术部. 科技型中小企业评价办法. https://www.most.gov.cn/xxgk/xinxifenlei/fdzdgknr/fgzc/gfxwj/gfxwj2017/201705/t20170510_132709.html[2017-05-03].

[34] Jooste L. An evaluation of the usefulness of cash flow ratios to predict financial distress. Acta Commercii, 2007, 7(1): 1-13.

[35] Fawzi N S, Kamaluddin A, Sanusi Z M. Monitoring distressed companies through cash flow analysis. Procedia Economics and Finance, 2015, 28: 136-144.

[36] Lekkakos S D, Serrano A. Supply chain finance for small and medium sized enterprises: the case of reverse factoring. International Journal of Physical Distribution & Logistics Management, 2016, 46(4): 367-392.

[37] Wuttke D A, Blome C, Henke M. Focusing the financial flow of supply chains: an empirical

investigation of financial supply chain management. International Journal of Production Economics, 2013, 145(2): 773-789.
[38] Yao L, Li J. Intercity innovation collaboration and the role of high-speed rail connections: evidence from Chinese co-patent data. Regional Studies, 2022, 56(11): 1845-1857.
[39] Yu C H, Wu X Q, Zhang D Y, et al. Demand for green finance: resolving financing constraints on green innovation in China. Energy Policy, 2021, 153: 112255.
[40] Xu E M, Yang H, Quan J M, et al. Organizational slack and corporate social performance: empirical evidence from China's public firms. Asia Pacific Journal of Management, 2015, 32(1): 181-198.
[41] Lepoutre J, Heene A. Investigating the impact of firm size on small business social responsibility: a critical review. Journal of Business Ethics, 2006, 67(3): 257-273.
[42] Zhu Q H, Sarkis J. The moderating effects of institutional pressures on emergent green supply chain practices and performance. International Journal of Production Research, 2007, 45(18/19): 4333-4355.
[43] Clarkson P M, Li Y, Richardson G D, et al. Revisiting the relation between environmental performance and environmental disclosure: an empirical analysis. Accounting, Organizations and Society, 2008, 33(4/5): 303-327.
[44] Suarez F F, Cusumano M A, Kahl S J. Services and the business models of product firms: an empirical analysis of the software industry. Management Science, 2013, 59(2): 420-435.

第 7 章　供应链中核证减排质押融资
——基于两型博弈的建模仿真

在 1.2.3 节中介绍了可持续供应链金融受到了业界越来越多的关注，在第 2 章通过对当前供应链金融参考文献的系统分析，发现越来越多的学者开始关注到供应链金融与可持续发展相结合的领域。可持续供应链金融的目标是通过促进企业的社会责任和环境可持续性，推动整个供应链的可持续发展。它不仅有助于企业降低经营风险、提高品牌声誉，还可以为金融机构提供更好的风险管理和投资机会。同时，可持续供应链金融也有助于实现全球可持续发展目标，促进经济、社会和环境的共同繁荣。基于此，本章将通过建模仿真的方法研究一种供应链中的碳金融机制——核证减排质押融资，来探讨可持续供应链金融的相关内容。

7.1　可持续供应链金融与核证减排质押融资

在碳排放控制法规的推动下，排放交易计划取得了迅猛发展。例如，中国已在多个省份成功设立了七个碳交易市场，并在 2017 年实现了超过 11 亿元的碳配额销售[1]。然而，尽管单一的碳交易机制在减少碳排放方面具有巨大潜力，但企业若仅依赖这一机制来实现政府的碳排放目标，仍会面临诸多挑战。目前，碳交易市场仅限于少数行业的参与，从而排除了诸如可再生能源和林业碳汇等对碳减排与固存做出重大贡献的领域，使其无法通过市场机制获得经济利益。因此，核证减排机制应运而生。

作为一种重要的碳抵消机制，源自减排项目的核证减排机制为排放交易计划提供了一种高效的补充形式。与以碳配额为主要商品的排放交易计划相比，这种方式使企业能够在基于项目的市场中进行核证减排量的交易。换言之，高排放企业既可以在碳市场中进行碳配额交易，也可以从新能源企业处购买核证减排量作为减少碳排放的手段。同时，新能源企业可以通过出售核证减排量获得额外收入。然而，在这个过程中，它们可能会面临一些挑战，包括在发展减排项目以获取核证减排量时，需要承担与实施核证过程相关的大量投资成本。此外，在激烈的市场竞争中，企业面临着严重的资本资源约束，因此不得不寻求融资以维持其运营活动。资本的短缺以及与融资相关的压力对企业运营决策产生了不利影响，进而影响了整个供应链。因此，如何在资金紧张的供应链中有效地运用碳交易机制已经成为研究人员和实践者关注的焦点之一[2]。

除了作为碳现货产品直接交易之外，核证减排量也是碳金融工具的重要基础资产。2022 年，达州银行与四川联合环境交易所共同发布了《达州银行国家核证自愿减排量 CCER 质押融资业务管理办法》，将核证减排量纳入了银行的抵押品范围。这意味着新能源企业可以通过抵押核证减排量从银行获得贷款，而一旦偿还了本金和利息，就可以解除抵押。我们将这种融资方式称为核证减排质押融资。作为企业缓解资金压力的主要途径，这种融资方式极大地促进了减排项目的发展，进而推动了核证减排量的产生。在实践中，通过核证减排质押进行的融资已经实现了快速增长。以森林碳汇项目为例，中国工商银行哈尔滨分行向知名的国有林区及林业基地中国龙江森林工业集团有限公司提供了 1000 万元的核证减排质押融资贷款。同样，对于光伏电站项目建设，青岛银行为山东省的一个工业园区提供了 3000 万元的融资支持。这些案例充分证明了核证减排质押融资在企业融资渠道多元化中的重要作用。

在这种背景下，一个涉及新能源企业、高排放企业和零售商的低碳供应链逐渐形成。值得注意的是，高排放企业和零售商通过合作投资，有动力共同承担新能源企业的投融资成本。一方面，虽然高排放企业与新能源企业在同一市场上竞争，但它们可以从新能源企业以低于碳排放交易计划的价格购买核证减排量，从而实现成本节约。另一方面，下游零售商通过投资新能源企业可以提高其产品收益。然而，如何协调各参与方的利益，并在这样一个多方参与的供应链中实现理想的结果，是企业面临的一个重要挑战。

两型博弈作为一种结合了非合作博弈与合作博弈的机制，是协调多代理供应链的有效工具。它由两个部分组成。在非合作部分，新能源企业和高排放企业参与价格竞争，并向下游零售商提供产品，零售商随后确定零售价格。这三方独立决定批发和零售价格，以及核证减排量，从而构建了一个不直接为它们带来收益的竞争环境。在合作部分，高排放企业、新能源企业和零售商之间建立了一个合作投资协议，其中一部分新能源企业的融资成本和核证减排量成本由高排放企业与零售商共同承担。因此，在资金紧张的供应链中，我们的研究焦点在于探讨是否可以通过采用两型博弈结构来有效协调多个参与者的利益，同时提升核证减排质押融资模式的效能。

7.2 供应链金融与碳抵消机制

7.2.1 碳抵消机制

在碳配额交易政策的背景下，高碳排放企业通常会采取两种策略来应对其碳排放问题：一是直接在碳市场上购买碳配额；二是从新能源企业处购买核证减排量。尽管关于碳交易机制的研究已经相对丰富[3]，但对于专门讨论碳抵消机制，尤其是基于核证减排交易的文献仍然较少。例如，Cong 等[4]使用中国 30 个省区市的数据研究了核证减排交易项目的影响，发现这些项目对经济状况敏感，且其地理位置与国内生产总值、能源强度和贷款金额密切相关。Lo 和 Cong[5]揭示了清洁发展机制与核证减排交易在地理和部门分布上的差异，强调了中国北部和西部在推动碳减排方面的重要作用。He 等[6]提出了一种基于演化博弈的策略，用于评估参与者战略行为的稳定性，并证明碳监管政策可以推动不同企业之间进行核证减排量的交换。

近年来，核证减排和碳排放交易计划的交易机制受到了研究者的关注[1]。例如，Yu 等[7]深入探讨了碳排放交易计划与核证减排交易之间的内在联系，并强调了将两种机制整合在一起所带来的成本节约优势，优于单一的碳交易市场。Wang 和 Wu[8]则引入了不同的碳交易价格，并分析了核证减排交易和碳排放交易计划对跨国企业的具体影响。Zhang 等[9]则构建了一个演化博弈模型，旨在研究在同时存在碳排放交易计划和核证减排交易的碳交易市场中，发电企业如何制定碳减排策略，同时考虑政府法规的影响。

以上所述的研究主要关注的是单一的碳抵消机制，即核证减排交易。只有少数文献通过实证分析或演化博弈的方法探讨了将核证减排交易和碳排放交易计划相结合的混合碳交易机制。与其相比，本章创新性地采用了两型博弈的方法，将非合作博弈与合作博弈相结合，旨在研究在混合碳交易机制下如何做出最优的碳减排决策。此外，在本章中，我们把核证减排量视为一种碳资产，这将为那些资金紧张的制造商提供一个新的融资途径，它们可以通过核证减排质押融资的方式获得银行贷款。

7.2.2 低碳供应链中的融资和运营决策

低碳供应链中的运营决策一直是备受关注的研究领域[10]。Lin 等[11]研究了通过横向兼并协议的竞争制造商之间的绿色技术投资的协同效应。Huang 等[12]考察了各种碳排放政策对供应商和零售商的生产与投资决策的影响。同样，也存在一些研究探讨了供应链中资金紧张的成员所做出的融资选择[13]。Dong 等[14]提出了资本有限的供应商利用区块链技术为其供应链融资的方案。Li 等[15]则研究了在零售商提供的买方融资和银行提供的外部融资的情况下，资金紧张制造商的最优融资策略。

尽管研究者对减少碳排放的运营决策的兴趣日益浓厚，但在低碳领域同时关注融资和运营决策的研究仍然相对较少。因此，相关文献主要聚焦于两个方面：内部融资和外部融资。在内部融资方面，Deng 等[16]表明，在考虑碳减排百分比测度时，制造商是否采用内部融资取决于碳排放水平和碳交易价格。Xia 等[2]研究了链对链竞争背景下的融资决策，发现尽管碳减排水平很高，但内部融资并不总是能为制造商创造收益。在外部融资方面，Wang 和 Peng[17]研究了碳排放权质押融资对供应链成员定价决策和碳减排策略的影响。此外，在低碳供应链的背景下，内部和外部融资的整合也已得到了深入探讨[18]。

与本书研究领域的前述文献相似，我们也深入探讨了资金紧张企业在通过外部融资减少碳排放时的决策过程。然而，在融资类型以及与碳排放减少相关的具体方面，本书存在显著的区别。本书研究了核证减排质押融资的实践，其中资金紧张的企业将其核证减排量作为抵押品，以从银行获取金融支持，而不是依赖实物资产支持的传统银行贷款。此外，与现有文献主要考察企业绿色投资的研究不同，我们提出了一种新型的混合碳交易机制，该机制整合了碳排放交易计划和核证减排交易，旨在分析企业在碳减排方面的战略决策。

7.2.3 两型博弈和供应链协调

近年来，供应链协调问题已经引起了学术界的广泛关注[19]。许多相关研究都集中在使用各种的合约安排以研究非合作供应链内的协调问题，例如，具有协调条款的买方主导合约[20]和涉及成本分摊与回购机制的联合合约[21]。尽管关于利用合作博弈理论优化供应链利润结构的利润分配机制方面的文献相对较少，但一些常用的方法有夏普利值法[22]和核仁解[23]。值得注意的是，在多代理供应链中实现协调是一项具有挑战性的任务，仅仅依靠非合作或合作博弈可能达不到理想的效果。总而言之，这些研究尚未完全解决如何有效地协调多代理供应链的问题。

为了弥合这一差距，一些研究开始探讨融合了非合作与合作元素的两型博弈。这一概念可以追溯到 Brandenburger 和 Stuart[24]，他们提出了两型博弈的定义，并在商业实践中证实了其有效性。此后，两型博弈被广泛地应用于各个领域。Liu 等[25]于 2023 年定义了两型博弈的混合模型，并利用夏普利值函数找到了非合作博弈中的唯一纳什均衡解。Yang 等[26]利用犹豫且模糊的语言环境拓展了两型博弈，并通过实践中的流域管理案例证明了利润分配机制的有效性。为了激励生产者承担生产者延伸责任，Gui 等[27]开发了一个两型博弈框架，并证明了实施成本分配机制可以有效确保集体的生产者延伸责任的稳定性。Su 等[28]对合作伙伴选择的两型博弈进行了分析，其中参与者组成了知识联盟，并揭示了知识溢出效应对这些联盟的潜在益处。此外，Bennett[29]研究了在两型博弈中，组织形式如何影响企业与其他贸易商的价格谈判决策，并利用美国新车市场的销售数据验证了所提出的模型。

现有的研究主要聚焦于特定行业背景下两型博弈的均衡解，却往往忽略了碳减排和融资方式对供应链成员最优决策的影响。与此不同，本章涉及一个由两个碳排放水平不同的竞争制造商组成的供应链，并在混合碳交易机制下构建了一个两型博弈模型。

综上所述，本书通过整合资金紧张的供应链中竞争者之间的核证减排交易，强化了碳交易机制，从而为现有文献做出了贡献。现有文献中关于混合碳交易机制下资本约束影响的分析较少。此外，本书引入了一种创新的质押融资方法，将核证减排视为有价值的碳资产。目前，通过质押方式进行碳配额融资的研究尚不充分，而新能源企业通过开发核证减排产生额外经济收入的潜力虽然在实践中快速增长，但仍待进一步探索。另外，本章首次将两型博弈结构和核证减排质押融资相结合进行探讨。然而，先前研究相对较少关注两型博弈结构背景下的运营–融资相互联系的问题，具体如表 7.1 所示。

表 7.1　我们的研究与相关论文的比较

相关论文	排放交易计划及核证减排交易	两型博弈	核证减排质押融资
Yu 等[7]	✓		
Zhang 等[9]	✓		
Wang 和 Wu[8]	✓		
Zhu 和 Ma[1]	✓		
Fu 等[30]			✓
Wang 和 Peng[17]			✓
Gui 等[27]		✓	
Liu 等[25]		✓	
Yang 等[26]		✓	
本书	✓	✓	✓

7.3　问题描述

本章构建了一个由两家竞争的制造商和一家零售商组成的低碳供应链。其中一家制造商作为控制排放的企业，是高碳排放的企业，记作"高排放企业"；而另一家制造商作为减排企业，通过项目开发获得核证减排量，记作"新能源企业"。在两家制造商进行价格竞争并向零售商供应零部件的过程中，我们将它们的成本标准化为零[31]。同时，新能源企业和高排放企业有义务满足政府设定的碳排放目标，这意味着如果它们的排放超过或低于这些目标，它们可以在碳市场上进行碳交易。高排放企业不仅可以参与排放交易计划来交易碳配额，还可以从新能源企业那里购买核证减排量。我们假设新能源企业从减排项目中获取核证减排量的成本是 $k(vd_1)^2/2$，这一成本与产品需求和核证减排量呈正相关关系。

我们认为消费者从两家制造商那里获得的效用为：$U_1 = s - p_1$，$U_2 = \beta s - p_2$，其中 s 是客户感知的产品价值，代表了它们从制造商那里购买产品的意愿，它遵循均匀分布，即 $s \sim U(0,1)$。此外，消费者愿意购买新能源企业的低碳排放产品，为了简化分析，我们假设消费者对新能源企业和高排放企业产品的偏好分别为 1 与 β ($0 < \beta < 1$)。因此，新能源企业和高排放企业的需求函数如下：

$$d_1 = 1 - \frac{p_1 - p_2}{1 - \beta}, \quad d_2 = \frac{p_1 - p_2}{1 - \beta} - \frac{p_2}{\beta} \tag{7.1}$$

其中，p_i 为制造商的单位产品零售价格，下标分别代表新能源企业和高排放企业。请注意，式（7.1）中的需求函数在运营管理和供应链金融文献中很常见[22]。此外，假设两家制造商的财务状况不同，其中新能源企业受到资本约束，其初始资本为 A，而高排放企业则资本充足。在高排放企业资金不足的情况下，有 $0 < A < A^* = (p_c)^2/2k$，其中 A^* 是高排放企业拥有足够资本的资本水平。具体而言，本章构建了两个制造商之间合作与竞争关系的三种模型：资本约束模型 NN、核证减排质押融资模型 NF 以及基于两型博弈的核证减排质押融资模型 CF。这些模型符号意义如表 7.2 所示。

表 7.2 符号意义

符号	符号描述/定义
参数	
c	高排放企业单位产品的生产成本
p_m	通过排放交易机制的碳配额交易价格，其中 $p_m = p_c + m$，m 表示两种碳交易机制的成本差异
A	新能源企业的初始资本
d_i	零售商需求函数
p_c	单位核证减排量的交易价格
β	消费者对高排放企业产品的偏好
r	核证减排质押融资利率
T	核证减排资产的质押周期
θ	核证减排资产质押率
k	减排项目成本系数
G	政府要求的碳排放总量上限，其中 $G = \delta E$，δ 为祖父法下的碳排放系数，E 为碳排放总量
u	高排放企业单位产品碳排放量
π_r^j	模型 j 中零售商的利润，其中 $j \in \{NN, NF, CF\}$
π_1^j, π_2^j	模型 j 中新能源企业和高排放企业的利润
决策变量	
p_i	新能源企业、高排放企业单位产品零售价格
v	新能源企业单位核证减排量
w_i	单位产品批发价格

在模型 NN 中，由于新能源企业受到资金限制并且缺乏其他资金资源，它完全依赖于其初始资本进行生产决策。高排放企业从新能源企业那里购买核证减排量以减少其碳排放，并通过确定批发价格参与市场竞争。随后，零售商根据这些批发价格确定零售价格。

在模型 NF 中，受资金约束的新能源企业投资于减排项目，并从银行获得碳质押融资。在交易和生产阶段之前，新能源企业通过抵押核证减排量从银行获取贷款，然后在期末偿还贷款及相应利息，并释放质押的核证减排量。两家制造商在这个非合作的供应链中进行价格竞争，并向零售商批发零部件。在这种模式下，此供应链中的三个参与者独立优化各自的运营决策，以实现自身利润的最大化。

对于模型 CF，我们将模型 NF 进行扩展，引入了结合非合作和合作博弈的两型博弈结构。两型博弈分为两部分，在非合作博弈部分，两家制造商和一家零售商独立决定批发价格与零售价格，这为合作博弈部分创造了竞争环境，但它们不获得报酬。在合作博弈部分，三方签订合作投资协议，其中零售商与高排放企业需要共同承担新能源企业部分融资和减排项目成本。然后，我们可以通过采用夏普利值和最小化或最大化原则得出最优解。

7.4 模型设置

7.4.1 基准模型：新能源企业受到资本约束（模型 NN）

在本节中，我们将资金紧张的情况视为基准模型，其中新能源企业和高排放企业向下游零售商提供零部件，高排放企业通过排放交易计划购买碳配额，并以价格 p_c 从新能源企业那里购买核证减排量以减少碳排放。如果新能源企业的初始资本 A 无法覆盖开发减排项目的成本且无融资渠道，那么它就处于资金紧张的状态。在这种情况下，$0 < A \leq k(vd_1)^2/2$，其中我们假设新能源企业的核证减排成本为 $k(vd_1)^2/2$ [11]。决策顺序如下。第一阶段，新能源企业根据其初始资本决定单位核证减排量 v 和单位产品批发价格 w_1，同时高排放企业确定单位产品批发价格 w_2。第二阶段，在给定单位产品批发价格的情况下，零售商通过优化新能源企业和高排放企业单位产品的零售价格 p_1 与 p_2 来实现利润最大化。因此，新能源企业的利润为

$$\pi_1^{NN}(w_1, v) = w_1 d_1 + v d_1 p_c - \frac{k(vd_1)^2}{2}$$

$$\text{s.t. } 0 < A \leq \frac{k(vd_1)^2}{2}$$

(7.2)

从式（7.2）可以看出，第一项代表批发收入 w_1d_1，第二项是向高排放企业提供核证减排量而获得的利润 vd_1p_c，最后一项是通过开发减排项目投资产生的核证减排成本。

高排放企业的利润可以表示为

$$\pi_2^{NN}(w_2) = (w_2 - c)d_2 - (ud_2 - G - vd_1)(p_c + m) - vd_1 p_c \tag{7.3}$$

从式（7.3）可以看出，第一项代表批发收入的利润 $(w_2 - c)d_2$，第二项和第三项代表通过排放交易计划购买碳配额的成本 $(ud_2 - G - vd_1)(p_c + m)$ 与支付给新能源企业的核证减排交易购买额 vd_1。在本书中，我们假设 $ud_2 - G - vd_1 > 0$，这意味着高排放企业的碳排放超过了政府提供的免费碳配额，它有动机从新能源企业购买核证减排量以减少碳排放。

同样，零售商的利润来自销售新能源企业和高排放企业的产品。因此，零售商的利润可以表示为

$$\pi_r^{NN}(p_1, p_2) = (p_1 - w_1)d_1 + (p_2 - w_2)d_2 \tag{7.4}$$

定理 7.1 最优的核证减排数量和零售价格是

$$v^{NN^*} = \frac{-(2 - 2\beta + u(m + p_c)) + \Psi}{2m\beta}$$

$$p_1^{NN^*} = \frac{10 - 4\beta + u(p_c + m) + \Psi}{4(4 - \beta)p_c}$$

$$p_2^{NN^*} = \frac{-2 + (7 - 2\beta)\beta + u(m + p_c) + \Psi}{2(4 - \beta)p_c}$$

其中，$\Psi = \sqrt{8\sqrt{2Ak}m(-4 + \beta)(-1 + \beta)\beta + (2 - 2\beta + u(m + p_c))^2}$。

7.4.2 核证减排质押融资模型（模型 NF）

在模型 NF 中，受资本约束的新能源企业可以通过抵押核证减排资产从银行获得贷款，以覆盖核证减排的成本[30]。与 Chen 等[13]的研究一样，我们假设新能源企业的营收能够偿还贷款并且它不会破产。决策顺序如下。第一阶段，新能源企业通过与高排放企业签订核证减排购买协议，将该核证减排资产质押给银行，并根据银行设置的质押率 θ（$0<\theta<1$）获得贷款。然后，所有新能源企业共同决定核证减排的数量 v 和批发价格 w_1，同时高排放企业决定批发价格 w_2。第二阶段，零售商根据批发价格确定零售价格 p_1 和 p_2。在需求实现后，零售商向制造商支付款项。相应地，新能源企业将向银行赎回抵押的核证减排资产并支付本息。因此，新能源企业的利润可以表示为

$$\pi_1^{\text{NF}}(w_1,v) = w_1d_1 - \theta vd_1 p_c e^{rT} + vd_1 p_c - \frac{k(vd_1)^2}{2} \tag{7.5}$$

从式（7.5）中可以看出，第一项代表批发收入w_1d_1，第二项是核证减排质押融资的成本$\theta vd_1 p_c e^{rT}$，第三项和第四项分别为核证减排交易的收入$vd_1 p_c$与核证减排投资的成本$k(vd_1)^2/2$。

高排放企业从零售商那里收到款项并承担生产成本$(w_2-c)d_2$。同时高排放企业需要支付通过排放交易计划购买碳配额的款项$(ud_2-G-vd_1)(p_c+m)$和核证减排交易成本$vd_1 p_c$。因此，高排放企业的利润可以表示为

$$\pi_2^{\text{NF}}(w_2) = (w_2-c)d_2 - (ud_2-G-vd_1)(p_c+m) - vd_1 p_c \tag{7.6}$$

零售商的利润来源于产品销售，因此零售商的利润可以表示为

$$\pi_r^{\text{NF}}(p_1,p_2) = (p_1-w_1)d_1 + (p_2-w_2)d_2 \tag{7.7}$$

定理 7.2 在模型 NF，最优的核证减排量和零售价格是

$$v^{\text{NF}*} = \frac{-k(2-2\beta+u(m+p_c))+\Gamma}{2km\beta}$$

$$p_1^{\text{NF}*} = \frac{1}{2} + \frac{k(2-2\beta+u(m+p_c))+\Gamma}{4k(4-\beta)}$$

$$p_2^{\text{NF}*} = \frac{k(-2+(7-2\beta)\beta+u(m+p_c))+\Gamma}{2k(4-\beta)}$$

其中，$\Gamma = \sqrt{k\left(-8m(-4+\beta)(-1+\beta)\beta(-1+e^{rT}\theta)p_c + k(2-2\beta+u(m+p_c))^2\right)}$。

7.4.3 基于两型博弈的核证减排质押融资（模型 CF）

本节将模型 NF 扩展到了模型 CF，将核证减排资产质押融资引入基于两型博弈的协作供应链结构中，旨在研究混合碳交易机制下供应链成员的最优决策。两型博弈分为两部分，一部分是非合作博弈部分，其中新能源企业、高排放企业和零售商独立决定价格与碳减排决策，创造一个竞争环境但不直接获得收益。另一部分是合作博弈部分，三方就一项合作投资协议达成一致，高排放企业和零售商共同分担新能源企业的部分成本，这与公司之间的利益分配有关。请注意，前者的竞争行为将影响后者分配机制的形成，反过来也会影响前者的目标函数。

本节通过逆向求解方法来获得两型博弈的均衡解。因此，首先对合作博弈部分进行如下分析。

1. 合作博弈部分

新能源企业不仅向零售商提供产品，还产生可以与高排放企业进行交易以降低其碳排放的核证减排量。为了鼓励新能源企业努力投资于核证减排项目，高排放企业与零售商愿意通过共同承担新能源企业的部分成本来与其建立合作投资关系，其中高排放企业和零售商的成本共享系数分别表示为 α_h 与 α_r。

对于三方合作博弈 $[S,c]$，其中 S 为供应链的任意参与者，$S \subseteq \{M_1, M_2, R\}$，M 和 R 分别表示制造商与零售商，利益分配机制的顺序有两种情况。首先，我们考虑由制造商和零售商组成的一系列联盟，即 $Z \in \{\varnothing, M_1, M_2, R, M_1M_2, M_1R, M_2R, N\}$，$Z$ 表示有限参与者集合，N 为大联盟，即联盟 $\{M_1, M_2, R\}$。其次，我们通过最小化或最大化原则计算不同联盟的特征值 $c(p_1, p_2, w_1, w_2)(Z)$。最后，在给定的竞争环境中，制造商和零售商的利益分配将采用夏普利值进行计算。

我们以 $c(M_1)$ 为例，基于最小化或最大化原则计算联盟 M_1 的特征值。对于给定的 M_1 的利润函数[见方程（7.2）]，它可以计算为

$$c(p_1,p_2,w_1,w_2)(M_1) = \underset{v}{\text{Max}} \underset{t_h,t_r}{\text{Min}} \left\{ \pi_1^{CF}(p_1,p_2,w_1,w_2,v,t_r,t_h) \right\}$$

$$= \underset{v}{\text{Max}} \underset{t_h,t_r}{\text{Min}} \left\{ vd_1(p_c+m) + w_1 d_1 - \left(\frac{k(vd_1)^2}{2} + \theta v d_1 p_c e^{rT} \right)(1-t_r-t_h) \right\}$$

(7.8)

其中，t 为分摊比例；t_r 为零售商的分摊比例；t_h 为高排放企业的分摊比例。

对于其他联盟，详细的求解过程可以在附录 C 中找到。

然后，我们分析合作博弈 $[S,c]$ 的凸性和超可加性，这可以帮助我们通过方程 $c(p_1,p_2,w_1,w_2)(Z_1) + c(p_1,p_2,w_1,w_2)(Z_2) \leq c(p_1,p_2,w_1,w_2)(Z_1 \cup Z_2) + c(p_1,p_2,w_1,w_2) \times (Z_1 \cap Z_2)$ 来验证，所有的联盟的夏普利值是否存在于核心中。

定理 7.3 合作博弈 $[S,c]$，其中 $S \subseteq \{M_1, M_2, R\}$，是凸的和超可加的。

在确定了联盟的特征值后，我们将继续计算每个联盟的夏普利值。在合作博弈理论中，夏普利值具有重要意义，它能够优化利润分配机制。此外，它在数学上可以表示为

$$\phi_i^{CF}(c(p_1,p_2,w_1,w_2)) = \sum_{i \subseteq Z, Z \subseteq N} \frac{(3-|Z|)!(|Z|-1)!}{3!} [c(Z) - c(Z \setminus S)], \; S = \{M_1, M_2, R\}$$

(7.9)

其中，$c(Z) - c(Z \setminus i)$ 为参与者 S 的边际贡献；$\dfrac{(3-|Z|)!(|Z|-1)!}{3!}$ 为每个联盟的权重

系数。在我们的研究中，所有参与者的夏普利值如下：

$$\phi_{\mathrm{R}}^{\mathrm{CF}}\left(c(p_1,p_2,w_1,w_2)\right) = \frac{\begin{array}{c}\beta p_1^2 - (-1+\beta)\beta w_1 + p_2(p_2+\beta w_1-w_2)\\ +\beta p_1(-1+\beta-2p_2-w_1+w_2)\end{array}}{(-1+\beta)\beta} \quad (7.10)$$

$$\phi_{\mathrm{M}_1}^{\mathrm{CF}}\left(c(p_1,p_2,w_1,w_2)\right) = \frac{m^2 - 2(-1+e^{rT}\theta)p_c\left(m+(1-e^{rT}\theta)p_c\right)}{4k} - \frac{(-1+\beta+p_1-p_2)w_1}{1-\beta}$$

$$(7.11)$$

$$\phi_{\mathrm{M}_2}^{\mathrm{CF}}\left(c(p_1,p_2,w_1,w_2)\right) = G(m+p_c) + \frac{m\left(m+(2-2e^{rT}\theta)p_c\right)}{4k}$$
$$+ \frac{p_1(c+u(m+p_c)-w_2)}{-1+\beta} - \frac{p_2(c+u(m+p_c)-w_2)}{(-1+\beta)\beta} \quad (7.12)$$

显然，根据定理 7.3 可得

$$\phi_{\mathrm{M}_1}^{\mathrm{CF}}\left(c(p_1,p_2,w_1,w_2)\right) + \phi_{\mathrm{M}_2}^{\mathrm{CF}}\left(c(p_1,p_2,w_1,w_2)\right) + \phi_{\mathrm{R}}^{\mathrm{CF}}\left(c(p_1,p_2,w_1,w_2)\right) = c(N)$$

$$\phi_{\mathrm{R}}^{\mathrm{CF}}\left(c(p_1,p_2,w_1,w_2)\right) \geq c(\mathrm{R})$$

$$\phi_{\mathrm{M}_1}^{\mathrm{CF}}\left(c(p_1,p_2,w_1,w_2)\right) \geq c(\mathrm{M}_1)$$

$$\phi_{\mathrm{M}_2}^{\mathrm{CF}}\left(c(p_1,p_2,w_1,w_2)\right) \geq c(\mathrm{M}_2)$$

这显示了该合作博弈中的个体理性和集体理性。因此，在合作博弈部分，制造商和零售商将就由夏普利值引导的分配机制达成一致，并采用这种利益分配方式在非合作博弈中进行战略决策。

2. 非合作博弈部分

除了参与非合作博弈中的利益分配创造的竞争环境之外，合作博弈部分的合作投资还会影响非合作供应链中三个参与者的利润。如前所述，合作博弈中的利益分配可视为供应链成员在非合作博弈阶段中的收益函数。因此，零售商和制造商的收益确定如下：

$$F_{\mathrm{R}}^{\mathrm{CF}}(p_1,p_2,w_1,w_2) = \phi_{\mathrm{R}}^{\mathrm{CF}}\left(c(p_1,p_2,w_1,w_2)\right) \quad (7.13)$$

$$F_{\mathrm{M}_1}^{\mathrm{CF}}(p_1,p_2,w_1,w_2) = \phi_{\mathrm{M}_1}^{\mathrm{CF}}\left(c(p_1,p_2,w_1,w_2)\right) \quad (7.14)$$

$$F_{\mathrm{M}_2}^{\mathrm{CF}}(p_1,p_2,w_1,w_2) = \phi_{\mathrm{M}_2}^{\mathrm{CF}}\left(c(p_1,p_2,w_1,w_2)\right) \quad (7.15)$$

我们采用逆向求解法来计算，从而成功地获得了合作供应链的最优决策。对于详细的证明过程，请参见附录 C。

定理 7.4 在模型 CF 中,最佳的核证减排量和零售价格是

$$v^{CF*} = \frac{2(4-\beta)(1-\beta)\left(m+\left(1-e^{rT}\theta\right)p_c\right)}{k(2-2\beta+u(m+p_c))}$$

$$p_1^{CF*} = \frac{6-3\beta+u(p_c+m)}{2(4-\beta)}$$

$$p_2^{CF*} = \frac{(5-2\beta)\beta+2u(p_c+m)}{2(4-\beta)}$$

7.5 供应链成员的最优选择

7.5.1 制造商的决策

命题 7.1 v^j、A 和 p_c 之间的关系如下:① $\frac{\partial v^{NN*}}{\partial A}>0$;② $\frac{\partial v^{NN*}}{\partial p_c}<0$,$\frac{\partial v^{NF*}}{\partial p_c}>0$;若 $0<\theta<\frac{2(1-\beta)}{e^{rT}(2+mu-2\beta)}$,则 $\frac{\partial v^{CF*}}{\partial p_c}>0$;若 $\frac{2(1-\beta)}{e^{rT}(2+mu-2\beta)}<\theta<1$,否则 $\frac{\partial v^{CF*}}{\partial p_c}<0$。

命题 7.1①显示,在模型 NN 中,随着初始资本的增长,核证减排量也会相应增加。这将进一步激励新能源企业加大在减排项目开发上的投入,从而获得更多的核证减排量。命题 7.1②阐述了在不同的策略下,新能源企业的核证减排量如何随碳交易价格的变化而变化。较高的碳交易价格使得高排放企业的交易成本增加,从而抑制了它们对核证减排量的需求量的增加。当新能源企业在模型 NN 中面临资金限制时,它们会采取更为保守的策略,倾向于减少核证减排量。然而,在模型 NF 中,新能源企业会通过核证减排质押融资的方式积极地提高核证减排量。这是因为质押融资的实施可以使新能源企业获得额外的生产资金,从而激励新能源企业在碳交易价格上升时增加核证减排量。此外,在模型 CF 中,核证减排量与碳交易价格呈现出非单调关系,其特征是先增加后减少。

在模型 CF 中,制造商和零售商签订合作投资协议,其中高排放企业和新能源企业共同承担新能源企业的质押融资成本与核证减排成本。然而,质押率的提高不仅增加了新能源企业的融资额,还增加了总融资成本,从而对核证减排量产生了两种截然不同的影响:积极的成本分摊效应和消极的融资成本效应。当质押率处于较低范围内时,前者超过后者,导致新能源企业的核证减排量增加。然而,

在质押率相对较高的情况下,新能源企业可能会减少其核证减排量。

命题 7.2 存在阈值 A^τ 和 A^u,使得若 $0 < A < A^\tau$,则 $v^{CF^*} > v^{NF^*} > v^{NN^*}$;若 $A^\tau < A < \text{Min}\{A^u, A^*\}$,则 $v^{CF^*} > v^{NN^*} > v^{NF^*}$;若 $A^u < A < A^*$,则 $v^{NN^*} > v^{NF^*} > v^{CF^*}$。

命题 7.2 讨论了在有和无两型博弈的两种情况下,核证减排质押融资对核证减排量的影响。这一分析主要受资本成本和成本降低的影响。一方面,相比于新能源企业的资本,采用质押融资会产生更高的资本成本,从而对核证减排量产生负面影响,这通常被称为融资成本效应。另一方面,在模型 CF 中,供应链成员签订了一个合作投资协议,其中新能源企业的部分融资和核证减排成本由高排放企业和零售商承担。这将对核证减排量产生积极影响,通常被称为成本分摊效应。然而,随着新能源企业初始资本的增加,这两种效应对核证减排量的影响程度各不相同。具体来说,当新能源企业的初始资本处于较低范围内时,从缓解财务约束中获得的收益超过了质押融资相关的资本成本,从而有助于增加模型 NF 中的核证减排量。此外,在模型 CF 中,结合两型博弈的成本分摊效应的融资方式将进一步激励新能源企业增加核证减排量。当初始资本被调节时,新能源企业将更加重视评估融资成本效应的影响,从而导致模型 NF 中的大量核证减排效率降低,且低于模型 NN。然而,在模型 CF 中,成本分摊效应能够在一定程度上减轻消极的融资成本效应,从而使核证减排量高于模型 NN。随着初始资本的持续增加,成本降低的积极效应逐渐减弱,并被核证减排量中的资本成本影响所掩盖。因此,对于新能源企业来说,在模型 NN 中优先考虑增加核证减排量比在模型 CF 和 NF 中更为理想。并且,与模型 NF 相比,采用两型博弈对于提高核证减排量始终是有益的。

命题 7.3 ① $\frac{\partial w_i^{NN}}{\partial A} > 0$,$\frac{\partial w_i^j}{\partial p_c} > 0$($i = 1, 2$, $j = \text{CF, NN, NF}$)。② 若 $0 < A < A^\tau$,则 $w_i^{NF^*} > w_i^{NN^*} > w_i^{CF^*}$;若 $A^\tau < A < A^*$,则 $w_i^{NN^*} > w_i^{NF^*} > w_i^{CF^*}$。

在命题 7.3①中,两个制造商的批发价格与初始资本呈正相关关系,并且也受到不同模型中的碳交易价格影响。在新能源企业面临资本约束且无法获得融资的情况下,增加初始资本会促使新能源企业提高批发价格,作为提高边际利润的手段。同样的逻辑也适用于模型 NN 中高排放企业的定价决策。此外,当碳交易成本增加时,不管新能源企业的财务状况如何,理性的高排放企业将会通过提高批发价格将此费用转嫁给零售商。同时,较高的批发价格有助于新能源企业通过产品批发增加收入,从而抵消高排放企业对核证减排需求的下降。质押融资和两型博弈的实施对新能源企业的财务状况与成本结构产生了影响,但对核证减排交易收入在利润中的关键作用影响甚微。因此,新能源企业在三种模型中都可能提高批发价格。

通过比较命题7.3②中使用的最优批发价格，可以证明无论新能源企业的初始资本水平如何，模型CF在三个模型中表现最佳，为两家制造商提供了最低的批发价格。原因在于，当供应链成员参与合作投资时，双重加价对批发价格的影响相对减轻。因此，与模型NN和模型NF相比，两家制造商更倾向于降低模型CF中的批发价格。此外，随着初始资本从较低水平增加，新能源企业越来越依赖质押融资，并在模型NF中调整批发价格以抵消部分融资成本。然而，初始资本的增加也会减少新能源企业向银行贷款的金额，进而降低模型NF中的利息支出。在此情况下，批发价格也会随之降低。同理，为了保持竞争优势，高排放企业在三个模型中根据新能源企业的定价决策来确定批发价格。因此，两家制造商具有相同的定价决策。

7.5.2 零售商的决策

命题 7.4 ① $\frac{\partial p_i^{NN}}{\partial A} > 0$；$\frac{\partial p_i^j}{\partial p_c} > 0$，（$i=1,2, j=NN, NF, CF$）。②若 $0 < A < A^\tau$，则 $p_i^{NF^*} > p_i^{NN^*} > p_i^{CF^*}$；若 $A^\tau < A < A^*$，则 $p_i^{NN^*} > p_i^{NF^*} > p_i^{CF^*}$。

从命题7.4①中可以看出，在不同策略下，零售商的零售价格与初始资本和碳交易价格呈正相关关系。正如命题7.3①所述，随着初始资本的增加，批发价格也会相应提高。这将促使零售商提高零售价格，以抵消购买产品的成本并产生更多的产品销售收入。由于零售商根据制造商的批发价格制定定价决策，二者呈现同向变动[32]，故而同样的逻辑也适用于碳价对零售价格的影响。

命题7.4②表明，在模型NF和模型NN中，两家制造商产品的最优零售价格与新能源企业的初始资本有关。而在模型CF中，新能源企业始终决定最低零售价格。具体而言，在模型NN中，如果新能源企业在资本方面非常受限，零售商将会降低制造商的两种产品的零售价格。然而，如果新能源企业的初始资本继续增加但仍受资本限制，则在模型NF中确定的零售价格比模型NN中的更低。注意，零售商的成本主要是从两家制造商购买产品的成本，这表明零售商的定价决策主要受到制造商的批发价格影响。因此，正如命题7.3②所表明的，质押融资和两型博弈对零售价格与批发价格具有相似的影响。例如，较高的批发价格将增加产品的购买量，从而激励零售商提高零售价格以将这些成本转嫁给消费者。同理，如果制造商设定较低的批发价格，零售商也会降低零售价格以增加消费者的需求。

7.6 融资策略的选择

本节考察了制造商在不同融资策略下的绩效。首先，我们比较了两个制造商在模型 NN 和模型 NF 中的利润，其次比较了两个制造商在模型 NF 和模型 CF 中的利润。最后，我们从整个供应链的角度讨论了制造商的最优策略。

命题 7.5 存在 A^κ 和 A^δ，使得①若 $0<A<\text{Min}\{A^\kappa,A^\delta\}$，则两家制造商均偏好模型 NF；②若 $\text{Max}\{A^\kappa,A^\delta\}<A<A^*$，则两家制造商均偏好模型 NN；③若 $\text{Min}\{A^\kappa,A^\delta\}<A<\text{Max}\{A^\kappa,A^\delta\}$，则新能源企业偏好模型 NF 或者模型 NN，而高排放企业则偏好模型 NN 或者模型 NF。

如命题 7.5 所述，当比较模型 NF 和模型 NN 时，我们发现两个制造商的偏好都与新能源企业的初始资本有关。通过引入核证减排质押融资，制造商在绩效上受到了两种截然不同的影响。首先，这种融资模式鼓励新能源企业增加其核证减排产量，从而最大化碳交易收益并减轻财务压力（积极的成本分摊效应）。然而，与此同时，相较于使用初始资本，新能源企业在融资过程中面临着更高的成本（负面的融资成本效应）。因此，在使用核证减排质押融资时，新能源企业需要在两种效应之间找到平衡点。当初始资本较少时，正面的成本分摊效应会超过负面的融资成本效应，导致在不使用核证减排质押融资的情况下，模型 NF 中的新能源企业比模型 NN 能获得更高的利润。此外，在这种情况下，高排放企业可以通过向新能源企业购买额外的核证减排量来降低碳排放，而这种购买方式的成本要低于排放交易计划中的碳配额成本。这意味着，在模型 NF 中高排放企业的利润损失最小化，这为两家制造商采用模型 NF 创造了有利条件。然而，当初始资本超过某个阈值时，额外的资本资源带来的融资利益将无法弥补高昂的融资成本，这表明融资的正面影响被资本成本的负面影响所抵消。因此，在这种情况下，模型 NN 更为合适。此外，在模型 NF 中，该公司还可能通过减少生产量来降低碳排放，从而导致利润低于模型 NN。随着新能源企业通过核证减排质押融资增加资本，高排放企业的相对市场份额将逐渐受到挤压，因此它们对核证减排质押融资表现出不同的偏好。

命题 7.6 存在阈值 p_c^τ、p_c^δ、k^ε 和 k^θ，有以下结果。

（1）①当 $0<p_c<p_c^\tau$ 时，新能源企业更偏好于模型 CF；②当 $p_c>p_c^\tau$ 时，若 $\beta^\sigma<\beta<1$ 且 $k>k^\varepsilon$，则新能源企业更偏好于模型 NF，否则模型 CF 优于模型 NF。

（2）当 $0<p_c<p_c^\delta$ 且 $k>k^\theta$ 时，高排放企业偏好于模型 CF，否则模型 NF 优于模型 CF。

命题 7.6 比较了在有无两型博弈的两种情况下，碳质押融资模型中新能源企业和高排放企业的利润。根据命题 7.6（1），当碳交易价格相对较低时，核证减排交易收入较少，此时新能源企业倾向于通过两型博弈与高排放企业和零售商合作投资，以降低核证减排成本。当碳交易价格继续上升并高于阈值时，新能源企业的偏好受减排项目成本系数和产品替代程度的影响。产品替代系数（β）越大意味着两个制造商的产品之间的竞争越激烈，这可以利用两型博弈有效解决。在不存在两型博弈结构的情况下，新能源企业可以获得更多的核证减排交易销售收入来抵消增加的减排项目成本。因此，如果减排项目成本系数和产品替代程度较大，新能源企业会倾向于采用模型 NF。反之，对于新能源企业来说，模型 CF 优于模型 NF。

根据命题 7.6（2），在碳交易价格较低且减排项目成本系数超出一定阈值的情况下，高排放企业若采用模型 CF，其获得的利润将高于使用模型 NF。作为一个理性的经济主体，高排放企业通常更倾向于从新能源企业那里以低于碳排放交易计划中碳配额的价格购买核证减排量，以此来抵消其碳排放，而不是直接动用其碳排放配额。同时，低碳交易价格不仅降低了高排放企业的潜在损失，而且还激励它鼓励新能源企业开发更多的核证减排量，尤其是在新能源企业的减排项目成本系数较高时。如此，降低的碳排放交易成本可以弥补由分摊部分新能源企业的成本而导致的成本损失。否则，高排放企业很可能采用模型 NF。这个命题证实了模型 CF 中的两型博弈结构在增加利润方面比模型 NF 更有优势。

此外，参照 Fu 等[30]、Tang 和 Yang[18]的参数设定，本节假设 $T=3$，$\beta=0.4$，$r=0.06$，$u=1$。通过数值分析，本节探讨了不同碳交易价格下，新能源企业的初始资本对新能源企业和高排放企业利润的影响，如图 7.1 和图 7.2 所示。在图 7.1 中，我们设 $p_c=0.2$。从图 7.1（a）中，我们发现新能源企业总是更倾向于选择模型 CF，因为它可以在三种策略中获得最高的利润。此外，新能源企业是否使用模型 NF 主要取决于其初始资本。模型 NF 可以缓解新能源企业的资金压力，因此当其初始资本处于中间值时，新能源企业更倾向于选择模型 NF。从图 7.1（b）可以看出，新能源企业拥有较高的初始资本会降低高排放企业使用策略 CF 和 NF 的意愿。当新能源企业的初始资本较低时，高排放企业受益于模型 NN，并获得比其他模型更高的利润。否则，高排放企业更愿意选择模型 CF。图 7.1 中的发现与命题 7.5 和命题 7.6 表述一致。

在图 7.2 中，我们设定 $p_c=0.6$。对比图 7.1（a），在图 7.2（a）中，表明两型博弈结构是一种有效的协调机制，可以改善供应链成员的利润分配。因此，当碳交易价格升高时［由图 7.1（a）中 $p_c=0.2$ 变为图 7.2（a）中 $p_c=0.6$］，新能源企业更倾向于采用模型 CF 而不是模型 NF。但在这两个模型中，新能源企业可能面临更高的资本成本。因此，与模型 NN 相比，当新能源企业的初始资本较高时，实施核证减排质押融资和两型博弈结构并不总是有利于提高新能源企业的利润。对比图 7.1（b），在图 7.2（b）中，当碳交易价格持续增加且初始资本较低时，高排放企业更可能采用模型 NF 而不是模型 CF，这与命题 7.6 的表述一致。换言之，高排放企业的决策不仅受到新能源企业融资选择的影响，还受到碳交易价格的影响。

(a) 新能源企业的利润

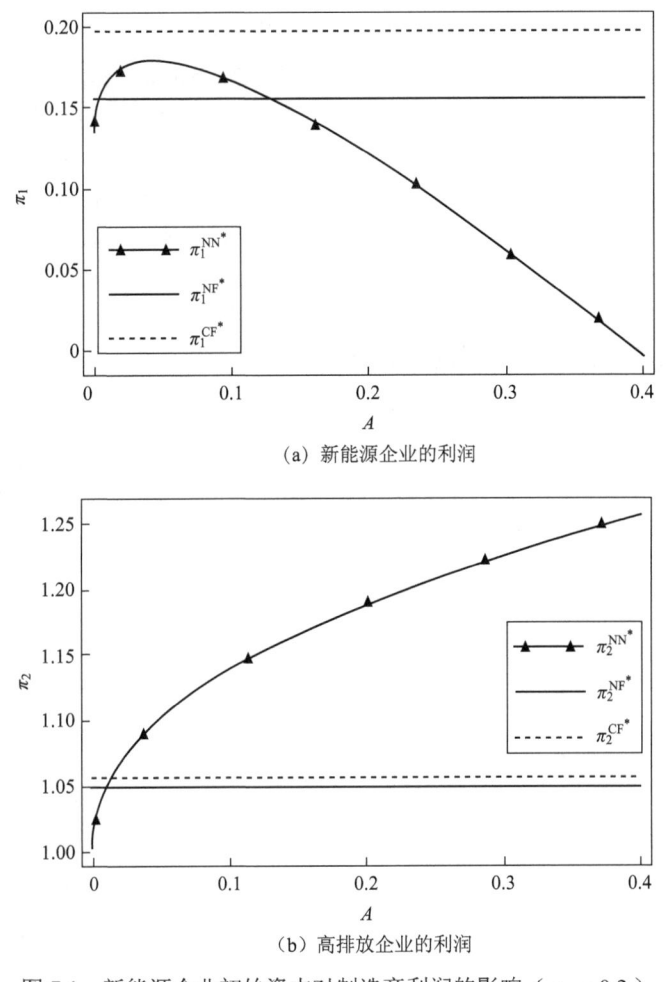

(b) 高排放企业的利润

图 7.1 新能源企业初始资本对制造商利润的影响（$p_c = 0.2$）

命题 7.7 存在 p_c^{η}、θ^{η} 和 k^{λ}，有以下结果。

（1）若 $0 < A < \text{Min}\{A^\varepsilon, A^*\}$，则 $\Pi^{\text{NF}*} > \Pi^{\text{NN}*}$，否则 $\Pi^{\text{NF}*} < \Pi^{\text{NN}*}$。

（2）①当 $0 < p_c < p_c^{\eta}$ 时，$\Pi^{\text{CF}*} > \Pi^{\text{NF}*}$。②当 $p_c > p_c^{\eta}$ 时，存在：若 $0 < \theta < \theta^{\eta}$ 且 $k > k^{\lambda}$，则 $\Pi^{\text{CF}*} < \Pi^{\text{NF}*}$，否则 $\Pi^{\text{CF}*} > \Pi^{\text{NF}*}$，其中 $\Pi^j = \pi_1^j + \pi_2^j + \pi_r^j$。

命题 7.7 讨论了不同策略下整个供应链的利润。根据命题 7.7（1），当新能源企业的初始资本低于阈值时，采用核证减排质押融资将提高供应链的利润。根据命题 7.4 和命题 7.5，零售商对制造商产品的需求量在模型 NN 下较高，而采用核证减排质押融资的模型 NF 具有较高的零售价格。在这种情况下，零售商可能会因为价格上涨无法弥补需求下降而遭受利润损失。然而，如命题 7.5 所述，两个制造商可以从模型 NF 中受益，并从模型 NF 中获得比模型 NN 更多的利润。总而言之，由于零售商的潜在利润损失将由制造商增加的利润来弥补，核证减排质押融资可以提高整个供应链的利润。否则，模型 NN 下的供应链利润更大。

命题 7.7（2）确定了供应链成员愿意采用两型博弈结构的条件。具体来说，当碳交易价格相对较低时，两型博弈结构可以通过增强协同效应帮助供应链增加利润。当碳交易价格继续增加并超过某个阈值时，模型 CF 在大多数情况下都是供应链的最佳模型。然而，正如命题 7.5 和命题 7.6 所述，当碳质押率较小且减排项目成本系数较高时，制造商可能会在两型博弈结构下遭受利润损失。尽管零售商在模型 CF 中可以提高零售价格和需求，但这种做法却无法弥补制造商的利润损失，最终可能导致整个供应链利润的减少。

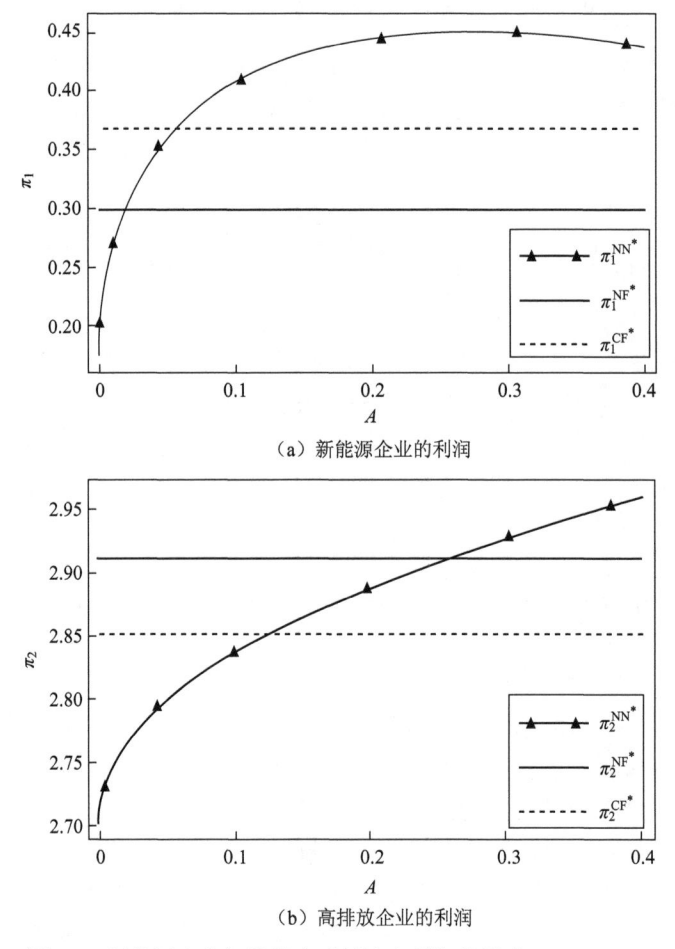

(a) 新能源企业的利润

(b) 高排放企业的利润

图 7.2　新能源企业初始资本对制造商利润的影响（$p_c = 0.6$）

按照相同的参数设置，本节还研究了在不同碳交易价格下，新能源企业的初始资本对零售商和供应链利润的影响，如图 7.3 和图 7.4 所示。具体而言，从图

7.3（a）中可以发现，如果初始资本低于某一阈值，零售商更愿意选择模型 CF，因为在此模型中它可以获得比其他模型更高的利润。原因在于，两型博弈结构可以激励资本受限的新能源企业生产更多的产品，这为零售商获得更多产品提供了机会。相反，当初始资本高于某一阈值时，模型 NN 是三个模型中的最优选择。相较于使用模型 NF，零售商通过模型 CF 可以获得更高的利润。这两个模型的主要区别在于，模型 CF 基于两型博弈结构，而模型 NF 却没有结合这种博弈结构。这证明了两型博弈结构在提高零售商业绩方面具有重要作用。在图 7.3（b）中，随着新能源企业的初始资本不断增加，模型 NN 中的供应链利润先呈现上升趋势，达到某一临界值后开始下降。这表明如果新能源企业的初始资本较多，那么基于两型博弈结构的核证减排质押融资可能会失去提高零售商业绩的功效。在这种情况下，融资模式缓解新能源企业融资约束的正面效应被资金成本的负面效应所掩盖。因此，较低的初始资本水平更有利于供应链采用核证减排质押融资和两型博弈。

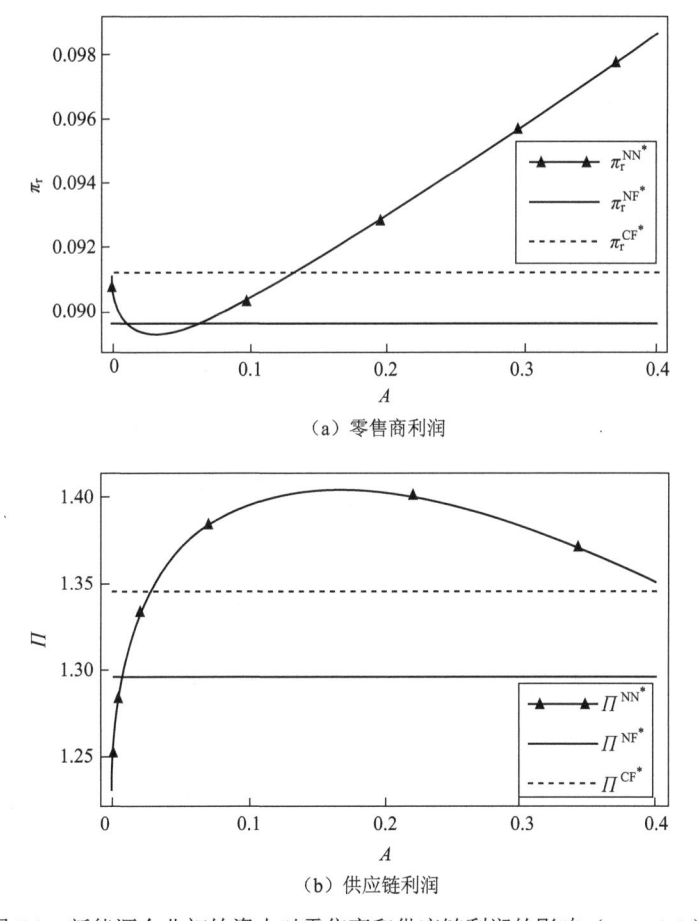

（a）零售商利润

（b）供应链利润

图 7.3　新能源企业初始资本对零售商和供应链利润的影响（$p_c = 0.2$）

在图 7.4 中,我们将碳交易价格提高并设为 $p_c = 0.6$。从图 7.4(a)中可以发现,零售商在选择模型时的偏好已有所转变。具体来说,碳交易价格的攀升以及初始资金规模较小,成了推动其倾向于选择模型 NF 的关键因素。然而,随着新能源企业初始资本的不断增长,若零售商采用 NF 和 CF 策略,则可能面临更高的资本成本。就制造商而言,在初始资本较低的情况下,它们更易受碳交易价格的影响;而在初始资本较高的情况下,它们则更关注资本成本的负面影响。如图 7.4(b)所示,对比图 7.3(b),无论碳交易价格如何变化,供应链的模型偏好始终保持一致。较高的碳交易价格可能带来双重效应:一方面,它会推高高排放企业的成本;另一方面,它为新能源企业创造了更多的碳交易收入。这种双重效应对零售商的利润产生了不确定的影响,可能是正面的,也可能是负面的。然而,从整体来看,供应链内部已经有效地消化了碳交易价格的影响。

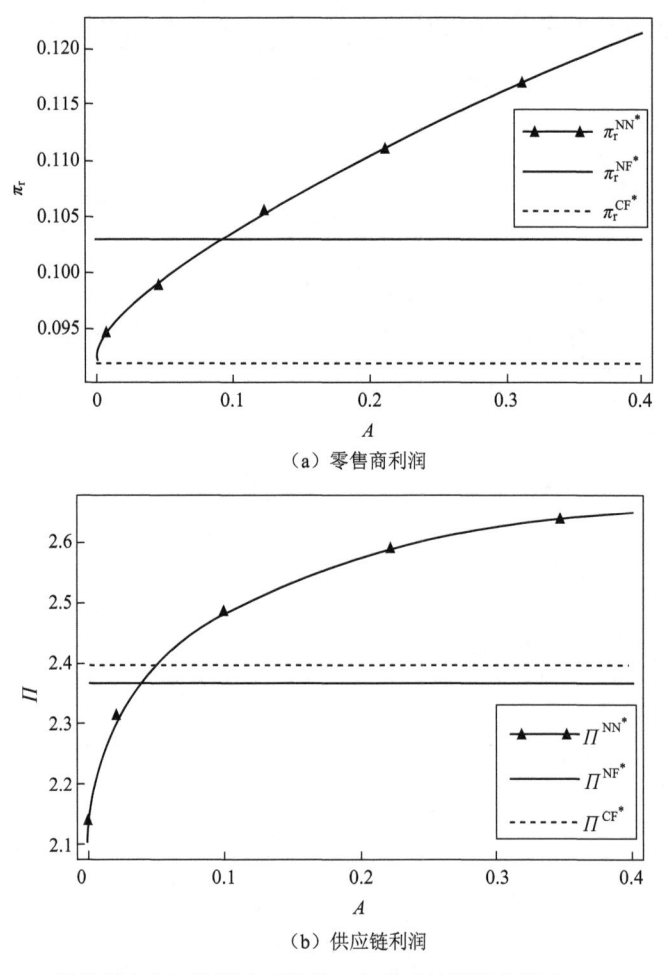

(a)零售商利润

(b)供应链利润

图 7.4 新能源企业初始资本对零售商和供应链利润的影响($p_c = 0.6$)

7.7 结 论

在碳排放法规下,高排放企业面临通过排放权交易计划实现碳减排目标的挑战。为了维持竞争优势,许多企业选择采用核证减排交易作为一种应对碳排放的有效策略。对于高排放企业而言,核证减排交易具有降低成本的优势,因为它能够提供比排放权交易计划更优惠的碳交易价格。此外,这种机制还有助于新能源企业通过与高排放企业进行核证减排交易,创造额外的收入。然而,核证减排开发所需的高昂投资成本可能会给新能源企业带来财务压力。特别是在多代理供应链的背景下,这种压力可能会进一步加剧。为了应对这一挑战,本章提出了一种基于两型博弈结构的核证减排质押融资模型。该模型综合考虑了碳交易价格、新能源企业的初始资本以及核证减排质押率等因素,深入分析了供应链成员在融资和碳减排方面的决策。通过对模型的分析,本章得出了以下结论。

首先,通过深入比较核证减排质押融资(模型 NF)与资本受限情景(模型 NN),我们可以更清晰地认识到,在初始资本有限的情况下,核证减排质押融资可以有效地减轻新能源企业的资本压力,进而促进核证减排量的增加和批发价格的提升。然而,随着初始资本的增加,与没有融资的模型 NN 相比,采用模型 NF 会产生更高的资本成本,这使得新能源企业倾向于不采用融资模式。即便在尚未开发核证减排量的情况下,作为新能源企业竞争对手的高排放企业也计划在新能源企业采用模型 NF 时提高批发价格。此外,在制造商提高批发价格的情况下,零售商仅当新能源企业面临严重的资本约束,并需要应对不断上涨的产品成本时,才会考虑在模型 NF 下调整其零售价格。因此,在模型 NF 中,相较于模型 NN,除非新能源企业的初始资本超过某个特定阈值,否则零售商将具有更大的吸引力,从而引发对制造商产品的更高需求。

其次,通过结合两型博弈结构和核证减排质押融资,我们能够深入探究这种博弈结构是否能够有效激励新能源企业开发核证减排项目,以及它对定价决策和产品需求的潜在影响。此外,本章的研究发现,与模型 NF 相比,无论新能源企业的初始资本水平如何,模型 CF 中采用的两型博弈结构均有助于提升新能源企业的核证减排量,降低其批发价格以及零售价格。但是在某些特定情境下,这些结论可能并不完全适用。通过比较模型 CF 与模型 NN,我们发现模型 CF 在推动新能源企业增加核证减排量方面的作用范围有所缩减。具体而言,只有当新能源企业的初始资本低于某一阈值时,它们才会在模型 CF 中确定实现更大的核证减排量。与此同时,高排放企业在模型 CF 中可能获得更高的产品需求,而相对于模型 NN 和模型 NF,新能源企业的产品需求则出现了一定程度的下降。然而,综合这两种不同的结果,我们发现模型 CF 在总体上能够实现更高的总产品需求。

最后，我们推导出了供应链成员的融资偏好。当初始资本处于较低水平时，制造商都倾向于选择核证减排质押融资，而当初始资本超过某一阈值时，不采用融资策略反而变得更为有利。此外，在碳交易价格相对较低的情况下，新能源企业更倾向于选择具有两型博弈结构的核证减排质押融资模型。但随着碳交易价格的上涨，新能源企业的偏好受到客户对高排放企业产品的偏好和成本系数的共同影响。对于高排放企业而言，低碳交易价格和高成本可能会激励它们选择具有两型博弈结构的核证减排质押融资模型。另外，从整个供应链的全局视角出发，核证减排质押融资相较于不利用融资策略，只有在新能源企业资本充裕时才能被视为最优选择。同时，我们的研究还发现，在碳交易价格相对较低，或者核证减排质押率较高、成本系数较低的情况下，引入两型博弈结构将促使整个供应链实现更高的利润水平。

7.8 本章小结

在资金紧张的情况下，新能源企业可以通过开发和利用核证减排机制，向高排放企业销售核证减排量以创造收益。这些收益不仅可以用于抵消自身的碳排放成本，还有助于缓解企业的财务压力。在此背景下，本章探讨了一个包含资金紧张的新能源企业、高排放企业和零售商的低碳供应链模型。该模型在一个结合了碳排放交易计划与核证减排交易的混合碳交易机制下运作。在这一供应链中，新能源企业和高排放企业表现出产品竞争态势，同时向零售商提供零部件，并以低于外部碳市场的碳交易价格交易核证减排量。此外，资金紧张的新能源企业可以通过将核证减排资产作为抵押物向银行申请贷款，从而进一步减轻企业的财务压力并促进资金的流动。这种机制被称为"核证减排质押融资"。为了实现这个多代理供应链的高效协同，本章采用了一种结合非合作博弈与合作博弈的两型博弈结构，深入探索并优化整个供应链的融资策略。具体而言，本章考虑了三种不同的情景：一种是存在资本约束的基准情况（模型 NN），另外两种则是分别引入了核证减排质押融资的策略（模型 NF）和基于两型博弈的核证减排质押融资的策略（模型 CF）。研究结果显示，当新能源企业的初始资本处于较低水平时，两家制造商在模型 NF 下更有可能获得比模型 NN 更高的利润。但随着初始资本的增加，制造商更倾向于选择模型 NN。在模型 CF 中采用两型博弈结构能够有效地协调多主体供应链，并且在大多数情况下，在各种初始资本条件下均能取得比模型 NF 更好的效果。此外，本章还详细阐述了在整个供应链中各个模型选择的优先条件，并着重指出了碳交易价格和减排项目成本系数在决定模型偏好方面所发挥的关键作用。最后，本章为企业提供了一个有力的指导框架，以帮助它们在面对碳排放监管和市场竞争的双重挑战时，有效应对碳减排和资本约束的压力。

本章的研究旨在激励企业在提高环境绩效的同时,实现经济绩效的同步提升。这可能为政策制定者提供了宝贵的管理启示,面对日益增长的碳排放压力,高排放企业不得不采取混合碳交易机制来有效减轻其碳足迹,其中混合碳交易机制包括碳排放交易计划和核证减排交易。然而,核证减排的发展涉及巨大的投资成本,这使得新能源企业面临资本约束的困境,进而影响了高排放企业的碳减排决策。基于此,我们证明了通过结合核证减排质押融资和两型博弈结构,可以有效推动企业开发核证减排项目,并通过合理协调各方利益来实现利润最大化。尽管如此,政策制定者必须认识到这些发现可能并不普遍适用。在初始资本和碳交易价格相对较低的情况下,制造商可能会倾向于采用不同的碳交易机制来减少碳排放。因此,它们的融资决策和碳减排策略将受到具体情境的影响,需要根据实际情况进行灵活调整。由此可见,在制定相关政策时,应全面评估多种因素,包括但不限于核证减排成本的敏感性、客户偏好对碳减排的影响,以及企业是否面临与质押相关的融资成本压力。除了供应链中的企业之外,考虑整个供应链在碳减排的行动和措施中的绩效也至关重要。政策制定者应积极推动两型博弈结构的实施,以有效协调整个供应链的活动,同时实现个体利益的最大化。

参 考 文 献

[1] Zhu C, Ma J. Optimal decisions in two-echelon supply chain under hybrid carbon regulations: the perspective of inner carbon trading. Computers & Industrial Engineering, 2022, 173: 108699.

[2] Xia T S, Wang Y Y, Lv L X, et al. Financing decisions of low-carbon supply chain under chain-to-chain competition. International Journal of Production Research, 2023, 61(18): 6153-6176.

[3] Huang W Q, Wang Q F, Li H, et al. Review of recent progress of emission trading policy in China. Journal of Cleaner Production, 2022, 349: 131480.

[4] Cong R, Lo A Y, Yu W. The distribution and regional determinants of nationally financed emissions-reduction projects in China. Energy Policy, 2021, 152: 112215.

[5] Lo A Y, Cong R. After CDM: domestic carbon offsetting in China. Journal of Cleaner Production, 2017, 141: 1391-1399.

[6] He Y, Jiang R, Liao N P. How to promote the Chinese certified emission reduction scheme in the carbon market? A study based on a tripartite evolutionary game model. Energy, 2023, 285: 128723.

[7] Yu X N, Lan Y F, Zhao R Q. Strategic green technology innovation in a two-stage alliance: vertical collaboration or co-development?. Omega, 2021, 98: 102116.

[8] Wang Z R, Wu Q H. Carbon emission reduction and product collection decisions in the closed-loop supply chain with cap-and-trade regulation. International Journal of Production

Research, 2021, 59(14): 4359-4383.
[9] Zhang X Y, Guo X P, Zhang X P. Collaborative model within China's emission trading scheme: evidence from a tripartite evolutionary game model. Journal of Cleaner Production, 2023, 382: 135255.
[10] Zheng Y F, Zhou W H, Chen X, et al. The effect of emission permit allocation in an early-stage cap-and-trade for a duopoly market. International Journal of Production Research, 2021, 59(3): 909-925.
[11] Lin X G, Chen D N, Zhou Y W, et al. Horizontal mergers in low carbon manufacturing. European Journal of Operational Research, 2022, 297: 359-368.
[12] Huang Y S, Fang C C, Lin Y G. Inventory management in supply chains with consideration of logistics, green investment and different carbon emissions policies. Computers & Industrial Engineering, 2020, 139: 106207.
[13] Chen X L, Hsu V N, Lai G M, et al. Supply chain short-term financing for responsible production at small and medium-sized enterprises. Production and Operations Management, 2023, 32(12): 4154-4171.
[14] Dong C W, Huang Q Z, Fang D B. Channel selection and pricing strategy with supply chain finance and blockchain. International Journal of Production Economics, 2023, 265: 109006.
[15] Li J B, Cheng W, Song X R, et al. The value of buyer financing with a minimum quantity commitment in pull supply chains. Omega, 2023, 121: 102938.
[16] Deng L R, Cao C, Li W. Impacts of carbon emission trading prices on financing decision of green supply chain under carbon emission reduction percentage measure. IEEE Access, 2023, 11: 75929-75944.
[17] Wang L, Peng K. Carbon reduction decision-making in supply chain under the pledge financing of carbon emission rights. Journal of Cleaner Production, 2023, 428: 139381.
[18] Tang R H, Yang L. Impacts of financing mechanism and power structure on supply chains under cap-and-trade regulation. Transportation Research Part E: Logistics and Transportation Review, 2020, 139: 101957.
[19] Proch M, Worthmann K, Schlüchtermann J. A negotiation-based algorithm to coordinate supplier development in decentralized supply chains. European Journal of Operational Research, 2017, 256: 412-429.
[20] Hauck Z, Rabta B, Reiner G. Coordinating quality decisions in a two-stage supply chain under buyer dominance. International Journal of Production Economics, 2023, 264: 108998.
[21] Xie K F, Zhu S F, Gui P, et al. Coordinating an emergency medical material supply chain with CVaR under the pandemic considering corporate social responsibility. Computers & Industrial Engineering, 2023, 176: 108989.
[22] Zheng X X, Liu Z, Li K W, et al. Cooperative game approaches to coordinating a three-echelon closed-loop supply chain with fairness concerns. International Journal of Production Economics, 2019, 212: 92-110.

[23] Liu Z, Zheng X X, Li D F, et al. A novel cooperative game-based method to coordinate a sustainable supply chain under psychological uncertainty in fairness concerns. Transportation Research Part E: Logistics and Transportation Review, 2021, 147: 102-237.
[24] Brandenburger A, Stuart H. Biform games. Management Science, 2007, 53(4): 537-549.
[25] Liu S S, Hua G W, Ma B J, et al. Competition between green and non-green products in the blockchain era. International Journal of Production Economics, 2023, 264: 108970.
[26] Yang J, Cai Z K, Fu Q X, et al. The Shapley value based on hesitant fuzzy linguistic comprehensive entropy and its application in noncooperative-cooperative biform game. Expert Systems with Applications, 2023, 230: 120516.
[27] Gui L Y, Atasu A, Ergun Ö, et al. Design incentives under collective extended producer responsibility: a network perspective. Management Science, 2018, 64(11): 5083-5104.
[28] Su J F, Zhang F T, Wang D, et al. Examining the influence of knowledge spillover on partner selection in knowledge Alliances: the role of benefit distribution. Computers & Industrial Engineering, 2023, 180: 109245.
[29] Bennett V M. Organization and bargaining: sales process choice at auto dealerships. Management Science, 2013, 59(9): 2003-2018.
[30] Fu S S, Chen W D, Ding J F. Can carbon asset pledge financing be beneficial for carbon emission-dependent engineering machinery remanufacturing?. International Journal of Production Research, 2023, 61(19): 6533-6551.
[31] Hagiu A, Jullien B, Wright J. Creating platforms by hosting rivals. Management Science, 2020, 66: 3234-3248.
[32] Ren D, Guo R, Lan Y F, et al. Shareholding strategies for selling green products on online platforms in a two-echelon supply chain. Transportation Research Part E: Logistics and Transportation Review, 2021, 149: 102261.

第 8 章　总结与展望

供应链金融是指金融机构通过与供应链上的核心企业合作，为其上下游企业提供融资服务的一种模式。这种模式的核心思想是通过整合供应链资源，将资金流、物流和信息流有机地结合起来，为企业提供更加高效、便捷的融资服务。中小企业通常没有稳定的现金流或充足的资金储备，使得它们更加依赖外部融资来支持业务运营和发展。而传统的融资渠道往往对中小企业不够友好，由于缺乏抵押品或信用记录等因素，中小企业往往难以获得银行贷款或其他形式的融资支持。因此中小企业在扩大生产规模、技术升级和市场拓展等方面受到限制，从而影响了其长期发展的可持续性。

供应链金融通过整合供应链上的各个环节，将金融服务直接提供给中小企业及其合作伙伴，为其提供融资支持和风险管理工具。与传统金融渠道相比，供应链金融具有更灵活、更高效的特点，能够更好地满足中小企业的融资需求，提高其资金利用效率，降低融资成本。同时，通过供应链金融，中小企业还能够优化供应链管理，加强与供应商和客户之间的合作，提高整体供应链的效率和稳定性。通过不断地发展，当前业界和学术界对于供应链金融的研究集中在数字化供应链金融与可持续供应链金融两个方面。本书聚焦于数字化供应链金融平台的建设以及电商平台的供应链金融和碳金融三个方面，探讨供应链金融前沿问题。通过对供应链金融文献的系统回顾发现，当前供应链金融前沿的研究主要采用案例研究、实证研究和建模仿真三种方法。基于这些研究成果，本书构建了一个逻辑框架，即综合运用多种研究方法深入剖析供应链金融的前沿问题。

在本书的第 2 章，我们采取了主流的研究方法对当前供应链金融的相关研究进行了系统的回顾，通过检索发现，数字化在供应链金融的应用以及可持续供应链金融处于当前学者研究的热点。数字化平台的建设可以提高金融效率、降低金融成本、促进可持续发展、拓展服务范围、促进金融创新和普惠金融，为供应链金融的持续发展提供有力支撑。同时，供应链金融对中小企业的可持续发展起到了重要的促进作用，通过提供资金支持、优化供应链资金流动、降低融资成本、提高供应链透明度和可追溯性，以及促进供应链合作与共赢等方式，为中小企业的持续发展提供有力支持。进一步而言，我们的研究表明，尽管建模方法在当前供应链金融研究中占据主导地位，但质性研究和实证研究的运用相对有限。鉴于此，本书在第 4~7 章中综合运用了案例研究、实证研究以及建模仿真等多种研究手段，以期更全面地揭示供应链金融领域的复杂性和多样性。

在本书的第 3 章，我们全面介绍了所采用的研究方法。多方法的应用是本书的一大特色，通过结合多种研究方法，我们能够增强研究的科学性和系统性，从而为中小企业供应链金融发展的深入探讨提供更加全面和多维的视角。在案例研究方面，我们详细介绍了单案例研究法和多案例研究法；在面板数据模型方面，我们介绍了随机效应和固定效应模型；在博弈论建模方面，我们讨论了合作博弈和非合作博弈的基本理论，并介绍了几种常见的博弈论模型。通过对这些研究方法的介绍，本章帮助读者更好地理解第 4~7 章的内容，提升了整本书的可读性和学术深度。

在本书的第 4 章中，我们致力于探讨第三方供应链金融平台如何借助自身能力构建供应链金融网络，从而推动供应链金融生态系统的发展。我们采用多案例研究方法，对四个代表性的供应链金融平台进行了调查，并与这些平台及其合作伙伴的关键人员进行了 49 次半结构化访谈以获取数据。我们观察到，基于平台的供应链金融生态系统经历了三个不同阶段：供应链服务平台化、供应链金融平台化和供应链金融平台生态系统。在各个发展阶段中，建立了一个全面满足各方需求的供应链金融网络，使得平台能够有效地将网络资源分配给需要的合作伙伴。值得注意的是，每个阶段中的网络特征都会发生变化：供应链服务平台化阶段的覆盖范围至关重要，供应链金融平台化阶段则更加注重丰富性，可接受性也成为实现完善生态系统所必需的特征之一。此外，研究结果显示出四种关键能力（信息加工、金融网络结构、与多方利益相关者的关系管理和供应链金融流程管理）可以增强该网络的覆盖范围、丰富性和可接受性特征。

在本书的第 5 章，我们阐明了供应链金融平台如何利用区块链技术增强信息处理需求与能力之间的匹配，从而从信息处理理论的角度提升供应链金融服务绩效。在本章，我们重新定义了第三方平台在提供供应链金融服务时面临的不确定性。同时，我们提出了一种基于接受度的供应链金融平台服务绩效测量方法，考虑了银行、中小企业和焦点公司等关键利益相关者的视角。最后，我们全面解释了采用区块链如何促进供应链金融平台的信息处理需求与能力之间的"匹配"，最终导致供应链金融服务绩效的提升。在这个过程中，我们还识别了阻碍平台实现"匹配"的关键障碍。

在研究了第三方供应链金融平台和区块链技术在供应链金融平台中的应用后，我们继续采用实证研究方法，深入探讨了电商平台供应链金融的相关问题。电商平台供应链金融的广泛应用有助于改善中小企业的资金流动性，从而显著提高其融资绩效。它能够全面跟踪中小企业在整个生命周期内的行为，有效地缓解了金融机构与中小企业之间的信息不对称问题。同时，我们发现，电商平台供应链金融的覆盖深度和使用广度是企业提升融资能力与风险管理的关键因素。通过深化应用和扩大服务范围，企业可以更有效地解决融资难题，优化供应链管理，并在激烈的市场竞争中保持优势。因此，进一步推动中小企业深化电商平台供应链金融的应用，将带来显著的优势，如减轻信息不对称和控制风险等。

我们还发现，绿色创新可以作为提高公司信誉和信息透明度的重要手段，同时也有助于减少信息不对称问题。绿色创新能吸引更多外部金融支持，有效提升公司的财务表现。绿色专利质押贷款也为公司开辟了新的融资渠道，使其在短时间内实现更高的现金流稳定度。绿色创新不仅激活了公司资产，还为公司的日常生产经营注入了更多资金。实证研究结果表明，在电商平台供应链金融的支持下，绿色创新在中小企业融资过程中发挥了显著的正面调节作用。

在发现绿色创新在电商平台供应链金融支持下的中小企业融资过程中发挥的调控作用后，我们进一步对可持续供应链金融的研究产生了兴趣。我们选取了一种特殊的可持续供应链金融机制——核证减排质押融资，采用基于两型博弈的建模方法进行了研究。在资金紧张的情况下，新能源企业可以通过开发和利用核证减排机制，向高排放企业销售核证减排量以创造收益。这些收益不仅可以用于抵消自身的碳排放成本，还有助于缓解企业的财务压力。我们通过建模仿真的方法详细阐述了整个供应链中各个模型选择的优先条件，并着重指出了碳交易价格和减排项目成本系数在决定模型偏好方面所发挥的关键作用。

总的来说，本书采用了多种研究方法，对当前供应链金融领域的前沿问题进行了深入研究。通过对第三方供应链金融平台的构建、电商平台供应链金融以及碳金融等问题的分析和探讨，为供应链金融的实践提供了理论指导和实践经验。然而，在当前研究的基础上，仍有一些值得深入探讨的方面，可以作为后续研究的重点。

首先，我们可以进一步研究供应链金融平台的技术创新和智能化发展。随着信息技术的不断发展，如人工智能、区块链等技术的应用，如何将其应用于供应链金融平台，提高平台的效率、安全性和智能化水平是一个重要的研究方向。其次，可以深入探讨供应链金融在区域经济发展和国际贸易中的作用。特别是在全球化背景下，供应链金融如何促进不同地区之间的贸易往来，推动区域经济的互联互通，是一个具有重要意义的研究课题。再次，还可以关注供应链金融与可持续发展之间的关系。探讨供应链金融在推动环境友好型和社会责任型企业发展、促进资源有效利用和减少碳排放等方面的作用，有助于实现可持续发展目标和绿色金融理念的融合。最后，还可以从政策和监管的角度出发，研究如何营造良好的政策环境和监管体系，促进供应链金融的健康发展，保障金融市场的稳定和可持续发展。综上所述，以上几个方面都是未来供应链金融研究的重要方向，可以为学术界和实践者提供有益的参考与指导。

附录 A

表 A.1　供应链金融平台化能力的比较

供应链金融平台化能力	主导型平台	支持性平台	代表性引用
信息加工	信息获取：直接参与供应链使得主导型平台能够更好地获得供应链交易数据和中小企业的运营数据。 信息分析：特定行业的个人知识和大数据分析。 信息共享：实施电子数据交换实施、采用区块链	信息获取：基于与重点公司的合作获取交易信息。 信息分析：特定行业的个人知识和大数据分析。 信息共享：实施电子数据交换实施、采用区块链	"由于我们的平台直接参与供应链贸易，因此我们可以直接获取真实的贸易信息，以及融资企业的运营能力和其他相关信息。此外，物联网技术的应用使得我们能够获取物流和仓储方面的实时数据，确保物流信息真实可靠且有效传输。"（平台 B 财务经理） "通过大数据分析的支持，并基于它们对行业数据的理解，我们的风险控制人员将知道特定建筑项目原材料采购的合理规模是多少。因此，该平台可以判断交易数据是否合理。例如，一个建筑工地购买的钢材数量是否与其施工规模相匹配。"（平台 C 副总裁） "我们与相关银行、保险公司和重点企业建立了一个联盟链。如果业务利益相关者想要提ląd相关信息，它们可以向平台申请权限，在区块链上查看与业务有关的信息。这使得利益相关者之间的信息共享更加顺畅且安全。"（平台 D 高级副总裁）
金融网络结构	互联性：主导型平台可以与利益相关者建立联系。这受到平台数字化能力的影响。在供应链金融早期阶段，它们很难与银行建立联系，因为银行认为下游供应链中的供应链金融风险难以控制	在启动供应链融资服务时，支持性平台更容易与银行建立联系，从而增强了互联性。由于焦点公司是偿还款项的来源，因此上游供应链中的供应链金融服务风险较低	我们致力于构建一个"N+N+N"的供应链金融模式。该模式的基础在于确保我们的平台对供应链金融中各参与方具有吸引力……当首次尝试将银行纳入我们的供应链金融服务时，我们发现银行出于对下游供应链金融风险考虑，对于我们的服务持非常消极态度。 "由于我们的供应链融资服务主要针对上游逆向保理服务，所以主要风险与核心公司有关。为了确保供应链融资风险，我们只向具备特殊资质的核心公司提供服务，这使得银行更愿意与我们合作。"（平台 C 董事长）
与多方利益相关者的关系管理	强调与银行、中小企业和政府建立关系的重要性	强调与银行、重点企业和政府关系管理的重要性	"核心企业是供应链金融业务的信用来源，任何供应链金融产品的商业逻辑都基于核心公司的信用。我们需要与核心公司保持良好的合作关系，以确保它们能积极参与我们的供应链金融项目。虽然银行是我们主要的资本提供者……遵循当地政府对金融创新和发展需求是我们供应链金融平台快速稳定发展的保证……我们希望通过平台培养中小企业及时履行义务的意识，我认为这将极大促进我们之间的长期合作。"（平台 A 副总裁 2）

续表

供应链金融平台化能力	主导型平台	支持性平台	代表性引用
与多方利益相关者的关系管理	强调与银行、中小企业和政府建立关系的重要性	强调与银行、重点企业和政府关系管理的重要性	"上游供应链金融服务必须依赖核心企业来利用它们的信用。平台没有足够的资本来支持上游供应链中巨大的财务需求,因此银行的财力必须纳入我们的供应链金融计划……政府政策支持对于平台的供应链金融业务发展至关重要;因此我们一直与政府保持良好关系。"(平台 C 董事长)
供应链金融流程管理	更擅长供应链操作流程管理。主导型平台形成了一个闭环业务,确保供应链金融业务的自动清算,并降低违约风险	更加擅长供应链金融财务流程方面。支持性平台拥有一支专门的供应链金融人力资源团队,以支持日常运营并改善供应链金融中的贷前风险控制	"我们在供应链金融方面的专业化主要依赖于我们平台上积累的交易数据。基于平台上中小企业的大量历史交易数据,我们已经制定了一套标准化的审批流程,可以更准确地对新客户进行企业画像和交易行为画像分析。因此,我们能够更快地向客户提供首次供应链金融服务。"(平台 A 副总裁) "该平台拥有一支具有高度专业化和丰富人力资源的审计团队。我们能够高效地完成融资企业提交发票的检查和核实。"(平台 D 区域总经理)

表 A.2 以平台为中心的供应链金融生态系统的形成

平台	供应链服务平台化	供应链金融平台化	供应链金融平台生态系统	代表性引用
平台 A	它建立了一个基本的 IT 基础设施,以在平台上实现供应链合作伙伴的数字化整合,并提供供应链服务	它基于供应链服务提供供应链金融服务,并积极寻求与银行和保险公司的合作	建立了一个全面的供应链金融网络,涵盖了大量中小企业用户和多个支持者。积极与政府合作,以确保供应链金融支持	"我们从事工业原材料行业多年,许多有融资需求的下游中小企业通常都在该平台上进行长期的历史贸易。这使得我们能够在供应链金融业务中快速、准确地找到合适的客户。"(董事长) "随着供应链金融业务规模的扩大,我们自身的资本有限,银行是我们供应链金融服务的重要资金来源。与银行保持良好的合作关系对于扩大我们的供应链金融业务规模至关重要。"(副总裁 2) "我们与中国两大保险公司之一进行创新合作。一旦中小企业发生违约风险,保险公司可以帮助平台承担高达 80%的损失。"(副总裁 1) "我们现在已经成为供应链金融的主导党派,在供应链网络中扮演着关键角色。通过无缝整合众多下游企业、金融和政府资源,我们有效地将这些资源分配给需要的参与者,从而实现供应链金融盈利。"(副总裁 3)

附录 A

续表

平台	供应链服务平台化	供应链金融平台化	供应链金融平台生态系统	代表性引用
平台 B	为上游和下游供应链中的大型焦点公司和中小企业提供集成的供应链服务	由于与银行没有建立紧密的合作关系，平台在业务量扩大时面临着显著的现金流短缺。这一阶段的失败导致了供应链融资计划的财务损失	为了解决流动性问题，该平台转变其供应链金融模式，并与当地政府合作，建立本地化的供应链金融生态系统	"我们是中国最早从事为重点企业提供综合供应链管理服务的公司之一。供应链金融服务是基于我们的供应链管理服务的增值服务。"（财务经理） "作为一家轻资产公司，该平台需要依赖银行提供信贷，以便在其传统供应链服务中嵌入预付款等金融服务所需的充足资本。然而，银行并不直接参与我们的供应链融资计划。"（业务经理1） "由于供应链金融领域的快速扩张和与银行之间松散的合作，我们平台的资金占用不断增加，直至我们无法承受。同时，不幸的是，我们遇到了中国宏观经济政策收紧。2018年我们的财务支出大幅增加，并最终导致严重流动性问题。"（业务经理2） "为了转变我们的供应链金融业务模式，我们选择与当地政府建立密切合作关系，它们有意愿与我们专业的供应链公司合作，共同建立一个本地平台，旨在构建和优化本地供应链，并向本地中小企业提供供应链金融服务。"（运营经理）
平台 C	在建筑业建立B2B电子商务平台，为建筑业提供配对交易服务	基于供应链服务提供供应链金融服务；积极寻求与银行和担保公司的合作	供应链金融服务成功地整合了金融机构、政府机构和多个核心公司以及它们的中小企业供应商。该平台继续与这些合作伙伴密切合作，进一步加强其生态系统的发展	"自成立以来，我们一直致力于在建筑行业进行交易。在推出供应链融资服务之前，我们已经为江苏、浙江和上海的许多高质量建筑企业提供了服务。因此，当我们决定开展供应链金融业务时，很容易找到愿意在其供应链中实施供应链金融的焦点公司。"（董事长） "通过我们的供应链融资计划，银行已经完成了三种业务：向重点企业提供信贷、为中小企业提供普惠金融以及增加贷款收入……我们还将担保公司纳入他们的供应链融资服务中，进一步控制潜在风险。"（市场经理） "银行参与供应链金融主要受宏观政策环境的影响。政府在政策指导和行为引导方面发挥着重要作用。在2017年之前，大型银行雇用供应链金融的意愿较低。最初参与的银行主要是农村商业银行和城市商业银行。然而，在中国政府于2017年推出相关文件后，银行现在被要求开始开展普惠金融以增加对中小企业的金融支持。我们的供应链金融服务可以帮助银行实现这一目标；因此，在2017年之后，我们发现与大型银行建立合作更容易。"（副总裁）

平台	供应链服务平台化	供应链金融平台化	供应链金融平台生态系统	代表性引用
平台D	不参与任何实际的供应链服务。本阶段主要专注于IT基础设施开发和供应链金融产品设计	在缺乏服务平台化基础的情况下，该平台持续亏损，并且需要较长时间扩大其客户群	在中央政府的支持下，该平台的供应链金融产品已被多家重点企业和银行广泛接受。平台生态系统得以建立，并纳入了更多中小企业。本阶段平台开始盈利	"我们的平台得到了几家国有重点企业的支持。我们可以直接利用其供应链资源与大量潜在用户——中小企业取得联系，以推广我们的供应链金融产品。"（区域总经理） "最初，大多数供应商都被迫接受我们的供应链金融产品，而并非信任我们，我们与银行的关系也相当薄弱。它们中的大部分选择与我们合作只是为了满足包容性融资的要求，而不是真正利用我们的平台服务中小企业。此外，由于我们的服务费很低（0.1%~0.2%），直到2022年之前，由于技术开发和人力资源成本高昂，我们一直处于亏损状态。"（首席产品官） "为了扭转局面，我们与政府机构密切合作，争取各个国有企业和银行的支持。我们说服重点企业在其供应链系统中采用产品Y作为支付方式，并劝说银行为我们的产品提供金融支持。此外，我们通过减少保理服务量并增加反向保理服务量来改进我们的服务结构。结果，我们成功地从上游中小企业获得足够的业务量，并实现了盈利。"（高级副总裁）

表A.3　不同阶段供应链金融平台化导致供应链网络特征的变化

平台	供应链服务平台化	供应链金融平台化	供应链金融平台生态系统
平台A	通过提供交易服务与众多核心公司及其上下游中小企业取得联系；在线交易方式使非本地中小企业能够利用该平台的服务	网络合作伙伴多样性增加，多个金融机构（如银行和保险公司）参与了供应链金融计划。平台处理提供供应链服务所收集的信息资源和业务资源。它将这些资源与银行的财务资源整合在一起，以确保平台的供应链金融可以得到充分的财务支持，并完全控制银行在供应链金融中面临的风险	供应链金融服务范围不断扩大，网络合作伙伴的多样性得到改善，政府机构和物流服务提供商等利益相关者在网络中保持协调一致。 随着网络合作伙伴数量的增加，平台可以整合更多资源（政府政策资源），与网络合作伙伴共同创造潜在价值创造机会。 平台共享供应链金融数据给银行，培养中小企业与政府合作获得政府认可的契约精神，从而促进与银行之间的相互信任；安排正式和非正式会议，促进重点企业和银行之间的交流

续表

平台	供应链服务平台化	供应链金融平台化	供应链金融平台生态系统
平台B	通过为焦点公司提供供应链管理服务，可以与多个焦点公司及其中小企业建立联系	金融机构并未直接包含在供应链金融计划中，因此网络合作伙伴的多样性保持不变。 它未能积极与银行在供应链融资方面进行合作。尽管银行为该平台提供了财务支持，但它们并不参与任何平台的供应链融资服务	由于平台停止在陌生行业提供供应链金融服务，网络覆盖范围将减少。 整合了地方政府的政策资源、银行的财政资源和地方企业的业务资源。 政府的认可和与银行有效共享运营数据可以增强彼此之间的信任；向银行分享供应链金融的概念和相关知识，以提高它们对供应链金融本质和好处的认识，从而提升其对供应链金融合作伙伴关系的承诺
平台C	提供匹配交易服务，以吸引平台上的众多重点公司和中小企业	网络合作伙伴的多样性增加，多个金融机构（如银行和保险公司）参与了供应链金融计划。 显著降低了银行的客户获取成本，有效减少了银行在提供包容性融资方面所遇到的困难，从而吸引多家银行加入其供应链金融计划	网络覆盖范围不断扩大，将更多合格的上游供应商纳入供应链金融计划。 它帮助焦点公司与中小企业建立更好的供应链关系，增加对上游供应商的控制；采用供应链金融可以提高上游供应链资金周转率，并使供应商与焦点公司保持密切联系。 它促进了利益相关者之间的信息共享，从而显著增强了网络合作伙伴之间的相互信任；平台和利益相关者之间偶尔会举行个人和部门会议
平台D	无	依靠多个焦点公司的支持，与多层供应链中潜在的中小企业用户建立联系。 最初，金融资源的整合并没有得到有效实现。供应链金融服务量较低，只有少数银行选择与该平台合作。然而，随着网络覆盖范围的扩大和更多中小企业的加入，越来越多的银行开始寻求合作	随着供应链金融产品被更多的焦点公司及其供应商所接受，可以渗透到多层供应商（直到第八级供应商）。 该平台协调供应链金融网络中所有参与方的资源，并整合多个焦点公司的供应链。 有效的信息共享减少了银行的信息不对称；它积极安排平台和重点企业与银行之间的部门沟通；它设法将自己的知识和运营经验传递给重点企业与银行，增加它们对供应链融资的理解，并增强它们对供应链金融合作伙伴关系的承诺

附录 B

表 B.1　基于区块链的协调与控制机制在平台供应链金融项目中的应用

应用	下游平台（平台 A 和平台 B）	上游平台（平台 C 和平台 D）	代表性引言
基于区块链的供应链金融可追溯性	记录中小企业的相关交易数据和运营数据，数据经过加密和认证，确保数据的真实性。使用区块链控制货物权属，通过记录供应链金融期间的所有权变更，防止未经授权的更改	将供应链金融业务相关内容（如发票和合同）按时间戳记在区块链上，促进企业数字身份的建立	"我们的区块链系统确保一旦交易记录下来，就无法被篡改或删除，为供应链中的每一笔财务交易提供可靠的审计跟踪。"（平台 A 副总裁） "物联网设备和区块链结合让我们能够实时追踪库存中的物品。这些设备可以收集温度、湿度和位置等数据，上传到区块链上，帮助我们更好地控制货物的状态和所有权变更。"（平台 B 业务经理） "区块链将详细记录每笔供应链金融交易的所有相关信息，包括招标合同和仓库发票。"（平台 C 副总裁） "与上海电子认证合作帮助我们为客户创建了数字身份，包括他们的信用记录和交易历史。这些身份信息安全地存储在区块链上，一旦创建便无法更改。"（平台 D 项目经理）
基于区块链的供应链金融效率	区块链支持物联网系统采集的物流和仓储数据的安全高效共享，减少信息不对称并提高相关方之间的沟通效率	采用智能合约以提升供应链金融的运营效率。建立包含相关利益相关方的联盟链，确保及时访问，从而在各方之间实现高效、安全的数据共享	"区块链让我们在信息共享上更高效，尤其是在与保险公司合作时。他们可以直接访问所需信息，帮助我们为中小企业客户提供信贷。"（平台 A 市场经理） "我们使用的区块链系统确保所有参与方能看到相同的数据，这意味着没有隐藏的信息，这有助于建立信任，尤其是在有多个不同方参与的复杂供应链中。供应商、焦点公司、仓储和物流服务提供商、银行都可以相信数据是真实可靠的。"（平台 B 运营经理） "通过智能合约，当作为焦点公司的建筑公司确认收到货物时，向供应商的供应链金融可以自动执行。这有助于提高供应链金融的工作效率，减少发票审核中的错误。"（平台 C 董事长） "区块链服务器和节点由我们平台和相关供应链金融各方共同设置与维护。一旦各方同意，交易数据将记录在区块链的每个节点上。"（平台 D 首席技术官）

表 B.2　基于利益相关者接受度的平台供应链金融服务绩效衡量标准

接受度	特征	下游平台（平台A和平台B）	上游平台（平台C和平台D）	代表性引言
银行的接受度	风险可控性	平台能否通过技术应用和对中小企业的控制来管理供应链金融风险。风险是否可由第三方公司（如保险公司或焦点公司的回购担保）分担	平台能否通过技术应用控制供应链金融中的风险。风险是否可由第三方公司（如担保公司）分担。合作焦点公司是否具备资质并在供应链金融合作中有足够的承诺	"平台的技术应用对我们在供应链金融中的风险控制始终至关重要。对于上游供应链金融业务，我们主要关注焦点公司是否承诺履行其在供应链金融合作中的义务，因为他们负责最终付款。而在下游供应链金融业务中，我们更关注平台对中小企业的控制能力，以及其与第三方合作进一步降低供应链金融中的风险。"（银行A行长）
中小企业的接受度	可用性和可负担性	供应链金融服务的准入门槛是否低于普通融资服务。供应链金融服务的价格是否明显低于中小企业之前采用的融资服务		"在供应链金融中对我们来说最重要的是准入和价格，因为通常我们很难从银行获得正规融资。相反，我们只能依赖利率极高的非正式方式。"（平台C的供应商董事长） "我们没有严重的流动性问题，但在交货完成后能更快回笼资金总是好的。如果供应链金融服务收费合理，我们会更容易接受。"（平台D的高级副总裁）
焦点公司的接受度	供应链有效性	平台能否提供仓储和物流服务来提升供应链金融效率	供应链金融服务是否能帮助焦点公司降低采购成本并稳定供应链金融。平台是否能通过供应链金融中的新兴技术提升供应链数字化水平	"其实，最初我们只是把平台看作推广产品的手段，但在供应链金融合作过程中我们发现平台能做得更多。它们在供应链管理方面的专业知识使我们能够优化金融流动并提高分销效率。"（平台A的焦点公司运营经理） "在与平台C的初次合作中，我们首先允许平台在公司内部试运营。通过使用平台的供应链金融服务，我们确实享受到成本降低、数字化提升和供应链稳定的好处，因此我们完全接受平台的供应链金融服务。"（平台C的焦点公司财务经理）

附录 C

定理 7.1 的证明

在模型 NN 中，新能源企业资本受限并依赖其初始资本维持运营。在这种情况下，我们使用逆推法得到最优解。在第一阶段，我们计算零售商的定价决策。由式（7.4），我们解出 π_r^{NN} 关于 p_1 和 p_2 的一阶导数，并使 $\dfrac{\partial \pi_r^{NN}}{\partial p_1}=0$，$\dfrac{\partial \pi_r^{NN}}{\partial p_2}=0$，其中 $p_1=\dfrac{1}{2}(1+w_1)$，$p_2=\dfrac{1}{2}(\beta+w_2)$。将它们代入需求函数得到 $d_1=\dfrac{-1+\beta+w_1-w_2}{2(-1+\beta)}$ 和 $d_2=\dfrac{\beta w_1-w_2}{2\beta(1-\beta)}$。

在第二阶段，我们分析了制造商的定价和碳减排决策。通过模型 NN 中的 KKT（Karush-Kuhn-Tucker，卡罗需-库恩-塔克）条件，可以得出制造商的最优解。因此，此问题可以表示为

$$\text{Max } L(\lambda)=w_1 q_1+p_c v q_1-\frac{1}{2}k(vq_1)^2+\lambda\left(A-\frac{1}{2}k(vq_1)^2\right)$$

$$\text{s.t.}\begin{cases}\dfrac{\partial L(\lambda)}{\partial w_1}=-\dfrac{\begin{array}{c}-2v(-1+\beta)p_c+(4-4\beta+kv^2(1+\lambda))w_1\\+(2-2\beta+kv^2(1+\lambda))(-1+\beta-w_2)\end{array}}{4(-1+\beta)^2}=0\\[2mm]\dfrac{\partial L(\lambda)}{\partial v}=\dfrac{(2(-1+\beta)p_c-kv(1+\lambda)(-1+\beta+w_1-w_2))(-1+\beta+w_1-w_2)}{4(-1+\beta)^2}=0\\[2mm]\lambda\left(A-\dfrac{1}{2}k(vq_1)^2\right)=0\\[2mm]A-\dfrac{1}{2}k(vq_1)^2\geq 0\\\lambda\geq 0\end{cases}$$

（C.1）

存在两种情况：①当 $\lambda=0$ 时，新能源企业有足够的资本，这与模型 NN 的假设不一致。②当 $\lambda>0$ 时，可以得到 $A-\dfrac{1}{2}k(vq_1)^2=0$，关于 w_1 和 v 的海塞矩阵是

$$\Gamma = \begin{vmatrix} -\dfrac{4-4\beta+kv^2(1+\lambda)}{4(-1+\beta)^2}, & \dfrac{(-1+\beta)p_c - kv(1+\lambda)(-1+\beta+w_1-w_2)}{2(-1+\beta)^2} \\ \dfrac{(-1+\beta)p_c - kv(1+\lambda)(-1+\beta+w_1-w_2)}{2(-1+\beta)^2}, & -\dfrac{k(1+\lambda)(-1+\beta+w_1-w_2)^2}{4(-1+\beta)^2} \end{vmatrix}$$

$$= -\dfrac{\left(p_c - kv(1+\lambda)q_1\right)\left(p_c - 3kv(1+\lambda)q_1\right) - 4(1-\beta)(1+\lambda)}{4(1-\beta)^2}$$

(C.2)

如果 $kv(1+\lambda)q_1 < p_c < 3kv(1+\lambda)q_1$，那么 $\Gamma > 0$。因此，π_1^{NN} 是关于 w_1 和 v 的凹函数。

同理，取 π_2^{NN} 对 w_2 的一阶和二阶导数，可以得到 $\dfrac{\partial^2 \pi_2^{NN}}{\partial (w_2)^2} < 0$，这表明 π_2^{NN} 是关于 w_2 的凹函数。

随后，由 $A - \dfrac{1}{2}k(vq_1)^2 = 0$，可得 $\lambda = \dfrac{\sqrt{2}p_c - 2\sqrt{Ak}}{2\sqrt{Ak}}$。因此制造商的最优核证减排量和批发价格表示为

$$v^{NN*} = \dfrac{\sqrt{8\sqrt{2Ak}m(-4+\beta)(-1+\beta)\beta + (2-2\beta+u(m+p_c))^2} - (2-2\beta+u(m+p_c))}{2m\beta}$$

(C.3)

$$w_1^{NN*} = \dfrac{2-2\beta+u(m+p_c) + \sqrt{8\sqrt{2Ak}m(-4+\beta)(-1+\beta)\beta + (2-2\beta+u(m+p_c))^2}}{2(4-\beta)}$$

(C.4)

$$w_2^{NN*} = -\dfrac{-(-2+\beta)(-1+\beta) + u(m+p_c) + \sqrt{\begin{array}{l}8\sqrt{2Ak}m(-4+\beta)(-1+\beta)\beta \\ + (2-2\beta+u(m+p_c))^2\end{array}}}{4-\beta}$$

(C.5)

零售商的最优零售价格为

$$p_1^{NN*} = \dfrac{1}{2} + \dfrac{1}{4(4-\beta)p_c}\left(2-2\beta+u(m+p_c) + \sqrt{\begin{array}{l}8\sqrt{2Ak}m(-4+\beta)(-1+\beta)\beta \\ + (2-2\beta+u(m+p_c))^2\end{array}}\right)$$

(C.6)

$$p_2^{\text{NN}*} = \frac{-2+(7-2\beta)\beta+u(m+p_c)\sqrt{8\sqrt{2Akm}(-4+\beta)(-1+\beta)\beta+(2-2\beta+u(m+p_c))^2}}{2(4-\beta)p_c} \tag{C.7}$$

定理 7.2 的证明

在模型 NF 中，新能源企业通过核证减排质押融资从银行借款，并且它可以获取足够的资本来进行决策。因此，在 NF 模型中我们没有考虑新能源企业初始资本的约束条件。

本章首先研究了零售商的定价决策问题。求 π_r^{NF} 关于 p_1 和 p_2 的二阶导数，然后得到 $\frac{\partial^2 \pi_r^{\text{NF}}}{\partial (p_1)^2}<0$ 和 $\frac{\partial^2 \pi_r^{\text{NF}}}{\partial (p_2)^2}<0$。显然，$\pi_r^{\text{NF}}$ 是关于 p_1 和 p_2 的凹函数。解出一阶条件，可以得到 $p_1=\frac{1}{2}(1+w_1)$，$p_2=\frac{1}{2}(\beta+w_2)$。进一步得出 $d_1=\frac{-1+\beta+w_1-w_2}{2(-1+\beta)}$，$d_2=\frac{\beta w_1-w_2}{2\beta(1-\beta)}$。

然后，我们探讨了制造商的联合决策。因为新能源企业有 w_1 和 v 两个决策变量，关于 w_1 和 v 的海塞矩阵可以表示为

$$\Gamma_1 = \begin{vmatrix} -\dfrac{4+kv^2-4\beta}{4(-1+\beta)^2}, & -\dfrac{(-1+\beta)(-1+e^{rT}\theta)p_c+kv(-1+\beta+w_1-w_2)}{2(-1+\beta)^2} \\ -\dfrac{(-1+\beta)(-1+e^{rT}\theta)p_c+kv(-1+\beta+w_1-w_2)}{2(-1+\beta)^2}, & -\dfrac{k(-1+\beta+w_1-w_2)^2}{4(-1+\beta)^2} \end{vmatrix}$$

$$= \frac{\left((1-e^{rT}\theta)p_c-kvq_1\right)\left(3kvq_1-(1-e^{rT}\theta)p_c\right)+4k(1-\beta)(q_1)^2}{4(1-\beta)^2}$$

(C.8)

因为 $kvq_1<(1-e^{rT}\theta)p_c<3kvq_1$，所以 π_1^{NF} 在 w_1 和 v 上是联合凹的。同样的逻辑也适用于式（7.6），可以得出 π_1^{NF} 是关于 w_2 的凹函数。

此外，令 $\frac{\partial \pi_1^{\text{NF}}}{\partial w_1}=0$、$\frac{\partial \pi_1^{\text{NF}}}{\partial v}=0$ 和 $\frac{\partial \pi_2^{\text{NF}}}{\partial w_2}=0$，制造商的最优核证减排量及批发价格如下：

$$v^{\text{NF}^*} = \frac{\sqrt{k\left\{\begin{array}{l}-8m(-4+\beta)(-1+\beta)\beta(-1+e^{rT}\theta)p_c \\ +k(2-2\beta+u(m+p_c))^2\end{array}\right\}} - k(2-2\beta+u(m+p_c))}{2km\beta}$$

(C.9)

$$w_1^{\text{NF}^*} = \frac{k(2-2\beta+u(m+p_c)) + \sqrt{k\left\{\begin{array}{l}-8m(-4+\beta)(-1+\beta)\beta(-1+e^{rT}\theta)p_c \\ +k(2-2\beta+u(m+p_c))^2\end{array}\right\}}}{2k(4-\beta)}$$

(C.10)

$$w_2^{\text{NF}^*} = \frac{k(-(2-\beta)(1-\beta)+u(m+p_c)) + \sqrt{k\left\{\begin{array}{l}-8m(-4+\beta)(-1+\beta)\beta(-1+e^{rT}\theta)p_c \\ +k(2-2\beta+u(m+p_c))^2\end{array}\right\}}}{k(4-\beta)}$$

(C.11)

零售商的最优零售价格为

$$p_1^{\text{NF}^*} = \frac{1}{2} + \frac{k(2-2\beta+u(m+p_c)) + \sqrt{k\left\{\begin{array}{l}-8m(-4+\beta)(-1+\beta)\beta(-1+e^{rT}\theta)p_c \\ +k(2-2\beta+u(m+p_c))^2\end{array}\right\}}}{4k(4-\beta)}$$

(C.12)

$$p_2^{\text{NF}^*} = \frac{k(-2+(7-2\beta)\beta+u(m+p_c)) + \sqrt{k\left\{\begin{array}{l}-8m(-4+\beta)(-1+\beta)\beta(-1+e^{rT}\theta)p_c \\ +k(2-2\beta+u(m+p_c))^2\end{array}\right\}}}{2k(4-\beta)}$$

(C.13)

附录 D

定理 7.3 的证明

在模型 CF 中，我们通过扩展模型 NF，使用两型博弈来探讨制造商和零售商在合作供应链中的均衡。两型博弈包括两部分，我们首先分析合作博弈部分，其次分析非合作博弈部分。在合作博弈部分，我们首先计算特征值，然后分析合作博弈的凸性和超可加性。

首先，我们计算不同联盟的特征值 $c(p_1,p_2,w_1,w_2)(Z)$，$Z \in \{\varnothing, M_1, M_2, R, M_1M_2, M_1R, M_2R, N\}$。显然，$c(p_1,p_2,w_1,w_2)(\varnothing) = 0$，并且联盟 $c(Z)(Z \neq \varnothing)$ 的特征值如下。

（1）$c(p_1,p_2,w_1,w_2)(M_1)$。其中，M_1 被视为一个单独的玩家，M_2 和 R 组成了合作联盟 M_2R，该联盟与 M_1 形成对峙。我们采用最小化或最大化原则使 $c(p_1,p_2,w_1,w_2)(M_1)$ 的利润最大化，这是由 M_1 的决策和零售商的决策 (t_r, t_h) 决定的。在一个给定的竞争环境 (p_1,p_2,w_1,w_2) 中，制造商 M_1 的利润可以表示为

$$c(p_1,p_2,w_1,w_2)(M_1) = \underset{v}{\text{Max}}\,\underset{t_h,t_r}{\text{Min}}\left\{\pi_1^{\text{CF}}(p_1,p_2,w_1,w_2,v,t_r,t_h)\right\}$$

$$= \underset{v}{\text{Max}}\,\underset{t_h,t_r}{\text{Min}}\left\{(vd_1)(p_c+m)+w_1d_1-\left(\frac{k(vd_1)^2}{2}+\theta vd_1p_ce^{rT}\right)(1-t_r-t_h)\right\}$$

由此，首先可以计算 $\underset{t_h,t_r}{\text{Min}}\left\{(vd_1)(p_c+m)+w_1d_1-\left(\frac{k(vd_1)^2}{2}+\theta vd_1p_ce^{rT}\right)(1-t_r-t_h)\right\}$。

因为 $\frac{k(vd_1)^2}{2} > 0$，所以当 $t_r^* = 0$ 且 $t_h^* = 0$ 时可以得到最优解：

$$c(p_1,p_2,w_1,w_2)(M_1) = \underset{v}{\text{Max}}\left\{(vd_1)(p_c+m)+w_1d_1-\frac{k(vd_1)^2}{2}-\theta vd_1p_ce^{rT}\right\} \quad (D.1)$$

为简单起见，令 $g_{M_1}(v) = (vd_1)(p_c+m)+w_1d_1-\frac{k(vd_1)^2}{2}-\theta vd_1p_ce^{rT}$，解出一阶导条件，得出 $v = \frac{(1-\beta)(-1+e^{rT}\theta)p_c}{k(-1+\beta+p_1-p_2)}$。因为 $\frac{\partial^2 g_{M_1}(v)}{\partial(v)^2} < 0$，所以有

$$c(p_1,p_2,w_1,w_2)(M_1) = \frac{(-1+e^{rT}\theta)^2 p_c^2}{2k} + \frac{(-1+\beta+p_1-p_2)w_1}{-1+\beta} \quad (D.2)$$

（2）$c(p_1,p_2,w_1,w_2)(M_2)$。将同样的逻辑应用于 $c(p_1,p_2,w_1,w_2)(M_2)$，制造商 M_2 的最大利润表示为

$$\begin{aligned}c(p_1,p_2,w_1,w_2)(M_2) &= \underset{t_h}{\text{Max}}\,\underset{v,t_r}{\text{Min}}\left\{\pi_2^{CF}(p_1,p_2,w_1,w_2,v,t_r,t_h)\right\} \\ &= \underset{t_h}{\text{Max}}\,\underset{v,t_r}{\text{Min}}\left\{\begin{array}{l}w_2 d_2 - p_c v d_1 - (m+p_c)(u d_2 - G - v d_1) \\ -\left(\theta v d_1 p_c e^{rT} + \frac{1}{2}k(v d_1)^2\right)t_h\end{array}\right\}\end{aligned}$$
(D.3)

因此，M_2 的特征值如下：

$$c(p_1,p_2,w_1,w_2)(M_2) = G(m+p_c) + \frac{(\beta p_1 - p_2)(c + u(m+p_c) - w_2)}{(-1+\beta)\beta} \quad (D.4)$$

（3）$c(p_1,p_2,w_1,w_2)(R)$：将同样的逻辑应用于 $c(p_1,p_2,w_1,w_2)(R)$，得到联盟 R 的价值：

$$c(p_1,p_2,w_1,w_2)(R) = \frac{\begin{array}{l}\beta p_1^2 - (-1+\beta)\beta w_1 + p_2(p_2 + \beta w_1 - w_2) \\ + \beta p_1(-1+\beta - 2p_2 - w_1 + w_2)\end{array}}{(-1+\beta)\beta} \quad (D.5)$$

（4）$c(p_1,p_2,w_1,w_2)(M_1R)$。M_1 和 R 形成联盟 M_1R，并且 M_2 是与 M_1R 相对峙的联盟。基于利润最小化或最大化原则，我们的目标是在 M_2 与 M_1R 相冲突的情况下，使 M_1R 的利润最大化。$c(p_1,p_2,w_1,w_2)(M_1R)$ 取决于 M_1R 的决策 (v,t_r) 和 M_2 的决策 t_h，其中竞争环境是在非合作博弈部分确定的。因此，M_1R 的利润最大化可计算为

$$\begin{aligned}c(p_1,p_2,w_1,w_2)(M_1R) &= \underset{v,t_r}{\text{Max}}\,\underset{t_h}{\text{Min}}\left\{\pi_{M_1R}^{CF}(p_1,p_2,w_1,w_2,v,t_r,t_h)\right\} \\ &= \underset{v,t_r}{\text{Max}}\,\underset{t_h}{\text{Min}}\left\{\begin{array}{l}w_1 d_1 + p_c v d_1 - \left(\theta v d_1 p_c e^{rT} + \frac{1}{2}k(d_1 v)^2\right)(1-t_h) \\ +(p_1 - w_1)d_1 + (p_2 - w_2)d_2\end{array}\right\}\end{aligned}$$
(D.6)

显然，$t_h^* = 0$ 是使 $\pi_{M_1R}^{CF}(p_1,p_2,w_1,w_2,v,t_r,t_h)$ 最小化的最优解。因此，令 $t_h^* = 0$，可得

$$c(p_1,p_2,w_1,w_2)(M_1R) = \underset{v,t_r}{\text{Max}}\left\{p_c v d_1 - \theta v d_1 p_c e^{rT} - \frac{1}{2}k(d_1v)^2 + p_1 d_1 + (p_2-w_2)d_2\right\}$$

(D.7)

进一步，令 $H_{M_1R}(v) = p_c v d_1 - \theta v d_1 p_c e^{rT} - \frac{1}{2}k(d_1v)^2 + p_1 d_1 + (p_2-w_2)d_2$，解 $H_{M_1R}(v)$ 的一阶导条件，且令 $\frac{\partial H_{M_1R}(v)}{\partial v} = 0$，得到：

$$v^* = \frac{(1-\beta)(1-e^{rT}\theta)p_c}{k(1+p_2-\beta-p_1)}$$

(D.8)

因为 $\frac{\partial^2 H_{M_1R}(v)}{\partial(v)^2} < 0$，所以 $H_{M_1R}(v)$ 是关于 v 的凹函数，把 v^* 代入方程（D.7），得到：

$$c(p_1,p_2,w_1,w_2)(M_1R) = \frac{2k\beta p_1^2 + (-1+\beta)\beta(-1+e^{rT}\theta)^2 p_c^2 + 2kp_2(p_2-w_2)}{2k(-1+\beta)\beta}$$

(D.9)

（5）$c(p_1,p_2,w_1,w_2)(M_2R)$。将同样的逻辑应用于 $c(p_1,p_2,w_1,w_2)(M_2R)$，可以得到：

$$c(p_1,p_2,w_1,w_2)(M_2R) = \frac{\beta p_1^2 + \beta p_1(-1+\beta-2p_2+u(m+p_c)-w_1)}{(-1+\beta)\beta} + G(m+p_c) - w_1$$

(D.10)

（6）$c(p_1,p_2,w_1,w_2)(M_1M_2)$。将同样的逻辑应用于 $c(p_1,p_2,w_1,w_2)(M_1M_2)$，可以得到：

$$c(q_1,q_2,w_1,w_2)(M_1M_2) = G(m+p_c) + w_1 + \frac{(-e^{rT}\theta p_c + m + p_c)^2}{2k} + \frac{p_1(um+up_c+w_1-w_2)}{-1+\beta} - \frac{p_2(um+up_c+\beta w_1-w_2)}{(-1+\beta)\beta}$$

(D.11)

（7）$c(p_1,p_2,w_1,w_2)(N)$。制造商（M_1,M_2）和零售商形成了一个大联盟，其目标是在 v 的基础上实现利润最大化。对于一个给定的竞争环境 (p_1,p_2)，得出：

$$\begin{aligned}
v(p_1,p_2,w_1,w_2)(N) &= \underset{v,t_r,t_h}{\text{Max}}\left\{\pi_N^{CF}(p_1,p_2,w_1,w_2,v,t_r,t_h)\right\} \\
&= \underset{v,t_r,t_h}{\text{Max}}\left\{\pi_{M_1}^{CF}+\pi_{M_2}^{CF}+\pi_R^{CF}\right\} \qquad \text{(D.12)} \\
&= \underset{v,t_r,t_h}{\text{Max}}\left\{\begin{array}{l}p_cvd_1-\theta vd_1p_ce^{rT}-\dfrac{1}{2}k(d_1v)^2+p_1d_1 \\ +p_2d_2-p_cvd_1-(m+p_c)(ud_2-G-vd_1)\end{array}\right\}
\end{aligned}$$

方程（D.12）中不存在 t_h 和 t_r，因此我们可以通过求解 v 的值来获得 $\pi_N^{CF}(p_1,p_2,w_1,w_2,v,t_r,t_h)$ 的最大利润。

令 $H_N(v)=p_cvd_1-\theta vd_1p_ce^{rT}-\dfrac{1}{2}k(d_1v)^2+p_1d_1+p_2d_2-p_cvd_1-p_m(ud_2-G-vd_1)$，

并解出一阶导条件，得出：

$$v^*=\dfrac{(1-\beta)(e^{rT}\theta p_c-m-p_c)}{k(-1+\beta+p_1-p_2)} \qquad \text{(D.13)}$$

因为 $\dfrac{\partial^2 H_N(v)}{\partial(v)^2}<0$，已知 v^* 是 $H_N(v)$ 的最优解，由此可得

$$c(p_1,p_2,w_1,w_2)(N)=\dfrac{2k\beta p_1^2+2kp_2^2-2kp_2u(m+p_c)}{+2k\beta p_1(-1+\beta-2p_2+um+up_c)}+\dfrac{2Gkp_m+(-e^{rT}\theta p_c+m+p_c)^2}{2k} \qquad \text{(D.14)}$$

其次，对于给定的特征值，我们利用方程来验证合作博弈的凸性和超可加性。公式如下：

$$\begin{aligned}&c(p_1,p_2,w_1,w_2)(Z_1)+c(p_1,p_2,w_1,w_2)(Z_2)\le c(p_1,p_2,w_1,w_2)(Z_1\cup Z_2) \\ &+c(p_1,p_2,w_1,w_2)(Z_1\cap Z_2)\end{aligned} \qquad \text{(D.15)}$$

其中，$Z_1\subseteq Z$，$Z_2\subseteq Z$，$Z\in\{\varnothing,M_1,M_2,R,M_1M_2,M_1R,M_2R,N\}$。

存在以下七种情况：

（1）如果 $Z_1=M_1$，$Z_2=R$，方程（D.15）可以表示为

$$\begin{aligned}
&c(p_1,p_2,w_1,w_2)(Z_1\cup Z_2)+c(p_1,p_2,w_1,w_2)(Z_1\cap Z_2) \\
&-c(p_1,p_2,w_1,w_2)(Z_1)-c(p_1,p_2,w_1,w_2)(Z_2) \\
&=c(p_1,p_2,w_1,w_2)(M_1R)+c(p_1,p_2,w_1,w_2)(\varnothing) \\
&\quad -c(p_1,p_2,w_1,w_2)(M_1)-c(p_1,p_2,w_1,w_2)(R) \\
&=0
\end{aligned} \qquad \text{(D.16)}$$

(2) 如果 $Z_1 = M_2$，$Z_2 = R$，方程（D.15）可以表示为

$$\begin{aligned}&c(p_1,p_2,w_1,w_2)(Z_1 \cup Z_2) + c(p_1,p_2,w_1,w_2)(Z_1 \cap Z_2) \\ &- c(p_1,p_2,w_1,w_2)(Z_1) - c(p_1,p_2,w_1,w_2)(Z_2) \\ &= c(p_1,p_2,w_1,w_2)(M_2R) + c(p_1,p_2,w_1,w_2)(\varnothing) \\ &\quad - c(p_1,p_2,w_1,w_2)(M_2) - c(p_1,p_2,w_1,w_2)(R) \\ &= 0\end{aligned} \quad (D.17)$$

(3) 如果 $Z_1 = M_1$，$Z_2 = M_2$，方程（D.15）可以表示为

$$\begin{aligned}&c(p_1,p_2,w_1,w_2)(Z_1 \cup Z_2) + c(p_1,p_2,w_1,w_2)(Z_1 \cap Z_2) \\ &- c(p_1,p_2,w_1,w_2)(Z_1) - c(p_1,p_2,w_1,w_2)(Z_2) \\ &= c(p_1,p_2,w_1,w_2)(M_1M_2) + c(p_1,p_2,w_1,w_2)(\varnothing) \\ &\quad - c(p_1,p_2,w_1,w_2)(M_1) - c(p_1,p_2,w_1,w_2)(M_2) \\ &= \frac{m\left(m + 2\left(1 - e^{rT}\theta\right)p_c\right)}{2k}\end{aligned} \quad (D.18)$$

(4) 如果 $Z_1 = M_1R$，$Z_2 = M_2R$，方程（D.15）可以表示为

$$\begin{aligned}&c(p_1,p_2,w_1,w_2)(Z_1 \cup Z_2) + c(p_1,p_2,w_1,w_2)(Z_1 \cap Z_2) \\ &- c(p_1,p_2,w_1,w_2)(Z_1) - c(p_1,p_2,w_1,w_2)(Z_2) \\ &= c(p_1,p_2,w_1,w_2)(N) + c(p_1,p_2,w_1,w_2)(R) \\ &\quad - c(p_1,p_2,w_1,w_2)(M_1R) - c(p_1,p_2,w_1,w_2)(M_2R) \\ &= \frac{m\left(m + \left(2 - 2e^{rT}\theta\right)p_c\right)}{2k}\end{aligned} \quad (D.19)$$

(5) 如果 $Z_1 = M_1M_2$，$Z_2 = M_1R$，方程（D.15）可以表示为

$$\begin{aligned}&c(p_1,p_2,w_1,w_2)(Z_1 \cup Z_2) + c(p_1,p_2,w_1,w_2)(Z_1 \cap Z_2) \\ &- c(p_1,p_2,w_1,w_2)(Z_1) - c(p_1,p_2,w_1,w_2)(Z_2) \\ &= c(p_1,p_2,w_1,w_2)(N) + c(p_1,p_2,w_1,w_2)(M_1) \\ &\quad - c(p_1,p_2,w_1,w_2)(M_1M_2) - c(p_1,p_2,w_1,w_2)(M_1R) \\ &= 0\end{aligned} \quad (D.20)$$

(6) 如果 $Z_1 = M_1M_2$，$Z_2 = M_2R$，方程（D.15）可以表示为

$$\begin{aligned}&c(p_1,p_2,w_1,w_2)(Z_1 \cup Z_2) + c(p_1,p_2,w_1,w_2)(Z_1 \cap Z_2) \\ &- c(p_1,p_2,w_1,w_2)(Z_1) - c(p_1,p_2,w_1,w_2)(Z_2) \\ &= c(p_1,p_2,w_1,w_2)(N) + c(p_1,p_2,w_1,w_2)(M_2) \\ &\quad - c(p_1,p_2,w_1,w_2)(M_1M_2) - c(p_1,p_2,w_1,w_2)(M_2R) = 0\end{aligned} \quad (D.21)$$

（7）如果 $Z_1 = N$，$Z_2 = N$，方程（D.15）可以表示为

$$\begin{aligned}&c(p_1,p_2,w_1,w_2)(Z_1 \cup Z_2) + c(p_1,p_2,w_1,w_2)(Z_1 \cap Z_2) \\ &- c(p_1,p_2,w_1,w_2)(Z_1) - c(p_1,p_2,w_1,w_2)(Z_2) \\ &= c(p_1,p_2,w_1,w_2)(N) + c(p_1,p_2,w_1,w_2)(N) \\ &- c(p_1,p_2,w_1,w_2)(N) - c(p_1,p_2,w_1,w_2)(N) \\ &= 0 \end{aligned} \tag{D.22}$$

定理 7.4 的证明

解 $F_R^{CF}(p_1,p_2,w_1,w_2)$ 的一阶条件可得：$p_1^{CF} = \frac{1}{2}(1+w_1)$，$p_2^{CF} = \frac{1}{2}(\beta+w_2)$。接下来，分别求 $F_{M_1}^{CF}(p_1,p_2,w_1,w_2)$ 和 $F_{M_2}^{CF}(p_1,p_2,w_1,w_2)$ 对 w_1 与 w_2 的一阶导，可得

$$w_1^{CF*} = \frac{2+c-2\beta+u(p_c+m)}{4-\beta} \tag{D.23}$$

$$w_2^{CF*} = \frac{-2c+(-1+\beta)\beta-2u(p_c+m)}{-4+\beta} \tag{D.24}$$

由于 $\frac{\partial^2 F_{M_1}^{CF}(p_1,p_2,w_1,w_2)}{\partial(w_1)^2} < 0$ 且 $\frac{\partial^2 F_{M_2}^{CF}(p_1,p_2,w_1,w_2)}{\partial(w_2)^2} < 0$，$F_{M_1}(p_1,p_2,w_1,w_2)$ 和 $H_{M_2}(p_1,p_2,w_1,w_2)$ 是关于 w_1^{CF} 与 w_2^{CF} 的凹函数。因此，零售商的最优零售价格为

$$p_1^{CF*} = \frac{6-3\beta+u(p_c+m)}{8-2\beta} \tag{D.25}$$

$$p_2^{CF*} = \frac{(5-2\beta)\beta+2u(p_c+m)}{8-2\beta} \tag{D.26}$$

进一步，将它们代入式（D.13）可得

$$v^{CF*} = \frac{2(4-\beta)(1-\beta)\left(-e^{rT}\theta p_c + m + p_c\right)}{k(2-2\beta+um+up_c)} \tag{D.27}$$

$$d_1^{CF*} = \frac{2-2\beta+u(p_c+m)}{8-10\beta+2\beta^2} \tag{D.28}$$

$$d_2^{CF*} = \frac{c(-2+\beta)+\beta-\beta^2+u(-2+\beta)(p_c+m)}{2(-4+\beta)(-1+\beta)\beta} \tag{D.29}$$

附录 E

命题 7.1 的证明

命题 7.1①的证明。在定理 7.1 中，求 v^{NN^*} 对 A 的一阶导可得

$$\frac{\partial v^{\text{NN}^*}}{\partial A} = \frac{\sqrt{2}(4-\beta)(1-\beta)}{\sqrt{Ak}\sqrt{\frac{8\sqrt{2}Am(-4+\beta)(-1+\beta)\beta}{\sqrt{Ak}}+(2-2\beta+um+up_c)^2}} \quad (\text{E.1})$$

显然，$\dfrac{\partial v^{\text{NN}^*}}{\partial A} > 0$。

命题 7.1②的证明。分别求 v^j（$j=\text{NN, NF, CF}$）对 p_c 的一阶导可得

$$\frac{\partial v^{\text{NN}^*}}{\partial p_c} = -\frac{u}{2m\beta}\left\{\sqrt{\frac{8\sqrt{2}Am(-4+\beta)(-1+\beta)\beta}{\sqrt{Ak}}+(2-2\beta+u(m+p_c))^2}-(2-2\beta+u(m+p_c))\right\}$$
（E.2）

$$\frac{\partial v^{\text{NF}^*}}{\partial p_c} = \frac{k}{2km\beta}\left\{\begin{array}{l}(-8m(-4+\beta)(-1+\beta)\beta(-1+e^{rT}\theta)+2ku(2-2\beta+u(m+p_c)))\\ -2u\sqrt{k(-8m(-4+\beta)(-1+\beta)\beta(-1+e^{rT}\theta)p_c+k(2-2\beta+u(m+p_c))^2)}\end{array}\right\}$$
（E.3）

$$\frac{\partial v^{\text{CF}^*}}{\partial p_c} = \frac{2(4-\beta)(1-\beta)(2-2\beta-e^{rT}(2+mu-2\beta)\theta)}{k(2+mu-2\beta+up_c)^2} \quad (\text{E.4})$$

显然，$\dfrac{\partial v^{\text{NN}^*}}{\partial p_c} < 0$。由于 $-8m(-4+\beta)(-1+\beta)\beta(-1+e^{rT}\theta)+2ku(2-2\beta+u(m+p_c))$

$> 2u\sqrt{k\left(\begin{array}{l}-8m(-4+\beta)(-1+\beta)\beta(-1+e^{rT}\theta)\\ +k(2-2\beta+u(m+p_c))^2\end{array}\right)}$，且 $\dfrac{2(1-\beta)}{e^{rT}(2+mu-2\beta)}<1$，可得：如

果 $0<\theta<\dfrac{2(1-\beta)}{e^{rT}(2+mu-2\beta)}$，那么 $2-2\beta-e^{rT}(2+mu-2\beta)\theta>0$，进而 $\dfrac{\partial v^{\text{CF}^*}}{\partial p_c}>0$；

如果 $\dfrac{2(1-\beta)}{e^{rT}(2+mu-2\beta)}<\theta<1$，那么 $\dfrac{\partial v^{\text{CF}^*}}{\partial p_c}<0$。

$$\frac{\partial v^{\text{NN}^*}}{\partial p_c} = -\frac{u}{2m\beta}\left\{\sqrt{\frac{8\sqrt{2}Am(-4+\beta)(-1+\beta)\beta}{\sqrt{Ak}}+\left[2-2\beta+u(m+p_c)\right]^2}\right.\\\left.-\left[2-2\beta+u(m+p_c)\right]\right\}$$

$$\frac{\partial v^{\text{NF}^*}}{\partial p_c} = \frac{k}{2km\beta}\left\{\begin{array}{l}\left(-8m(-4+\beta)(-1+\beta)\beta(-1+e^{rT}\theta)+2ku(2-2\beta+u(m+p_c))\right)\\-2u\sqrt{k\left[\begin{array}{l}-8m(-4+\beta)(-1+\beta)\beta(-1+e^{rT}\theta)p_c\\+k(2-2\beta+u(m+p_c))^2\end{array}\right]}\end{array}\right\}$$

显然，$\dfrac{\partial v^{\text{NN}^*}}{\partial p_c} < 0$，$\dfrac{\partial v^{\text{NF}^*}}{\partial p_c} > 0$。

命题 7.2 的证明

在定理 7.1 和定理 7.2 中，令 $f_1(A) = v^{\text{NF}^*} - v^{\text{NN}^*}$。当 $A = 0$ 时，

$$f_1(0) = \frac{-k(2-2\beta+u(m+p_c))+\sqrt{k\left(\begin{array}{l}-8m(-4+\beta)(-1+\beta)\beta(-1+e^{rT}\theta)p_c\\+k(2-2\beta+u(m+p_c))^2\end{array}\right)}}{2km\beta}$$

显然，$f_1(0) > 0$。然后，求 $f_1(A)$ 对 A 的一阶导可得

$$\frac{\partial f_1(A)}{\partial A} = -\frac{\sqrt{2}(4-\beta)(1-\beta)}{\sqrt{A}\sqrt{k\left(\dfrac{8\sqrt{2}\sqrt{A}m(-4+\beta)(-1+\beta)\beta}{\sqrt{k}}+(2-2\beta+u(m+p_c))^2\right)}} \quad (\text{E.5})$$

从式 (E.5) 中得出 $\dfrac{\partial f_1(A)}{\partial A} > 0$。此外，存在 $A^\tau = \dfrac{(-1+e^{rT}\theta)^2 p_c^2}{2k}$ 使得 $f_1(A^\tau) = 0$。

若 $0 < A < A^\tau$，则 $v^{\text{NF}^*} > v^{\text{NN}^*}$；若 $A^\tau < A < A^*$，则 $v^{\text{NF}^*} < v^{\text{NN}^*}$。其中 $A^* = \dfrac{p_c^2}{2k}$。

同理可得

$$v^{\text{CF}^*} - v^{\text{NF}^*} = \frac{k(2+mu-2\beta+up_c)^2 + 4m(-4+\beta)(-1+\beta)\beta(m+(1-e^{rT}\theta)p_c)}{2km\beta(2-2\beta+u(m+p_c))}$$

$$-\frac{\sqrt{k\begin{pmatrix}-8m(-4+\beta)(-1+\beta)\beta(-1+e^{rT}\theta)p_c\\+k(2-2\beta+u(m+p_c))^2\end{pmatrix}}}{2km\beta}$$

从中可得 $v^{CF^*} > v^{NF^*}$。

接下来计算：

$$\frac{\partial(v^{CF^*}-v^{NF^*})}{\partial A}=-\frac{\sqrt{2}(-4+\beta)(-1+\beta)}{A\sqrt{k\left(\frac{8\sqrt{2}m(-4+\beta)(-1+\beta)\beta}{\sqrt{Ak}}+\frac{(2-2\beta+u(m+p_c))^2}{A}\right)}} \quad (E.6)$$

由式（E.6）可知 $\frac{\partial(v^{CF^*}-v^{NF^*})}{\partial A}<0$。令 $A=0$，可得

$$v^{CF^*}-v^{NF^*}=\frac{4(-4+\beta)(-1+\beta)(m+(1-e^{rT}\theta)p_c)}{2-2\beta+u(m+p_c)}>0$$

随后，存在：

$$A^u=\frac{\left\{k(2+mu-2\beta)^2+2m^2(-4+\beta)(-1+\beta)\beta+p_c\begin{bmatrix}2ku(2+mu-2\beta)-2m(-4+\beta)\\\times(-1+\beta)\beta(-1+e^{rT}\theta)+ku^2p_c\end{bmatrix}\right\}^2}{2k^3(2+mu-2\beta+up_c)^4}$$

$$\times(m+(1-e^{rT}\theta)p_c)^2$$

使得 $v^{CF^*}=v^{NF^*}$。若 $0<A<\{A^u,A^*\}$，则 $v^{CF^*}>v^{NF^*}$；若 $A^u<A<A^*$，则 $v^{CF^*}<v^{NF^*}$，其中 $A^u>A^\tau$。

最后总结：若 $0<A<A^\tau$，则 $v^{CF^*}>v^{NF^*}>v^{NN^*}$；若 $A^\tau<A<\mathrm{Min}\{A^u,A^*\}$，则 $v^{CF^*}>v^{NN^*}>v^{NF^*}$；若 $A^u<A<A^*$，则 $v^{NN^*}>v^{NF^*}>v^{CF^*}$。

命题 7.3 的证明

命题 7.3①的证明。求 $w_1^{NN^*}$ 对 A 求一阶导可得

$$\frac{\partial w_1^{NN^*}}{\partial A}=\frac{\sqrt{2}m(1-\beta)\beta}{A\sqrt{k\left(\frac{8\sqrt{2}m(-4+\beta)(-1+\beta)\beta}{\sqrt{Ak}}+\frac{(2-2\beta+u(m+p_c))^2}{A}\right)}} \quad (E.7)$$

显然，$\dfrac{\partial w_1^{\text{NN}*}}{\partial A} > 0$。另外，分别求 $w^{\text{NN}*}$、$w^{\text{NF}*}$ 和 $w^{\text{CF}*}$ 对 p_c 的一阶条件，得

$$\frac{\partial w^{\text{NN}*}}{\partial p_c} = \frac{u\sqrt{A\left(\begin{array}{c}k(2+mu-2\beta)^2 + 8\sqrt{2}\sqrt{Ak}m(-4+\beta)(-1+\beta)\beta \\ +kup_c(4+2mu-4\beta+up_c)\end{array}\right)}}{2A(4-\beta)\sqrt{k\left(\dfrac{8\sqrt{2}m(-4+\beta)(-1+\beta)\beta}{\sqrt{Ak}} + \dfrac{(2-2\beta+u(m+p_c))^2}{A}\right)}}$$

$$+ \frac{\sqrt{Ak}(2+mu-2\beta+up_c)}{2A(4-\beta)\sqrt{k\left(\dfrac{8\sqrt{2}m(-4+\beta)(-1+\beta)\beta}{\sqrt{Ak}} + \dfrac{(2-2\beta+u(m+p_c))^2}{A}\right)}}$$

(E.8)

$$\frac{\partial w^{\text{NF}*}}{\partial p_c} = \frac{ku}{2k(4-\beta)} + \frac{k\left(\begin{array}{c}-8m(-4+\beta)(-1+\beta)\beta(-1+e^{rT}\theta) \\ +2ku(2+c-2\beta+u(m+p_c))\end{array}\right)}{4k(4-\beta)\sqrt{k\left(\begin{array}{c}-8m(-4+\beta)(-1+\beta)\beta(-1+e^{rT}\theta)p_c \\ +k(2+c-2\beta+u(m+p_c))^2\end{array}\right)}}$$

$$\frac{\partial w^{\text{CF}*}}{\partial p_c} = \frac{up_c}{4-\beta} \tag{E.9}$$

显然，$\dfrac{\partial w_1^j}{\partial p_c} > 0$（$j = \text{NN, NF, CF}$）。同样的逻辑也适用于 $\dfrac{\partial w_2^j}{\partial p_c}$，由此可得 $\dfrac{\partial w_2^j}{\partial p_c} > 0$。

命题 7.3②的证明。对于新能源企业的 w_1^j，令 $f_2(A) = w_1^{\text{NF}*} - w_1^{\text{NN}*}$，可得

$$\frac{\partial f_2(A)}{\partial A} = -\frac{\sqrt{2}m(1-\beta)\beta}{A\sqrt{k\left(\dfrac{8\sqrt{2}m(-4+\beta)(-1+\beta)\beta}{\sqrt{Ak}} + \dfrac{(2-2\beta+u(m+p_c))^2}{A}\right)}} \tag{E.10}$$

由此可得 $\dfrac{\partial f_2(A)}{\partial A} < 0$。此外，由 $f_2(0) > 0$ 可知，若 $0 < A < A^\tau = \dfrac{(-1+e^{rT}\theta)^2 p_c^2}{2k}$，则 $w_1^{\text{NF}*} > w_1^{\text{NN}*}$；若 $A^\tau < A < A^*$，则 $w_1^{\text{NF}*} < w_1^{\text{NN}*}$。

将模型 CF 的批发价格与模型 NN 和模型 NF 相比，可以得出：

$$w_1^{CF^*} - w_1^{NN^*} = -\frac{-(2+mu-2\beta+up_c)+\sqrt{\dfrac{8\sqrt{2}Am(-4+\beta)(-1+\beta)\beta}{\sqrt{k}}+(2-2\beta+u(m+p_c))^2}}{2(4-\beta)} \quad (E.11)$$

$$w_1^{CF^*} - w_1^{NF^*} = -\frac{\sqrt{k\begin{pmatrix}8(-4+\beta)(-1+\beta)\beta(-1+e^{rT}\theta)\\ \times p_c(p_c-p_m)+k(2+c-2\beta+up_m)^2\end{pmatrix}}-k(2+c-2\beta+up_m)}{2k(4-\beta)}$$
$$(E.12)$$

显然，$w_1^{CF^*} < w_1^{NN^*}$，$w_1^{CF^*} < w_1^{NF^*}$。由此可得，若 $0 < A < A^\tau$，则 $w_1^{NF^*} > w_1^{NN^*} > w_1^{CF^*}$；若 $A^\tau < A < A^*$，则 $w_1^{NN^*} > w_1^{NF^*} > w_1^{CF^*}$。

同理，对于高排放企业的 w_2^j，可以得到相应的结果。即若 $0 < A < A^\tau$，则 $w_2^{NF^*} > w_2^{NN^*} > w_2^{CF^*}$；若 $A^\tau < A < A^*$，则 $w_2^{NN^*} > w_2^{NF^*} > w_2^{CF^*}$。

命题 7.4 的证明

命题 7.4①的证明。求 p_1^{NN} 对 A 的一阶导数可得

$$\frac{\partial p_1^{NN^*}}{\partial A} = \frac{m(1-\beta)\beta}{\sqrt{2}A\sqrt{k\left(\dfrac{8\sqrt{2}m(-4+\beta)(-1+\beta)\beta}{\sqrt{Ak}}+\dfrac{(2-2\beta+u(m+p_c))^2}{A}\right)}} \quad (E.13)$$

显然，$\dfrac{\partial p_1^{NN^*}}{\partial A} > 0$。此外，求解一阶条件，可得 $\dfrac{\partial p_1^j}{\partial p_c} > 0$（$j = NN, NF, CF$）。

命题 7.4②的证明。因为 $p_1 = \dfrac{1}{2}(1+w_1)$ 和 $p_2 = \dfrac{1}{2}(\beta+w_2)$，所以命题 7.4 的证明与命题 7.3 类似。由此易知，若 $0 < A < A^\tau$，则 $p_i^{NF^*} > p_i^{NN^*} > p_i^{CF^*}$；若 $A^\tau < A < A^*$，否则 $p_i^{NN^*} > p_i^{NF^*} > p_i^{CF^*}$。

附录 F

命题 7.5 的证明

命题 7.5①的证明。令 $f(A) = \pi_1^{\text{NF}^*} - \pi_1^{\text{NN}^*}$，若 $A = 0$，则可得

$$f(0) = -\frac{\left\{\begin{array}{l} 4m(-4+\beta)(-1+\beta)\beta(-1+e^{rT}\theta)p_c + 2(-4+\beta)^2(-1+\beta)(-1+e^{rT}\theta)^2 p_c^2 \\ +k(2+mu-2\beta+up_c)^2 \\ -(2-2\beta+u(m+p_c))\sqrt{k\left(\begin{array}{l}-8m(-4+\beta)(-1+\beta)\beta(-1+e^{rT}\theta)p_c \\ +k(2-2\beta+u(m+p_c))^2\end{array}\right)} \end{array}\right\}}{4k(4-\beta)^2(1-\beta)}$$

（F.1）

由 $k(2+mu-2\beta+up_c)^2 = (2-2\beta+u(m+p_c))k(2-2\beta+u(m+p_c))$，可得：

$$k(2+mu-2\beta+up_c)^2 < \sqrt{k\left(-8m(-4+\beta)(-1+\beta)\beta(-1+e^{rT}\theta)p_c + k(2-2\beta+u(m+p_c))^2\right)} \times (2-2\beta+u(m+p_c))$$

。因此，$f(0) > 0$。

进一步，求 $f(A)$ 对 A 的一阶导数，可得

$$\frac{\partial f(A)}{\partial A} = -\frac{\left(\begin{array}{l}\sqrt{2}km\beta(2-2\beta+(m+p_c)u) + \left(\sqrt{2}(m\beta+(4-\beta)p_c) - 2\sqrt{Ak}(4-\beta)\right) \\ \times \sqrt{k\left(\begin{array}{l}k(2+mu-2\beta)^2 + 8\sqrt{2}\sqrt{Ak}m(-4+\beta)(-1+\beta)\beta \\ +kup_c(4+2mu-4\beta+up_c)\end{array}\right)}\end{array}\right)}{2\sqrt{Ak}(4-\beta)}$$

（F.2）

由 $0 < A < A^* = \dfrac{p_c^2}{2k}$ 可知，$\sqrt{2}(m\beta+(4-\beta)p_c) - 2\sqrt{Ak}(4-\beta) > 0$。由此可得 $\dfrac{\partial f(A)}{\partial A} < 0$。此外，存在 A^K 使得 $f(A^K) = 0$，从而算出 $f(A^*) < 0$。若 $0 < A < A^K$，则 $\pi_1^{\text{NF}^*} > \pi_1^{\text{NN}^*}$；若 $A^K < A < A^*$，则 $\pi_1^{\text{NF}^*} < \pi_1^{\text{NN}^*}$。

命题 7.5②的证明。令 $f_1(A) = \pi_2^{NF^*} - \pi_2^{NN^*}$，其中：

$$K = \sqrt{k\left(k(2+mu-2\beta)^2 + p_c\begin{pmatrix}2ku(2+mu-2\beta)+8m(4-\beta)\\ \times(1-\beta)\beta(1-e^{rT}\theta)+ku^2p_c\end{pmatrix}\right)}$$

如果 $A = 0$，那么：

$$f(0) = -\frac{\begin{pmatrix}-4mp_c(4-\beta)(1-\beta)\beta^2(1-e^{rT}\theta) - \begin{pmatrix}u(m+p_c)(2-\beta)^2+(1-\beta)\\ \times(8+(-4+\beta)\beta)\end{pmatrix}\\ \times(-k(2+mu-2\beta+up_c)+K)\end{pmatrix}}{4k(4-\beta)^2(1-\beta)\beta} \quad (F.3)$$

显然 $f_1(0) > 0$。接下来，求 $f_1(A)$ 对 A 的一阶导可得

$$\frac{\partial f(A)}{\partial A} = -\frac{2\sqrt{2}k(4-\beta)(1-\beta)\beta\left(\beta m + \dfrac{\sqrt{k}m\left((1-\beta)(8+(-4+\beta)\beta)+u(-2+\beta)^2(m+p_c)\right)}{K_1}\right)}{4k(4-\beta)^2(1-\beta)\beta\sqrt{Ak}}$$

(F.4)

其中，$K_1 = \sqrt{\begin{matrix}k(2+mu-2\beta)^2+8\sqrt{2}\sqrt{Ak}m(-4+\beta)\\ \times(-1+\beta)\beta+kup_c(4+2mu-4\beta+up_c)\end{matrix}}$。显然 $\dfrac{\partial f(A)}{\partial A} < 0$。由 $f_1(A^*) < 0$ 可得：存在 A^δ 使得 $f(A^\delta) = 0$，并可算出，若 $0 < A < A^\delta$，则 $\pi_2^{NF^*} > \pi_2^{NN^*}$；若 $A^\delta < A < A^*$，则 $\pi_2^{NF^*} < \pi_2^{NN^*}$。

命题 7.6 的证明

命题 7.6（1）的证明。在新能源企业中，令

$$\Gamma_1 = -k(2+mu-2\beta+up_c)^2$$
$$\quad + m(-4+\beta)(-1+\beta)\left(m(-4+\beta)-2(-4+3\beta)(-1+e^{rT}\theta)p_c\right)$$

$$\Gamma_2 = (2+mu-2\beta+up_c)\sqrt{k\begin{pmatrix}-8m(-4+\beta)(-1+\beta)\beta(-1+e^{rT}\theta)p_c\\ +k(2-2\beta+u(m+p_c))^2\end{pmatrix}}$$

由此可得

$$\pi_1^{CF^*} - \pi_1^{NF^*} = -\frac{\Gamma_1+\Gamma_2}{4k(4-\beta)^2(1-\beta)} \quad (F.5)$$

显然，$\Gamma_1 < 0$，$\Gamma_2 > 0$，由此可得

$$-(\varGamma_1)^2+(\varGamma_2)^2=m(-4+\beta)(-1+\beta)h(k)$$
$$h(k)=2(2+mu-2\beta+up_c)^2 h_1 k+h_2$$
$$h_1=-4m+8(-1+e^{rT}\theta)p_c+\beta(m-10(-1+e^{rT}\theta)p_c)$$
$$h_2=-m(4-\beta)(1-\beta)(m(-4+\beta)-2(-4+3\beta)(-1+e^{rT}\theta)p_c)^2,\ h_2<0$$

简化一下，令 $\beta^\sigma=\dfrac{4(m+2(1-e^{rT}\theta)p_c)}{m+10(1-e^{rT}\theta)p_c}$，$p_c^\tau=\dfrac{3m}{2(1-e^{rT}\theta)}$，分两种情况进行讨论。

（1）当 $0<p_c<p_c^\tau$ 时，$\beta^\sigma>1$。又因 $h_1<0$ 可得 $\pi_1^{CF^*}>\pi_1^{NF^*}$。

（2）当 $p_c>p_c^\tau$ 时，$0<\beta^\sigma<1$。①若 $0<\beta<\beta^\sigma$，则 $h_1<0$ 且 $\pi_1^{CF^*}>\pi_1^{NF^*}$。②若 $\beta^\sigma<\beta<1$ 且 $h_1>0$，则可得：若 $k>k^\varepsilon$，则 $\pi_1^{CF^*}<\pi_1^{NF^*}$；若 $0<k<k^\varepsilon$，则 $\pi_1^{CF^*}>\pi_1^{NF^*}$。

命题7.6（2）的证明。在高排放企业中，令
$$H_1=-mu(-2+\beta)^2+(-1+\beta)(8+(-4+\beta)\beta)-u(-2+\beta)^2 p_c$$
$$\begin{aligned}H_2=&-m^2(-4+\beta)^2(-1+\beta)\beta+k(2+mu-2\beta)\\ &\times\big(mu(-2+\beta)^2-(-1+\beta)(8+(-4+\beta)\beta)\big)\\ &+p_c\begin{pmatrix}ku(2mu(-2+\beta)^2+(1-\beta)(16+3(-4+\beta)\beta))\\ +2m(4-\beta)(1-\beta)\beta(4-3\beta)(1-e^{rT}\theta)+ku^2(2-\beta)^2 p_c\end{pmatrix}\end{aligned}$$
$$T=\sqrt{k\left(k(2+mu-2\beta)^2+p_c\begin{pmatrix}2ku(2+mu-2\beta)-8m(-4+\beta)\\ \times(-1+\beta)\beta(-1+e^{rT}\theta)+ku^2 p_c\end{pmatrix}\right)}$$

可得
$$\pi_2^{CF^*}-\pi_2^{NF^*}=\frac{H_1 T+H_2}{4k(-4+\beta)^2(1-\beta)\beta} \tag{F.6}$$

显然，$H_1<0$，$H_2>0$。然后，令 $H(k)=-(H_1)^2+(H_2)^2$，其中 $H(k)=f_1+f_2 k$，
$$f_1=-m^2(-4+\beta)^2(-1+\beta)^2\beta^2\big(m(-4+\beta)-2(-4+3\beta)(-1+e^{rT}\theta)p_c\big)^2<0$$
$$f_2=2m(-4+\beta)(-1+\beta)\beta\begin{pmatrix}mu(-2+\beta)^2+(1-\beta)\\ \times(8+(-4+\beta)\beta)+u(-2+\beta)^2 p_c\end{pmatrix}f_3(p_c)$$

$$f_3(p_c) = 2u(4+\beta(-5+2\beta))(-1+e^{rT}\theta)p_c^2 + m(2+mu-2\beta)(4-\beta)$$
$$+ \begin{pmatrix} -mu(-4+\beta) - 4(-1+\beta)(4+(-1+\beta)\beta)(-1+e^{rT}\theta) \\ +2mu(4+\beta(-5+2\beta))(-1+e^{rT}\theta) \end{pmatrix} p_c$$

由 $2u(4+\beta(-5+2\beta))(-1+e^{rT}\theta)<0$ 可得 $\Delta_{f_3(p_c)}>0$。存在根 p_c^{δ} ($p_c>0$) 使得 $f_3(p_c^{\delta})=0$。因此，存在两种情况。

（1）当 $p_c>p_c^{\delta}$ 时，$f_3(p_c)<0$ 且 $H(k)<0$。又因为 $-(H_1)^2+(H_2)^2<0$，所以 $\pi_2^{CF^*}<\pi_2^{NF^*}$。

（2）当 $0<p_c<p_c^{\delta}$ 时，$f_3(p_c)>0$ 且 $f_2>0$。令 $k^{\theta}=-\dfrac{f_1}{f_2}$，若 $k>k^{\theta}$，则 $\pi_2^{CF^*}>\pi_2^{NF^*}$；若 $0<k<k^{\theta}$，则 $\pi_2^{CF^*}<\pi_2^{NF^*}$。

命题 7.7 的证明

由于 $\Pi^j = \pi_1^j + \pi_2^j + \pi_r^j$ （$j=NN, NF, CF$），在此我们比较了三个模型中的整体供应链的利润。简单起见，令 $F_1(A) = \Pi^{NF^*} - \Pi^{NN^*}$，求 $F_1(A)$ 对 A 的一阶导可得

$$\dfrac{\partial F_1(A)}{A} = -\dfrac{\sqrt{2}\sqrt{k}m\begin{pmatrix}2(1-\beta)(4+(-3+\beta)\beta) \\ +u(m+p_c)(12+\beta(-9+2\beta))\end{pmatrix} + tF_2(A)}{\sqrt{Ak}t(4-\beta)} \quad (F.7)$$

其中，
$$F_2(A) = -16\sqrt{Ak} + 4\sqrt{Ak}\beta + \sqrt{2}(m(4+\beta)+2(4-\beta)p_c)$$
$$2(1-\beta)(4+(-3+\beta)\beta) + u(m+p_c)(12+\beta(-9+2\beta))>0$$

又由 $0<A<A^* = \dfrac{p_c^2}{2k}$ 可得 $F_2(A)>0$。因此，$\dfrac{\partial F_1(A)}{A}<0$。

然后，令 $A=0$，可得 $F_1(0) = \dfrac{(m+(1-e^{rT}\theta)p_c)^2}{2k}$。因此，存在 A^{ϵ} 使得 $F_1(A^{\epsilon})=0$。若 $0<A<\text{Min}\{A^{\epsilon}, A^*\}$，则 $\Pi^{NF^*}>\Pi^{NN^*}$。若 $A^{\epsilon}<A<A^*$，则 $\Pi^{NF^*}<\Pi^{NN^*}$。

此外，令 $F_3 = \Pi^{CF^*} - \Pi^{NF^*}$，可得
$$F_3 = -\dfrac{f_1X + f_2}{8k(4-\beta)^2(1-\beta)\beta} \quad (F.8)$$

其中：
$$f_1 = p_c\left(2ku\left(mu(-12+(9-2\beta)\beta)+(-1+\beta)(16+3(-4+\beta)\beta)\right)\right)$$
$$+4m^2(-4+\beta)^2(-1+\beta)\beta - k(2+mu-2\beta)\begin{pmatrix}-2(-1+\beta)(4+(-3+\beta)\beta)\\+mu(12+\beta(-9+2\beta))\end{pmatrix}$$
$$+p_c\left(-4m(-4+\beta)(-1+\beta)\beta(-4+3\beta)(-1+e^{rT}\theta)+ku^2(-12+(9-2\beta)\beta)p_c\right)<0$$
$$f_2 = -2(-1+\beta)(4+(-3+\beta)\beta)+mu(12+\beta(-9+2\beta))+u(12+\beta(-9+2\beta))p_c>0$$

进一步可得

$$-(f_1X)^2+(f_2)^2 = -16m^2(-4+\beta)^2(-1+\beta)^2\beta^2\left(m(-4+\beta)-(-4+3\beta)(-1+e^{rT}\theta)p_c\right)^2$$
$$+m(-4+\beta)(-1+\beta)\beta\left(2(1-\beta)(4+(-3+\beta)\beta)\right.$$
$$\left.+mu(12+\beta(-9+2\beta))+u(12+\beta(-9+2\beta))p_c\right)f_3k$$

(F.9)

其中：$f_3 = f_{31}(p_c)-\left(2(1-\beta)\beta^2 p_c + 2(m+p_c)u(4+(-3+\beta)\beta)p_c\right)e^{rT}\theta$，

$$f_{31}(p_c) = m(2+mu-2\beta)(-4+\beta)+p_c\begin{pmatrix}-2(-1+\beta)\beta^2+mu(4+\beta(-5+2\beta))\\+2u(4+(-3+\beta)\beta)p_c\end{pmatrix}。$$

存在 p_c^{η} 使得 $f_{31}(p_c^{\eta})=0$。因而存在两种情况。

（1）当 $0<p_c<p_c^{\eta}$ 时，$f_{31}(p_c)<0$。因此，$\Pi^{CF^*}>\Pi^{NF^*}$。

（2）当 $p_c>p_c^{\eta}$ 时，$f_{31}(p_c)>0$。令

$$\theta^{\eta} = \frac{f_{31}(p_c)}{e^{rT}\left(2((1-\beta)\beta^2+mu(4+\beta(-3+\beta)))p_c+2u(4+(-3+\beta)\beta)p_c^2\right)}$$

$$k^{\lambda} = \frac{16m^2(-4+\beta)^2(-1+\beta)^2\beta^2\left(m(-4+\beta)-(-4+3\beta)(-1+e^{rT}\theta)p_c\right)^2}{m(-4+\beta)(-1+\beta)\beta\begin{pmatrix}2(1-\beta)(4+(-3+\beta)\beta)+mu(12+\beta(-9+2\beta))\\+u(12+\beta(-9+2\beta))p_c\end{pmatrix}f_3k}$$

且 $0<\theta^{\eta}<1$。由此可得：①若 $\theta^{\eta}<\theta<1$，则 $f_3<0$，因此 $\Pi^{CF^*}>\Pi^{NF^*}$；②若 $0<\theta<\theta^{\eta}$，则 $f_3>0$。在这种情况下，若 $k>k^{\lambda}$，加之 $-(f_1X)^2+(f_2)^2>0$，则 $\Pi^{CF^*}<\Pi^{NF^*}$；若 $0<k<k^{\lambda}$，则 $\Pi^{CF^*}>\Pi^{NF^*}$。